新型实用财经系列读本

小企业会计准则简明教程

李 敏 主编

立信会计出版社
LIXIN ACCOUNTING PUBLISHING HOUSE

图书在版编目(CIP)数据

小企业会计准则简明教程/李敏主编. —上海:立信会计出版社,2012.5
（新型实用财经系列读本）
ISBN 978-7-5429-3447-5

Ⅰ.①小… Ⅱ.①李… Ⅲ.①中小企业—会计制度—中国—教材 Ⅳ.①F279.243

中国版本图书馆 CIP 数据核字(2012)第 081264 号

策划编辑	蔡莉萍
责任编辑	蔡莉萍
封面设计	周崇文

小企业会计准则简明教程

出版发行	立信会计出版社		
地　　址	上海市中山西路 2230 号	邮政编码	200235
电　　话	(021)64411389	传　　真	(021)64411325
网　　址	www.lixinaph.com	电子邮箱	lxaph@sh163.net
网上书店	www.shlx.net	电　　话	(021)64411071
经　　销	各地新华书店		

印　　刷	江苏凤凰数码印务有限公司
开　　本	880 毫米×1230 毫米　1/32
印　　张	9.75
字　　数	265 千字
版　　次	2012 年 5 月第 1 版
印　　次	2017 年 7 月第 3 次
书　　号	ISBN 978-7-5429-3447-5/F
定　　价	23.00 元

如有印订差错,请与本社联系调换

编写说明

为了规范小企业会计的确认、计量和报告行为,促进小企业可持续发展,发挥小企业在国民经济和社会发展中的重要作用,财政部于2011年10月18日发布了《小企业会计准则》(财会〔2011〕17号),自2013年1月1日起在全国小企业范围内施行,鼓励小企业提前执行。

《小企业会计准则》适用于在中华人民共和国境内设立的小型企业与微型企业。实施《小企业会计准则》以后,不再执行《小企业会计制度》。《小企业会计准则》有着广泛的适用范围与良好的发展前景。

我国财政部、工业和信息化部、国家税务总局、工商行政管理总局、银行业监督管理委员会于2011年10月26日发出《关于贯彻实施〈小企业会计准则〉的指导意见》(财会〔2011〕20号),要求充分认识发布实施《小企业会计准则》的重大意义,积极采取有效措施,学习好、宣传好、贯彻好《小企业会计准则》,并要求小企业以贯彻实施《小企业会计准则》为契机,把握机遇,全面提升内部管理水平。

《小企业会计准则简明教程》以《小企业会计准则》为指南,以构成小企业会计的六大要素为结构框架,以小企业日常会计核算与管理的主要内容为重点,以解析《小企业会计准则》为特色,并注意与《企业会计准则》和《小企业会计制度》相比较,突出新的变化。全书分小企业会计准则总论、小企业资产准则、小企业负债准则、小企业所有者权益准则、小企业收入准则、小企业费用准则、小企业利润准则、外币业务准则和小企业财务报表准则共9章。其编写内容新、实、精,语言文字简明易懂。该教程可供教学、培训与自学使用,尤其适用于小企业经营者、管理者和财务人员阅读。

  本书由资深注册会计师、主任会计师、高级会计师李敏先生主编，李敏先生是上海市中小企业专家咨询团的专家和上海市财务会计管理中心的专家。本书的编写得到徐小华、王琲箴、徐成芳、沈玉妹、丁东方、徐铭、李英的帮助。由于作者水平有限，疏漏之处在所难免，敬请读者提出宝贵意见，以便日后修订补正。

编　者
2012 年 6 月

目　　录

第一章　小企业会计准则总论 ·· 1
　第一节　《小企业会计准则》的发展概况 ···································· 1
　第二节　《小企业会计准则》的适用范围 ···································· 13
　第三节　《小企业会计准则》的内容分析 ···································· 17
　第四节　《小企业会计准则》的科目设置 ···································· 24
　第五节　《小企业会计准则》的主要变化 ···································· 31

第二章　小企业资产准则 ·· 40
　第一节　资产概述 ·· 40
　第二节　货币资金 ·· 42
　第三节　存货 ·· 54
　第四节　短期投资与长期投资 ·· 83
　第五节　固定资产 ·· 98
　第六节　生物资产 ·· 117
　第七节　无形资产 ·· 124
　第八节　长期待摊费用 ··· 130

第三章　小企业负债准则 ·· 132
　第一节　负债概述 ·· 132
　第二节　流动负债 ·· 133
　第三节　非流动负债 ·· 163

第四章　小企业所有者权益准则 ··· 167
　第一节　所有者权益概述 ·· 167

第二节　资本与资本公积……………………………………… 168
第三节　留存收益…………………………………………… 170

第五章　小企业收入准则……………………………………… 175
第一节　收入概述…………………………………………… 175
第二节　主营业务收入……………………………………… 177
第三节　其他业务收入……………………………………… 181

第六章　小企业费用准则……………………………………… 184
第一节　费用概述…………………………………………… 184
第二节　制造业成本………………………………………… 186
第三节　建造业成本………………………………………… 196
第四节　营业成本…………………………………………… 206
第五节　期间费用…………………………………………… 207

第七章　小企业利润准则……………………………………… 210
第一节　利润概述…………………………………………… 210
第二节　营业外收支………………………………………… 213
第三节　政府补助…………………………………………… 217
第四节　所得税费用………………………………………… 221
第五节　净利润与利润分配………………………………… 229

第八章　外币业务准则………………………………………… 232
第一节　外币业务概述……………………………………… 232
第二节　外币记账方法……………………………………… 236
第三节　外币财务报表折算………………………………… 239

第九章　小企业财务报表准则………………………………… 241
第一节　财务报表概述……………………………………… 241

第二节　资产负债表…………………………………… 245
第三节　利润表………………………………………… 255
第四节　现金流量表…………………………………… 263
第五节　财务报表附注………………………………… 270

附录　小企业会计准则………………………………… 279

第一章 小企业会计准则总论

第一节 《小企业会计准则》的发展概况

一、我国小企业会计准则的发展轨迹

我国创建小企业会计准则方面的工作起步较晚,但发展很快,成绩显著。

新中国成立后,我国首先建立了中央各企业主管部门分行业制定的会计制度,到1957年基本形成了计划经济体制下的分部门、分行业、分所有制的统一企业会计制度体系。1992年11月,财政部发布了《企业财务通则》和《企业会计准则》(主要规范会计核算的基本准则,未对具体交易或事项作出规定);1993年起实施13种行业财务制度和行业会计制度。在2004年以前,我国还没有在全国范围内专门针对小企业会计核算的统一规定。

2004年4月27日,财政部以财会〔2004〕2号文发布《小企业会计制度》,旨在建立与健全国家统一的会计制度,规范小企业的会计核算,满足当时经济与管理不断发展对小企业会计核算的要求。

2006年以后,我国会计改革的方向是以会计准则取代会计制度,并持续不断地与国际会计准则趋同。制定《小企业会计准则》成为我国会计准则体系建设的组成部分,也是促进小企业发展的重要制度安排。

2009年7月,我国财政部组织了一次全国范围的关于《小企业会计制度》执行情况的调研活动。调研结果表明,《小企业会计制度》中的一些内容早已过时,实际工作中无所适从。原与《小企业会计制度》配

套的小企业划型标准是经国务院批准,由财政部、国家统计局、原国家经济贸易委员会、原国家计划经济委员会于2003年2月发布实施的,诸如计算机服务和软件业、房地产业、租赁和商务服务业等未包括在内,致使这些行业的小企业有的执行行业会计制度,有的执行《小企业会计制度》等。

《小企业会计准则》制定工作于2009年底正式启动,经历了调查研究、征求意见、内部起草和修改、模拟测试、部门沟通协调等多项具体工作步骤。首先,多地区、多部门、多层面、多角度地开展调查研究,了解各有关方面对小企业的会计信息需求以及对《小企业会计准则》的政策建议;其次,在社会范围内广泛征求意见,不仅就小企业会计信息需求、《小企业会计准则》的适用范围、与税法的协调、与《企业会计准则》的协调等问题征求社会意见,而且将起草的《小企业会计准则》具体条款放在网上公开征求意见,根据这些意见,对征求意见稿进行逐条修改和进一步完善;再次,组织抽样模拟测试,以确保《小企业会计准则》体系完整、内容科学、便于操作,下发后能够实现平稳过渡、顺利实施;最后,为保证《小企业会计准则》的质量,确保其顺利发布实施,又一次组织部分省市会计管理机构就《小企业会计准则》内容及发布实施等问题开展专题调研,同时与相关部门沟通协调、做好准则发布实施前的准备工作。

2010年4月份,财政部印发《关于征求〈小企业会计准则〉意见的通知》(财会便〔2010〕15号),就小企业会计信息需求、《小企业会计准则》的适用范围、与税法的协调、与《企业会计准则》的协调等问题,征求社会各方面意见,深入开展调查研究。

2010年11月,财政部推出《小企业会计准则(征求意见稿)》,在全国范围内广泛征求意见。

2011年10月18日,由中华人民共和国财政部以财会〔2011〕17号印发了《小企业会计准则》,用以规范小企业会计确认、计量和报告行为,促进小企业可持续发展,发挥小企业在国民经济和社会发展中的重要作用。这是中国会计发展史上第一部关于小企业方面的会计准则。

《小企业会计准则》(详见附录)主要包括总则、资产、负债、所有者权益、收入、费用、利润及利润分配、外币业务、财务报表、附则10章90条,自2013年1月1日起施行,鼓励小企业提前执行。财政部2004年发布的《小企业会计制度》(财会〔2004〕2号)同时予以废止。

目前,国际上制定《小企业会计准则》存在着一体法模式和分立法模式两种情况。一体法模式是指在一个会计准则框架下考虑和处理小企业问题并且在准则中提供报告豁免条款的方法,即对小企业不再制定一套会计准则,而是在同一个企业会计准则中进行规范。这种模式使得小企业应用适合自己的准则时,不得不到庞杂的主导会计准则体系中对号入座,执行成本较高。分立法模式是指单独制定一个准则,把其他准则中阐述的所有与小企业有关的问题都集中在这个准则上。

《小企业会计准则(征求意见稿)》的起草说明指出:按照我国企业会计改革的总体框架,基本准则是纲,适用于在中华人民共和国境内设立的所有企业;企业会计准则和小企业会计准则是基本准则框架下的两个子系统,分别适用于大中型企业和小企业。很显然,我国发布的《小企业会计准则》采用分立法模式,具有可操作性。

自《企业会计准则》2006年发布以来,财政部本着"分步实施,稳步推进"的原则,采取多项措施大力推动《企业会计准则》的实施。2007年,《企业会计准则》在沪、深两市上市公司得到了普遍实施;2008年,《企业会计准则》实施范围扩大到所有中央国有企业;2009年,《企业会计准则》实施范围进一步扩大,已经基本在大中型企业范围内实施。

《小企业会计准则》在我国小企业范围内全面施行以后,我国将构建起一个覆盖所有企业、较为完善的企业会计标准体系,形成大中型企业执行《企业会计准则》,小企业执行《小企业会计准则》的有序格局。

二、《小企业会计准则》出台的国际背景

我国《小企业会计准则》的出台顺应了国际会计准则发展的大趋势。

当今世界,随着经济全球化、信息化、知识化的不断发展,企业的规模正在向着两极方向发展。一方面是激烈的商业竞争迫使超级大型企

业不断涌现;另一方面是社会环境的改善使得小型企业的数量急剧上升,特别是以研究开发为核心的创新型小企业层出不穷,为经济发展提供了巨大的活力。20世纪80年代以来,美国每年新形成企业50多万个,其中90%以上是小企业。欧盟企业总数中的99.8%是中小企业。

由于小企业面广量大,为了更好地促进小企业发展,世界各国都根据本国的经济发展实际情况,对小企业的范围、特征以及在会计核算等方面作出了一些规定,并加强管理与扶持。

在美国,参议院、众议院都设有小企业委员会,负责对政府提出的法规中不利于小企业的内容进行干涉,并对小企业专门进行立法。通过的法律有《小企业法》和《小企业投资法》。美联邦政府下面设有小企业管理局,它是根据1953年的《小企业法》建立的独立的联邦政府机构,用以为小企业创立、经营和发展提供资金、技术和管理服务。其在全美设有10个区域办公室、70个地区办公室、17个分支办公室和96个服务点。小企业管理局的高级管理人员由总统直接任命,并由国会确认。局长定期向总统以及国会两院分设的小企业委员会报告工作。小企业管理局每年编制资金预算,由总统提交国会两院审议,预算经国会审议通过后拨付小企业管理局。除小企业管理局外,政府各部门还设有检查员,负责检查有关小企业的规定和措施在本部门中是否得到落实。

在日本,1963年制定了《中小企业基本法》,并在通产省专门设立了中小企业厅;1999年又通过了《新中小企业基本法》。

德国、法国、加拿大等国家都设立了中小企业管理机构,制定了相应的法规和扶持政策。

英国、澳大利亚和新西兰在其《公司法》中也对小企业作出了专门的界定。

随着中小企业在经济生活中的作用日益突出,尽快制定一套专门针对中小企业的会计准则已经成为近年来各国普遍关注的问题。美国会计学界早就认为让小企业遵守针对大企业而设计的会计准则是一项很大的负担。美国注册会计师协会(AICPA)于1976年发布了《关于小企业根据公认会计原则提供的报表》。美国反虚假财务报告委员会管理组织(COSO)一直致力于企业内部控制的研究。2006年,COSO发布了《较小型公众公司财务报告内部控制指南》(下称《指南》)。该《指南》对"较小型公众公司"的特征作了如下的描述:

(1) 较小的业务范围,并且每一项业务内只有较少的产品。

(2) 从渠道和地域上而言,市场相对集中。

(3) 管理层在重大的所有权利益和权力上占据主导地位。

(4) 相对于控制的广度,管理的层级相对较少。

(5) 相对简单的交易处理系统和规程。

(6) 较少的员工,而每位员工担负更多的职责。

(7) 在各种支持性岗位(如法律、人力资源、会计和内部审计)上所提供的资源有限。

英国会计准则委员会(ASB)设立小企业会计委员会专门研究小企业会计问题。ASB于1997年发布了《小型报告主体财务报告准则》,对小型企业的会计处理进行了一些豁免和简化处理。《小型报告主体财务报告准则》独立于《财务报告原则公告》、《标准会计实务公告》和《财务报告准则》。《小型报告主体财务报告准则》经修订后的新版本于2008年4月6日执行,已被英国公众广泛熟悉和接受。

2001年9月,在日内瓦召开的联合国国际会计和报告标准政府间专家工作组(ISAR)第18次会议上,重点讨论并研究了《中小企业会计国际指南》讨论稿。会议认为,国际会计准则及各个国家制定的会计准则大体上是针对大企业和上市公司的,没有考虑中小企业的会计需求和特殊问题,这与中小企业的发展不相适应。中小企业的会计需求与大企业和上市公司存在较大的差别,若都按国际会计准则这样的标准来进行报告,无疑将增加中小企业的负担。小企业会计准则应具有以下特征:简单、便于使用;能够提供管理信息;尽可能地标准化;足够灵活,能适应企业的成长,并且具有提高中小企业随着其业务的扩张适用国际会计准则要求的潜能;兼顾纳税目的;适应中小企业的经营环境。2002年10月,ISAR在日内瓦召开的第19次会议上,主要讨论了中小企业会计准则的制定问题。

国际会计准则委员会成立于1973年,2001年改组为国际会计准则理事会。该理事会于2009年7月9日发布了《中小主体国际财务报告准则》,该准则针对中小主体的特点,以简化为原则,篇幅较短,内容只有35章,而不是几十个准则,引起了国际社会的广泛关注。

《中小主体国际财务报告准则》是为中小主体特别制定的第一套国际会计规定,由国际会计准则理事会在国际财务报告准则的基础上制定。《中小主体国际财务报告准则》在考虑了中小主体财务报表使用者需求和成本效益后,作了适当简化。与完整版国际财务报告准则相比,《中小主体国际财务报告准则》在许多方面都不太复杂:省略了与中小主体不相关的主题;允许比较简单的会计政策选择;简化了完整版国际财务报告准则中资产、负债、收入及费用的许多确认和计量原则;要求更少的披露;用清晰、易懂的语言编写。它适用于所有主体,但是公开交易证券的主体以及银行和保险公司等金融机构除外。

国际会计师联合会及其下设的中小事务所委员会对国际会计准则理事会发布的《中小主体国际财务报告准则》表示欢迎,并鼓励157个会员组织认真考虑如何在其所在国家或地区运用这一准则。

国际会计师联合会执行总裁Ian Ball指出,这一全球性会计准则的发布,标志着中小企业在财务报告全球趋同的道路上又向前迈出了重要一步,将有助于提高全球中小企业财务报表的质量和可比性,有助于中小企业获得融资。获益的不仅包括中小企业,还包括其顾客、客户、使用中小企业财务报表的其他机构和个人。

中小事务所委员会主席Sylvie Voghel指出,《中小主体国际财务报告准则》的发布是一个重大进步。然而,该准则发布并不是故事的结尾,而是故事的开始。一致和有效的准则实施,需要协调统一的国际合作来为中小企业和财务报表编制者提供必要的支持。

据《会计研究月刊》2011年第10期报道:美国小企业会计准则再简化,欧盟可能另订小企业准则。由美国注册会计师协会(AICPA)、财务会计基金会(FAF)及州会计委员会全国联合会(NASBA)支持设立的美国非上市公司财务报告小组(Blue Ribbon Panel),于2011年1月25日向美国财务会计准则委员会(FASB)的母机构FAF提交了最后报告,建议另设立非上市公司会计准则制定委员会,负责制定美国非上市公司财务会计准则。目前全球已有80多个国家和地区采用中小企业国际会计准则(IFRS for SMEs)。但欧盟不赞成强制采用IFRS for SMEs,认为该准则并未达到简化和降低管理成本的目的。欧盟有可能自行制定欧盟版中小企业会计准则。

综上所述,从国际通行的做法看,一些国际会计组织和国家会计准则机构普遍意识到,不论企业规模大小,一律执行单一的会计标准并不合理。中小企业由于其规模、组织形式以及产权关系等具有显著特征,表现在会计管理方面,无论在会计目标、会计信息使用者需求、会计机构和人员配置、会计核算水平等均有独特之处。因此,在会计确认、计量、报告上应当适用不同于其他主体的原则、方法与体系。单独制定适用于中小企业或小企业的会计标准,减轻小企业在提供财务报表方面的负担,已成为国际社会的共识。《中小主体国际财务报告准则》的核心理念就是简化核算。因此,我国确有必要在充分借鉴国际通行做法的基础上,立足于我国国情,研究制定出符合我国小企业实际情况的《小企业会计准则》。

三、推行《小企业会计准则》的国内需求

《小企业会计准则》确实符合我国小企业发展的内在需求。

《小企业会计准则》第一条开宗明义:"为了规范小企业会计确认、计量和报告行为,促进小企业可持续发展,发挥小企业在国民经济和社会发展中的重要作用,根据《中华人民共和国会计法》及其他有关法律和法规,制定本准则。"实施《小企业会计准则》以后,从会计管理方面引导和帮助小企业改善其经营管理,规范其会计行为,增强其会计信息的真实性和透明度,进而有助于推动小企业走上内生增长、创新驱动的发展轨道。

据财政部2010年11月《小企业会计准则(征求意见稿)》的起草说

明,我国现有477万户企业中,小企业数量占97.11%,从业人员占52.95%,主营业务收入占39.34%,资产总额占41.97%。就上海来看,截至2009年年底,小型企业32.7万户,占全市法人企业总数的96.42%;小型企业从业人员530.2万人,占全市法人企业从业人员总数的54.95%;小型企业实现营业收入34 973.02亿元,占全市法人企业实现营业收入的41.08%;小型企业实收资本14 093.31亿元,占全市法人企业实收资本的50.66%[①]。从这些数据来看,小企业已经是推动国民经济发展,促进市场繁荣和社会稳定的重要力量,在推进国民经济适度增长、缓解就业压力、实现科教兴国、吸引民间投资和优化经济结构等方面,发挥着越来越重要的作用。推行《小企业会计准则》,既符合国际会计趋同与健全我国企业会计标准体系的需要,也是规范小企业会计行为和加强小企业财务管理的重要制度基础。

我国政府对小企业的发展给予高度重视,制定了不少政策法规,用以促进小企业健康发展。

2000年7月6日,原国家经济贸易委员会发布《关于鼓励和促进中小企业发展的若干政策意见》和《关于加强中小企业信用管理工作的若干意见》(国经贸中小企〔2001〕368号)等文件。

2002年6月29日,第九届全国人民代表大会常务委员会通过了《中华人民共和国中小企业促进法》,旨在改善中小企业经营环境,促进中小企业健康发展,扩大城乡就业,发挥中小企业在国民经济和社会发展中的重要作用。该法于2003年1月1日起实施,标志着我国促进中小企业发展工作进入了一个崭新的阶段。

2005年,国务院出台《鼓励支持和引导个体私营等非公有制经济发展的若干意见》(国发〔2005〕3号)。

2009年9月,国务院印发《国务院关于进一步促进中小企业发展的若干意见》(国发〔2009〕36号),提出进一步扶持中小企业发展的8

---

① 上海市经济和信息化委员会.2010上海产业和信息化发展报告——中小企业[M].上海:上海科学技术文献出版社,2010.

个方面29条政策措施;同年12月,国务院成立了促进中小企业发展工作领导小组。

2011年4月12日,上海市第十二届人民代表大会常务委员会第二十六次会议通过《上海市促进中小企业发展条例》。

会计工作是经济、财政工作的重要基础。如何围绕中心、服务大局、贯彻落实国务院有关促进中小企业发展的政策,是摆在财政部门面前的一个重要课题。这从客观上要求财政部门在新的经济形势下研究制定出一套既符合小企业发展新特征又能够满足小企业会计信息使用者新需求的《小企业会计准则》,从而促进小企业提高经营管理水平,为国家扶持小企业发展各项政策措施的落实提供有力的制度保障。

目前我国小企业多处于创业阶段和成长初期,发展迅速。与大中型企业相比,其经营规模较小,经营方式灵活;不在或主要不在资本市场上筹集资金;所有权与经营权一般没有明确的分离;管理结构较为简单等。同时,小企业的会计基础工作比较薄弱,对会计实务以及财务报表和相关会计信息的披露要求相对简单,会计信息需求与大中型企业相比存在着很大的差别。如果要求小企业与大中型企业一样按照《企业会计准则》的标准执行,对小企业来说可能是个沉重的负担,会造成小企业会计核算超载的现象,且不符合成本效益原则。

税务部门是小企业最主要的外部会计信息使用者。税务部门主要利用小企业会计信息作出税收决策,包括是否给予税收优惠政策、采取何种税收征管方式、怎样确定应征税额等。税务部门希望减少小企业会计与税法的差异。

银行在对小企业贷款管理中,目前更多依赖的可能不是小企业的财务报表,这是因为小企业的会计信息质量不够高等原因。《小企业会计准则》应当成为提高小企业会计信息质量、防范小企业贷款风险的重要制度保障。

综上所述,我国制定《小企业会计准则》时主要考虑了三个方面的情况:一是制定的《小企业会计准则》应当立足国情、适应中小企业国际财务报告准则的简化要求和国际《小企业会计准则》的发展变化情况;二是制定的《小企业会计准则》应尽量与我国税法保持协调,减少人为产生的差异和不必要的调整;三是制定的《小企业会计准则》应让银行等债权人能轻松地看懂小企业的财务报表,减少信贷风险。

四、实施《小企业会计准则》的重要意义

《小企业会计准则》对于小企业的作用是多元的,其重要意义可归纳为以下几个主要方面。

(一) 有利于加强小企业内部管理,促进小企业健康发展

制定《小企业会计准则》体系,是以《中华人民共和国会计法》为依据,从会计管理方面引导和帮助小企业改善其经营管理,规范其会计行为,增强其会计信息的真实性和透明度,进而推动小企业走上内生增长、创新驱动的发展轨道。这将是财政部门支持小企业发展的又一项重大举措。

我国小企业数量众多,分布面广;体制灵活,组织精干;然而管理水平相对较低,产出规模相对较小,竞争能力相对较弱,并且"家族"色彩比较浓重。由于小企业是我国国民经济和社会发展的重要力量,加强小企业管理、促进小企业发展,既是保持国民经济平稳、较快发展的重要基础,也是关系民生和社会稳定的重大战略任务。

目前我国相当部分小企业的会计机构不很健全,会计人员素质相对较低,各项管理制度不够规范,小企业会计信息质量有待提高,小企业的内部会计控制制度有待加强。例如,有的小企业不存在内部会计控制制度;有的存在内控制度但管理无效;有的业主或经理无视内控的存在,凌驾于内控之上;有的会计记录没有原始凭证支持或会计处理缺乏合法有效的原始凭证;有的搞账外账,私设"小金库",违纪、违规现象较为严重;有些小企业财务报表不完整,人为操作严重,随意调节使得会计信息严重失真;有的业主或经理的品德受到严重的怀疑,存在偷、漏税现象等。通过实施《小企业会计准则》,有利于规范小企业会计确认、计量和报告行为,保证小企业会计信息质量,加强小企业管理,促进

小企业发展。

(二) 有利于加强小企业税收征管,降低小企业纳税成本

制定和完善小企业会计准则体系,可以促进小企业建账、建制,提高会计核算水平,实行查账征收。这不仅有助于依法治税,加强小企业税收征管;同时也有助于税务机关能够根据小企业实际负担能力征税,促进小企业税负公平。

《小企业会计准则》在制定时着眼于会计与税法的协调,尽量减少会计规定与税收政策之间的差异,允许部分会计要素的核算方法采用税法规定,这样以便于服务企业纳税和税收征管,有利于降低企业的纳税成本。

小企业应当在"营业税金及附加"科目内,集中核算小企业应负担的各种税费,包括消费税、营业税、城市维护建设税、资源税、土地增值税、城镇土地使用税、房产税、车船税、印花税和教育费附加、矿产资源补偿费、排污费等。只有与最终确认营业外收入或营业外支出相关的税费,才在"固定资产清理"、"无形资产"等科目中核算,至于在"其他业务成本"科目中没有核算相关税金及附加的内容安排。

小企业应当在利润表中的"营业税金及附加"项目下分项列示各项税费的信息;在"销售费用"项目下分项列示其中的"商品维修费,广告费和业务宣传费"的信息;在"管理费用"项目下分项列示其中的"开办费,业务招待费,研究费用"的信息等,以便于税务分析与调整。同时,小企业还应当在附注中对"应交税费"项目予以说明,对已在资产负债表和利润表中列示的项目与我国《企业所得税法》规定存在差异的纳税调整过程予以说明。

(三) 有利于加强小企业贷款管理,防范小企业贷款风险

银行监管部门认为,小企业的财务报表应当成为商业银行贷款的重要依据。制定和完善小企业会计准则体系,可以促使小企业练好内功、加强管理、提高自身信誉度,让银行愿意贷款,进而从制度上缓解小企业融资难、贷款难的问题。

《小企业会计准则》要求小企业提供的财务报表能更简明扼要地反

映小企业的财务状况、经营成果和现金流量,从而有利于银行读懂报表。例如,在资产负债表的"存货"项目下分项列示了其中的"原材料,在产品,库存商品,周转材料"的信息;在利润表"营业外支出"项目下分项列示了其中的"坏账损失,无法收回的长期债券投资损失,无法收回的长期股权投资损失,自然灾害等不可抗力因素造成的损失,税收滞纳金"的信息等,以便于引起债权人的关注。

(四) 有利于健全企业会计标准体系、完善小企业会计行为

按照我国企业会计改革的总体框架,《企业会计准则——基本准则》(以下简称《基本准则》)是纲,是会计准则制定的出发点,也是制定《企业会计准则》和《小企业会计准则》的基础,在整个会计准则体系中处于统驭地位,因此《基本准则》适用于在中华人民共和国境内设立的所有企业,小企业也应当遵循《基本准则》的基本规定。《小企业会计准则》是在遵循《基本准则》的大前提下,在借鉴《中小主体国际财务报告准则》简化处理的核心理念基础上,充分考虑了我国小企业规模较小、业务较为简单、会计基础工作较为薄弱、会计信息使用者的信息需求相对单一等实际情况,对小企业的会计确认、计量和报告进行了简化处理,减少了会计人员职业判断的内容与空间。例如,采用历史成本计量,不使用公允价值,只有部分特殊情况才涉及市场价格和评估价值,计量属性单一整;对所有资产不计提减值准备,待资产实际发生损失时,再按税法规定的标准确认资产减值损失,均在"营业外支出"科目中反映。这样既有利于小企业准确核算资产损失,也有利于税务部门查账征收企业所得税。

推行《小企业会计准则》,是我国健全企业会计标准体系、规范小企业会计行为的一项重要制度基础。同时,《企业会计准则》和《小企业会计准则》分工明确,相互衔接,为小企业的发展提供了制度空间。《小企业会计准则》在原则上遵循《基本准则》的前提下,对会计确认、计量和报告要求进行适当简化,这样,既维护了《基本准则》在整个会计标准体系中的统驭地位,又兼顾了小企业的实际情况。在保证小企业会计信息质量的同时,最大程度地降低了小企业成长壮大为大中型企业、转而

执行《企业会计准则》后所面临的制度转换成本。

综上所述,《小企业会计准则》在遵循《基本准则》的大前提下,在借鉴《中小主体国际财务报告准则》简化处理的核心理念基础上,对小企业的会计确认、计量和报告进行了简化处理,减少了会计人员职业判断的内容与空间,它更适合小型企业和微型企业的会计核算,更值得我们深入学习与研究。《小企业会计准则》不愧是一部为我国小企业"量身定做"的企业会计标准。

第二节 《小企业会计准则》的适用范围

《小企业会计准则》适用于经营规模较小的企业,包括小型企业或微型企业。

《小企业会计准则》第二条明确规定:本准则适用于在中华人民共和国境内依法设立的、符合《中小企业划型标准规定》所规定的小型企业标准的企业。下列三类小企业除外:①股票或债券在市场上公开交易的小企业。②金融机构或其他具有金融性质的小企业。③企业集团内的母公司和子公司。《小企业会计准则》第八十九条还规定:"符合《中小企业划型标准规定》(工信部联企业〔2011〕300号)所规定的微型企业标准的企业参照执行本准则。"

《小企业会计准则》的适用范围并不区分所有制形式,不管是国有企业还是其他企业,不管是内资企业还是外资企业,均应执行《小企业会计准则》,只要符合《小企业会计准则》第二条和第八十九条的适用范围的企业,均应执行《小企业会计准则》。《小企业会计准则》的使用范围包括外商投资企业等小型企业和微型企业,但如果外商投资企业等小型企业和微型企业已经执行了《企业会计准则》,则不能转为执行《小企业会计准则》。

具体分析,符合执行《小企业会计准则》所规定的小型企业或微型企业标准的企业应当同时具备以下三个条件。

一、经营规模较小

经营规模较小是指符合国务院发布的中小企业划型标准所规定的小企业标准或微型企业标准。

世界各国对小企业的划分标准并不一致,主要有定性与定量等标准。在定量标准中,意大利、法国以单一的从业人员作为界定标准;美国以从业人员和营业额作为界定标准,但不同行业的具体要求不同;英国、日本以从业人员、或资本额或营业额作为界定标准。

二、不发行股票或债券,不是金融性质的企业

承担社会公众责任主要包括两种情形:一是企业的股票或债券在市场上公开交易,如上市公司和发行企业债的非上市企业、准备上市的公司和准备发行企业债的非上市企业。二是受托持有和管理财务资源的金融机构或其他企业,如非上市金融机构、具有金融性质的基金等其他企业(或主体)。"不承担社会公众责任"的提法是国际通用的,其他国家也是这么认定的。小企业一般不承担以上两项社会公众责任。承担以上两项社会公众责任的企业不能执行《小企业会计准则》。

三、既不是企业集团内的母公司也不是子公司

由于考虑到小企业会计信息的使用者主要是银行及税务部门,不是投资人,所以,纳入《小企业会计准则》核算范围内的小企业,应该既不是企业集团内的母公司,也不是企业集团内的子公司。原《小企业会计制度》并不禁止母公司采用《小企业会计制度》,而《小企业会计准则》却规定母公司不得执行《小企业会计准则》。

如果一个企业已经是母公司了,能够控制其他企业,那么就需要编制合并财务报表,其股东就成为会计信息的主要使用者,对该企业就要从高要求。由于企业集团需要统一会计政策和编制合并财务报表等,所以,如果是企业集团内的母公司和子公司,则均应当执行《企业会计准则》。如果一家企业是某家企业的子公司,一般而言,子公司的母公

司往往执行《企业会计准则》,需要编制合并财务报表、统一会计政策,所以,子公司也会被要求执行《企业会计准则》。

根据工业和信息化部、国家统计局、国家发展和改革委员会、财政部于 2011 年 6 月 18 日发布的《关于印发中小企业划型标准规定的通知》(简称划型标准)(工信部联企业〔2011〕300 号),我国将中小企业划分为中型、小型、微型三种类型,具体标准根据企业从业人员、营业收入、资产总额等指标,结合行业特点制定(详见表 1-1)。该规定适用的行业包括:农、林、牧、渔业,工业(包括采矿业,制造业,电力、热力、燃气及水生产和供应业),建筑业,批发业,零售业,交通运输业(不含铁路运输业),仓储业,邮政业,住宿业,餐饮业,信息传输业(包括电信、互联网和相关服务),软件和信息技术服务业,房地产开发经营,物业管理,租赁和商务服务业,其他未列明行业(包括科学研究和技术服务业,水利、环境和公共设施管理业,居民服务、修理和其他服务业,社会工作,文化、体育和娱乐业等)。

表 1-1

我国企业划型标准一览表

行业名称	指标名称	单位	大型	中型	小型	微型
1. 农、林、牧、渔	营业收入	万元	≥20 000	500～20 000	50～500	<50
2. 工业	从业人员数	人	≥1 000	300～1 000	20～300	<20
	营业收入	万元	≥40 000	2 000～40 000	300～2 000	<300
3. 建筑业	营业收入	万元	≥80 000	6 000～80 000	300～6 000	<300
	资产总额	万元	≥80 000	5 000～80 000	300～5 000	<300
4. 批发业	从业人员数	人	≥200	20～200	5～20	<5
	营业收入	万元	≥40 000	5 000～40 000	1 000～5 000	<1 000
5. 零售业	从业人员数	人	≥300	50～300	10～50	<10
	营业收入	万元	≥20 000	500～20 000	100～500	<100
6. 交通运输业	从业人员数	人	1 000	300～1 000	20～300	<20
	营业收入	万元	≥30 000	3 000～30 000	200～3 000	<200
7. 仓储业	从业人员数	人	≥200	100～200	20～100	<20
	营业收入	万元	≥30 000	1 000～30 000	100～1 000	<100

（续表）

行业名称	指标名称	单位	大型	中型	小型	微型
8. 邮政业	从业人员数	人	≥1 000	300～1 000	20～300	＜20
	营业收入	万元	≥30 000	2 000～30 000	100～2 000	＜100
9. 住宿业	从业人员数	人	≥300	100～300	10～100	＜10
	营业收入	万元	≥10 000	2 000～10 000	100～2 000	＜100
10. 餐饮业	从业人员数	人	≥300	100～300	10～100	＜10
	营业收入	万元	≥10 000	2 000～10 000	100～2 000	＜100
11. 信息传输业	从业人员数	人	≥2 000	100～200	10～100	＜10
	营业收入	亿元	≥10	0.1～10	0.01～0.1	＜0.01
12. 软件和信息技术服务业	从业人员数	人	≥300	100～300	10～100	＜10
	营业收入	万元	≥10 000	1 000～10 000	50～1 000	＜50
13. 房地产开发经营	资产总额	亿元	≥1	0.5～1	0.2＜0.5	＜0.2
	营业收入	亿元	≥20	0.1～20	0.01＜0.1	＜0.01
14. 物业管理	从业人员数	人	≥1 000	300～1 000	100～300	＜100
	营业收入	万元	≥5 000	1 000～5 000	500～1 000	＜500
15. 租赁和商务服务业	从业人员数	人	≥300	100～300	10～100	＜10
	资产总额	亿元	≥12	0.8～12	0.01～0.8	＜0.01
16. 其他	从业人员数	人	≥300	100～300	10～100	＜10

注：① 表中规定适用于在中华人民共和国境内依法设立的各类所有制和各种组织形式的企业。其中，企业类型的划分以统计部门的统计数据为依据。
② 个体工商户和本规定以外的行业，参照本表规定进行划型。个体工商户具有特殊性，目前在法律上个体工商户适用《城乡个体工商户管理条例》。但考虑到个体工商户按规模应为小型或微型企业范畴，且数量大、就业人数多，为促进个体工商户的发展，发挥其在解决社会就业中的重要作用，应将个体工商户纳入上述标准范围。
③ 表中的中型企业标准上限即为大型企业标准的下限。中型企业标准、小型企业标准必须同时具备从业人员数和营业收入（或资产总额）两项定量标准（除农、林、牧、渔和其他行业以外），而大型企业标准、微型企业标准只要具备上述两项定量标准之一即可。

中小企业划型标准是研究和实施中小企业政策的基础，将有利于中小企业分类管理、政策实施和宏观决策。尤其是微型企业，它是企业群体中的弱势群体。从其他国家情况看，微型企业一般是20人以下的企业，《划型标准》明确微型企业一般是20人或10人以下。微型企业经营规模小,技术相对简单,大多数从事劳动密集型产业或服务业,是需要政府重点扶持的对象。按照《划型标准》和第二次全国经济普查数据,加上有证照的个体工商户,微型企业从业人员占第二次全国经济普查全部法人企业从业人员的38.7%。大力发展微型企业是解决就业的重要措施。《划型标准》专门划出微型企业以后,使我国企业规模类型分为大、中、小、微型四种。规模类型细分后,能够更客观地反映经济发展和行业变化的特点,有利于宏观分类指导和制定政策,以增加政策的针对性和有效性。比如,中小企业融资难问题,主要是小企业和微型企业融资难,找出问题的关键就可以更有针对性地出台解决小型和微型企业融资难的政策措施。

需要说明的是,小型和微型企业与《企业所得税法》中规定的"小型微利企业"并非等同的概念。例如,工业企业中的小型微利企业,在《企业所得税法》中是指年度应纳税所得额不超过30万元,从业人数不超过100人,资产总额不超过3 000万元的企业;而其他企业,是指年度应纳税所得额不超过30万元,从业人数不超过80人,资产总额不超过1 000万元的企业。也就是说,小型和微型企业首先应当比照工信部联企业〔2011〕300号文件和《小企业会计准则》判断标准,以选择合适的会计核算标准。但是在进行企业所得税申报时,仍需以《企业所得税法》及其实施条例为准绳,严格判定自身是否符合小型微利企业的判定标准,从而依法享受相应的税收优惠政策。

第三节 《小企业会计准则》的内容分析

一、《小企业会计准则》主要内容

《小企业会计准则》是根据《中华人民共和国会计法》和《企业会计准则——基本准则》制定的,既体现出《中小主体国际财务报告准则》的相关要求,与国际会计准则的趋同;又符合我国企业会计准则的发展方向和我国小企业的实际情况,是与我国会计准则体系有序衔接的一部为我国小企业"量身定做"的企业会计标准。

《小企业会计准则》在体例上由正文和附录两个部分组成。正文部分具体规定小企业会计确认、计量和报告的基本要求,几乎涵盖了小企业日常会计核算的主要内容;附录部分是"会计科目、主要账务处理和财务报表",对如何规范小企业的会计核算作出较为详细的指导。《小企业会计准则》主要内容概括如表1-2所示。

表1-2

《小企业会计准则》主要内容一览表

	章 次	章 名	条 款	主 要 内 容
正 文	第一章	总则	4条	立法宗旨、适用范围、执行本准则的相关规定
	第二章	资产	40条	流动资产(包括货币资金、短期投资、应收及预付款项、存货等)、长期投资、固定资产和生产性生物资产、无形资产、长期待摊费用
	第三章	负债	8条	流动负债(包括短期借款、应付及预收款项、应付职工薪酬、应交税费、应付利息等)、非流动负债(包括长期借款、长期应付款等)
	第四章	所有者权益	5条	实收资本、资本公积、盈余公积和未分配利润
	第五章	收入	7条	销售商品收入和提供劳务收入
	第六章	费用	2条	营业成本、营业税金及附加、销售费用、管理费用、财务费用
	第七章	利润及利润分配	6条	营业利润、利润总额、净利润、营业外收入、营业外支出、政府补助、利润分配
	第八章	外币业务	6条	外币、外币交易、外币财务报表折算
	第九章	财务报表	10条	资产负债表、利润表、现金流量表、附注
	第10章	附则	2条	微型企业参照执行本准则、本准则施行日期
	合计		共10章	共90条
附录	会计科目、主要账务处理和财务报表			

相比而言,《小企业会计准则》比《中小主体国际财务报告准则》更针对小企业的实际,更为简洁。《中小主体国际财务报告准则》由前言和 35 章组成。前言主要陈述了国际会计准则基金会和国际财务报告准则的历史、中小主体准则的结构和维护等问题。35 章主要内容分别为:中小主体,概念和一般原则,财务报表列报,财务状况表(资产负债表),综合收益表和收益表(利润表),权益变动表和收益与留存收益表(所有者权益变动表),现金流量表,财务报表附注,合并财务报表和单独财务报表,会计政策、会计估计和差错,基本金融工具,其他金融工具,存货,联营中的投资,合营中的投资,投资性房地产,不动产厂场和设备,商誉以外的无形资产,企业合并和商誉,租赁,准备和或有事项,负债和所有者权益,收入,政府补助,借款费用,以股份为基础的支付,资产减值,雇员福利,所得税,外币折算,恶性通货膨胀,报告期后事项,关联方披露,特殊活动,向《中小主体国际财务报告准则》的过渡等。

我国小企业在学习和选择执行《小企业会计准则》时应当注意以下事项。

(1) 符合《小企业会计准则》规定条件的小企业,可以按照《小企业会计准则》进行会计处理,也可以选择执行《企业会计准则》。但一经选择,不得随意变更。鼓励小企业执行《企业会计准则》,是希望小企业更有成长性,由小企业变成中型、大型企业;同时,通过执行《企业会计准则》,也能够提高小企业的会计信息质量。毕竟,《企业会计准则》的要求更高。

(2) 凡是按照《小企业会计准则》进行会计处理的小企业,如果其发生的交易或者事项,《小企业会计准则》未作规范的,应当根据《企业会计准则》相关规定进行处理。

(3) 选择执行《企业会计准则》的小企业,不得在执行《企业会计准则》的同时,选择执行《小企业会计准则》的相关规定。禁止已执行《企业会计准则》的小企业采用《小企业会计准则》。

(4) 执行《小企业会计准则》的企业,如公开发行股票或债券的,应当转为执行《企业会计准则》;因经营规模或企业性质变化导致不符合

《小企业会计准则》规定的小企业标准而成为大中型企业或金融企业的,应当转为执行《企业会计准则》。

(5) 执行《小企业会计准则》的小企业,转为执行《企业会计准则》时,应当按照《企业会计准则第38号——首次执行企业会计准则》等相关规定进行会计处理。

(6) 执行《小企业会计制度》转为执行《小企业会计准则》时,可直接将相关科目余额转入新账,不需要追溯调整。

二、《小企业会计准则》和《企业会计准则》主要差异分析

按照我国企业会计改革的总体框架,《企业会计准则——基本准则》(下称《基本准则》)是纲,适用于在中华人民共和国境内设立的所有企业;38个具体的企业会计准则和《小企业会计准则》是目,是《基本准则》框架下的两个子系统,分别适用于大中型企业和小企业。《小企业会计准则》是在遵循《基本准则》的大前提下,在借鉴《中小主体国际财务报告准则》简化处理的核心理念基础上,充分考虑了我国小企业规模较小、业务较为简单、会计基础工作较为薄弱、会计信息使用者的信息需求相对单一等实际情况,对小企业的会计确认、计量和报告进行了简化处理,减少了会计人员职业判断的内容与空间。

从形式来看,《企业会计准则》由1项基本准则、38项具体准则和应用指南构成,其中应用指南又包括会计准则解释、会计科目和主要账务处理。而《小企业会计准则》就1个,由总则、资产、负债、所有者权益、收入、费用、利润及利润分配、外币业务、财务报表、附则以及附录(会计科目、主要账务处理和财务报表)组成,其文本内容只占《企业会计准则》的10%左右。

从内容分析,《小企业会计准则》与《企业会计准则》差异更多,现摘要说明如下。

1. 在会计计量方面

《企业会计准则》规定,企业可以根据实际需要选用历史成本、重置成本、可变现净值、现值或公允价值等会计计量属性对会计要素进行计

量。而《小企业会计准则》则要求小企业采用历史成本对会计要素进行计量。例如,对小企业的资产要求按照成本计量,不再要求计提资产减值准备,资产实际损失的确定参照现行企业所得税政策中的有关认定标准;对小企业的负债不再要求按照公允价值入账,而是要求按照实际发生额入账;对小企业融资租入固定资产的入账价值不再要求按照租赁开始日租赁资产公允价值与最低租赁付款额现值两者中较低者作为会计计量基础,而是要求按照租赁合同约定的付款总额和在签订租赁合同过程中发生的相关税费等确定;在财务报表附注中要求对短期投资和存货列明"期末市价"与"期末账面余额与市价的差额",供报表使用者分析判别相关情况。

2. 在收入确认和计量方面

在收入确认方面,不再要求小企业遵循实质重于形式的原则,而是要求小企业采用发出商品或者提供劳务交易完成和收到货款或取得收款权利作为标准,减少关于风险与报酬转移的职业判断,同时就几种常见的销售方式明确规定了收入确认的时点。

3. 在长期投资核算方面

《企业会计准则》规定,债券的折价或者溢价在债券存续期间内于确认相关债券利息收入时采用实际利率法进行摊销。而《小企业会计准则》规定,债券的折价或者溢价在债券存续期间内于确认相关债券利息收入时采用直线法进行摊销。

在长期股权投资的后续计量方面,《企业会计准则》规定,长期股权投资在持有期间,根据投资企业对被投资单位的影响程度及是否存在活跃市场、公允价值能否可靠取得等情况,分别采用成本法和权益法进行会计处理。而《小企业会计准则》则要求小企业统一采用成本法对长期股权投资进行会计处理。

4. 在固定资产折旧和无形资产摊销方面

《企业会计准则》规定,企业应当根据固定资产的性质和使用情况,合理确定固定资产的使用寿命和预计净残值,而不必考虑税法的规定。而《小企业会计准则》规定,小企业应当根据固定资产的性质和使用情况,并考虑税法的规定,合理确定固定资产的使用寿命和预计净残值。

《企业会计准则》规定,企业应当于取得无形资产时分析判断其使用寿命;使用寿命有限的无形资产,其应摊销金额应当在使用寿命内系统合理摊销;企业摊销无形资产,应当自无形资产可供使用时起,至不再作为无形资产确认时止。而《小企业会计准则》规定,无形资产的摊销期自其可供使用时开始至停止使用或出售时止;有关法律规定或合同约定了使用年限的,可以按照规定或约定的使用年限分期摊销;小企业不能可靠估计无形资产使用寿命的,摊销期不得低于10年。

5. 在长期待摊费用核算方面

《企业会计准则》规定,"长期待摊费用"科目核算企业已经发生但应由本期和以后各期负担的分摊期限在1年以上的各项费用,如以经营租赁方式租入的固定资产发生的改良支出等,其核算内容、摊销期限与《企业所得税法》及其实施条例存在较大的差异。而《小企业会计准则》对"长期待摊费用"科目的核算内容、摊销期限,均与《企业所得税法》及其实施条例的规定基本一致。《小企业会计准则》规定,小企业的长期待摊费用包括已提足折旧的固定资产的改建支出、经营租入固定资产的改建支出、固定资产的大修理支出和其他长期待摊费用等。

6. 在所得税核算方面

《企业会计准则》要求企业采用资产负债表债务法核算所得税,在计算应交所得税和递延所得税的基础上,确认所得税费用。而《小企业会计准则》要求企业采用应付税款法核算所得税,将计算的应交所得税确认为所得税费用,这大大简化了所得税的会计处理。

在实施《小企业会计准则》后,小企业除会计与税法之间不可能消除的永久性差异以外,只有在少数情况下才可能产生暂时性差异。例如,小企业在收到与资产相关的政府补助、收到用于补偿小企业以后期间相关费用或亏损的其他政府补助时,《小企业会计准则》要求确认为递延收益,而税法要求在收到政府补助时一次性计入当期收入或者在符合条件的情况下作为不征税收入,导致小企业会计与税法存在差异。

由于《小企业会计准则》基本消除了小企业会计与税法的差异,需要小企业进行纳税调整的交易或事项较少,因此《小企业会计准则》要求小企业在财务报表附注中增加纳税调整的说明,披露"对已在资产负债表和利润表中列示项目与《企业所得税法》规定存在差异的纳税调整过程"。

7. 在外币财务报表折算差额方面

《企业会计准则》规定,企业对境外经营的财务报表进行折算时,应当遵循下列规定:①资产负债表中的资产和负债项目,采用资产负债表日的即期汇率折算,所有者权益项目除"未分配利润"项目外,其他项目采用发生时的即期汇率折算。②利润表中的收入和费用项目,采用交易发生日的即期汇率折算,也可以采用按照系统合理的方法确定的、与交易发生日即期汇率近似的汇率折算。按照上述①、②折算产生的外币财务报表折算差额,在资产负债表中所有者权益项目下单独列示。而《小企业会计准则》要求小企业对外币财务报表进行折算时,应当采用资产负债表日的即期汇率对外币资产负债表、利润表和现金流量表的所有项目进行折算。这样,小企业既不会产生外币财务报表折算差额,也减少了外币财务报表折算的工作量。

8. 在财务报表列报和披露方面

小企业的财务报表至少应当包括资产负债表、利润表、现金流量表和附注四个部分,小企业不必编制所有者权益(或股东权益)变动表。考虑到小企业会计信息使用者的需求,《小企业会计准则》对现金流量表也进行了适当简化,无需披露将净利润调节为经营活动现金流量、当期取得或处置子公司及其他营业单位等信息。此外,小企业财务报表附注的披露内容大为减少、披露要求也有所降低。

9. 对会计政策变更和会计差错更正会计处理方面

《企业会计准则》要求企业根据具体情况对会计政策变更采用追溯调整法或未来适用法进行会计处理,对前期差错更正采用追溯重述法或未来适用法进行会计处理;对会计估计变更采用未来适用法进行会计处理。而《小企业会计准则》要求小企业对会计政策变更、会计估计变更和会计差错更正均应当采用未来适用法进行会计处理,这大大简化了会计政策变更和会计差错更正的会计处理方法。

由于《小企业会计准则》与《企业会计准则》拉开了档次,划分了层次,所以,为了进一步提高小企业会计信息的质量,小企业在平时也需要积累一些其他资料,如未计提资产减值准备的估计数,未确认预计负债的估计数,已经确认收入中风险和报酬没有转移或保留继续管理权、控制权的估计数,长期股权投资如果采取权益法的估计数,未计提的待摊和预提所得税费用等,以应对各种特殊需求。

《小企业会计准则》和《企业会计准则》虽适用范围不同,但为了适应小企业发展壮大的需要,又要相互衔接,从而发挥会计准则在企业发展中的政策效应,《小企业会计准则》对于小企业不经常发生甚至基本不可能发生的交易或事项未作规范,这些交易或事项一旦发生,可以参照《企业会计准则》中的相关规定进行会计处理;对于小企业今后公开发行股票或债券的,或者因经营规模或企业性质变化导致不符合小企业标准而成为大中型企业或金融企业的,应当自次年1月1日起转为执行《企业会计准则》;小企业转为执行《企业会计准则》时,应当按照《企业会计准则第38号——首次执行企业会计准则》等相关规定进行会计处理。

综上所述,《小企业会计准则》以国际趋同为努力方向,更立足于我国小企业发展的实际,在简化核算要求、与我国税法保持协调、与《企业会计准则》有序衔接等方面体现了极其鲜明的特色,是一部为我国小企业"量身定做"的企业会计标准。它的贯彻实施,将有效地促进我国小企业可持续健康发展,也可以充分发挥小企业在我国国民经济和社会发展中的重要作用。

第四节 《小企业会计准则》的科目设置

一、会计要素与会计科目

小企业发生的日常经济业务是多种多样的,涉及的交易和事项可能不胜枚举。会计要素的出现可以将这些经济活动分门别类，从而形成会计信息使用者可以理解的会计信息。会计要素的界定和分类可以使财务会计系统更加科学严密，为投资者等财务报告使用者提供更加有用的信息。

会计要素是根据交易或者事项的经济特征所确定的财务会计对象的基本分类，是会计核算对象的具体化。会计要素按照其性质分为资产、负债、所有者权益、收入、费用和利润，统称为企业的六项会计要素。其中，资产、负债和所有者权益要素侧重于反映企业的财务状况，收入、费用和利润要素侧重于反映企业的经营成果。

六项会计要素反映了资金运动的静态和动态两个方面，具有紧密的相关性，它们在数量上存在着特定的平衡关系。这种平衡关系用公式来表示，就是通常所说的下列会计等式：

$$资产＝负债＋所有者权益$$

$$利润＝收入－费用$$

会计等式是反映会计要素之间平衡关系的计算公式，它是各种会计核算方法的理论基础。

会计科目是对会计要素的具体内容进行分类的标志，也就是对各项会计要素在科学分类的基础上所赋予的名称。会计科目的设置，对于正确核算和监督企业的经济活动，具有重要的作用。首先，会计科目是对会计对象具体内容的科学归类，是连续核算和监督的重要工具；其次，会计科目又是设置账户的依据；同时，会计科目还是规范会计核算和加强会计监督的重要手段。小企业为了核算和监督会计对象的具体内容，应根据规定的会计科目设置账户，进行会计核算。

二、小企业会计科目分类

（一）按会计要素和经营管理的要求分类

《小企业会计准则》中对会计科目按会计要素和经营管理要求分为资产类、负债类、所有者权益类、成本费用类、损益类五个大类。我们将六大会计要素中的前三个要素（资产、负债、所有者权益）保持不变，将后三个要素（收入、费用、利润）适当简化归并为成本费用类和损益类。

1. 资产类会计科目

根据资产的一般分类和资金的流动性强弱，可将资产类会计科目分为流动资产类和非流动资产类（包括长期投资、固定资产、无形资产、长期待摊费用等）会计科目。

2. 负债类会计科目

根据债务偿还期限的长短和负债的构成，可将负债类会计科目分为流动负债类和非流动负债（长期负债）类会计科目。

3. 所有者权益类会计科目

这类会计科目包括资本类、留存收益类会计科目。

4. 成本费用类会计科目

这类会计科目主要分为生产成本、制造费用等类别的会计科目。

5. 损益类会计科目

根据企业经营损益形成的内容划分，可将损益类会计科目分为主营业务收入与成本、其他业务收支、期间费用、投资收益和营业外收支等类别的会计科目。

(二) 按会计科目隶属关系分类

会计科目按其隶属关系分类可以分为总分类科目和明细分类科目两大类。

1. 总分类科目

总分类科目又称总账科目或一级科目，它是反映各种经济业务总括资料的会计科目，如库存现金、银行存款、原材料、应收账款、固定资产等。

2. 明细分类科目

明细分类科目又称为子目，可以分为二级明细科目、三级明细科目等，它是对某个总分类科目提供详细资料的会计科目。例如，为了反映短期投资的详细情况，在"短期投资"总分类科目下可按股票、债券、基金等短期投资种类设置明细科目，详细反映短期投资增减变动的情况；

又如,在应收账款总分类科目下,可按债务人设置明细科目,进行明细核算,详细、具体地反映应收账款的增减变动情况。

三、会计科目的排序和编号

会计科目是按会计要素排列的,是对会计要素所作的具体分类。五大类会计科目的排列顺序依次为:资产、负债、所有者权益、成本费用、损益。每大类内小类的会计科目排列顺序一般按照流动性的大小排列。例如,在资产类,把流动资产排在首位,其后是长期投资、固定资产、无形资产和其他资产。负债类科目按偿还债务的先后顺序把流动负债列在前面,长期负债列在后面。

会计科目的编号是根据会计科目的分类和排序确定的。一般采用四位数字编号,第一位数字表示科目的大类;第二位数字表示科目的小类;第三、第四位数字表示各小类之下科目的序号。例如,1002号科目,从左至右第一位数字"1"代表资产大类,第二位数字"0"代表货币资金小类,第三、第四位数字"02"代表货币资金类的"银行存款"科目的序号。会计科目的编号除了表明它们的类别和具体名称外,还有助于填制会计凭证、登记账簿以及实现会计电算化。

小企业的会计科目和主要账务处理是依据《小企业会计准则》中确认和计量的规定制定的,涵盖了各类小企业的交易或者事项。现将《小企业会计准则》中规范的会计科目列示如表1-3。会计实务操作与会计教学时都应当规范使用会计科目,既不要写错别字,也不要任意增减文字。

表1-3

小企业会计科目分类、编号、名称一览表

大 类	小 类	顺序号	编 号	会计科目名称
一、资产类	流动资产	1	1001	库存现金
		2	1002	银行存款
		3	1012	其他货币资金

(续表)

大　类	小　类	顺序号	编　号	会计科目名称
一、资产类	流动资产	4	1101	短期投资
		5	1121	应收票据
		6	1122	应收账款
		7	1123	预付账款
		8	1131	应收股利
		9	1132	应收利息
		10	1221	其他应收款
		11	1401	材料采购
		12	1402	在途物资
		13	1403	原材料
		14	1404	材料成本差异
		15	1405	库存商品
		16	1407	商品进销差价
		17	1408	委托加工物资
		18	1411	周转材料
		19	1421	消耗性生物资产
	非流动资产	20	1501	长期债券投资
		21	1511	长期股权投资
		22	1601	固定资产
		23	1602	累计折旧
		24	1604	在建工程
		25	1605	工程物资
		26	1606	固定资产清理
		27	1621	生产性生物资产

(续表)

大类	小类	顺序号	编号	会计科目名称
一、资产类	非流动资产	28	1622	生产性生物资产累计折旧
		29	1701	无形资产
		30	1702	累计摊销
		31	1801	长期待摊费用
		32	1901	待处理财产损溢
二、负债类	流动负债	33	2001	短期借款
		34	2201	应付票据
		35	2202	应付账款
		36	2203	预收账款
		37	2211	应付职工薪酬
		38	2221	应交税费
		39	2231	应付利息
		40	2232	应付利润
		41	2241	其他应付款
	非流动负债	42	2401	递延收益
		43	2501	长期借款
		44	2701	长期应付款
三、所有者权益类	资本	45	3001	实收资本
		46	3002	资本公积
	留存收益	47	3101	盈余公积
		48	3103	本年利润
		49	3104	利润分配
四、成本费用类	制造成本	50	4001	生产成本
		51	4101	制造费用
	其他成本	52	4301	研发支出

(续表)

大类	小类	顺序号	编号	会计科目名称
四、成本费用类	其他成本	53	4401	工程施工
		54	4403	机械作业
五、损益类	收入	55	5001	主营业务收入
		56	5051	其他业务收入
		57	5111	投资收益
		58	5301	营业外收入
	费用	59	5401	主营业务成本
		60	5402	其他业务成本
		61	5403	营业税金及附加
		62	5601	销售费用
		63	5602	管理费用
		64	5603	财务费用
		65	5711	营业外支出
		66	5801	所得税费用

《小企业会计准则》的会计科目,主要是根据小企业经济业务特点设计的,同时又注意与《企业会计准则》相衔接。小企业在不违反会计准则中确认、计量和报告规定的前提下,可以根据本企业的实际情况自行增设、分拆、合并会计科目。小企业不存在的交易或者事项,可不设置相关会计科目。对于明细科目,小企业可以自行设置。会计科目编号供小企业填制会计凭证、登记会计账簿、查阅会计账目、采用会计软件系统时参考,小企业可结合本企业的实际情况自行确定其他会计科目的编号。

四、小企业会计科目的主要变化

《小企业会计准则》将会计科目分为五大类,共 66 个会计科目,比

《小企业会计制度》60 个会计科目总量增加了 6 个会计科目。

与《小企业会计制度》相比较，《小企业会计准则》会计科目变化主要可分为四种情况：

（1）删除的会计科目有：短期投资跌价准备、应收股息、坏账准备、低值易耗品、委托代销商品、存货跌价准备、待摊费用、应付福利费、其他应交款、预提费用和待转资产价值。

（2）增加的会计科目有：预付账款、材料采购、材料成本差异、周转材料、应收股利、应收利息、消耗性生物资产、生产性生物资产、生产性生物资产累计折旧、累计摊销、待处理财产损溢、应付利息、应付利润、递延收益、研发支出、工程施工、机械作业。

（3）更名的会计科目有："现金"改为"库存现金"、"材料"改为"原材料"、"长期债权投资"改为"长期债券投资"、"应付工资"改为"应付职工薪酬"、"应交税金"改为"应交税费"、"主营业务税金及附加"改为"营业税金及附加"、"营业费用"改为"销售费用"、"所得税"改为"所得税费用"。应当提请关注的是，部分会计科目更名后，其核算内容也发生了较大变化，如应交税费与应付职工薪酬的核算内容具有较大的变化等。

（4）即使名称保持不变的科目，其核算内容也发生较大的变化。例如，营业外收入的内容有较大的调整，将原计入资本公积的政府补助、捐赠收益、确实无法支付的应付账款计入营业外收入；将原计入财务费用的汇兑收益计入营业外收入；将原调整坏账准备的已作坏账损失处理后又收回的应收款项计入营业外收入；将原冲减所得税的所得税退税以及未予规范的其他所有退税（不含出口退税）计入营业外收入。又如，营业外支出的内容有所扩大，将原计入管理费用的坏账损失、原未规范的无法收回的长期债券投资损失和无法收回的长期股权投资损失、捐赠支出和赞助支出均计入营业外支出等。

第五节 《小企业会计准则》的主要变化

《小企业会计准则》比《小企业会计制度》更适合于小型企业和微型

企业的会计核算。

与《小企业会计制度》相比,《小企业会计准则》在编写体例、立法宗旨、会计要素确认、计量及报告等方面的主要差异变化归纳如表 1-4 所示。

表 1-4

《小企业会计准则》与《小企业会计制度》主要差异分析对照表

比较项目		小企业会计准则	小企业会计制度
编写体例	正文	小企业会计准则,共 10 章 90 条	一、总说明 二、会计科目名称和编号 三、会计科目使用说明 四、会计报表格式 五、会计报表编制说明
	附录	会计科目、主要账务处理和财务报表,有 66 个示范性会计科目	主要会计事项分录举例等,有 60 个示范性会计科目
总则	立法宗旨	规范小企业会计确认、计量和报告行为,促进小企业可持续发展,发挥小企业在国民经济和社会发展中的重要作用	规范小企业的会计核算,提高会计信息质量
	适用范围	《中小企业划型标准规定》所规定的小型企业与微型企业	《中小企业标准暂行规定》中界定的小企业
	计量属性	主要以历史成本作为会计计量属性,投资资产、盘盈资产等应当按照同类或类似资产的市场价格或评估价值确定。对于短期投资、存货的期末账面价值与市价的差额,要求在财务报表附注中披露	各项资产在取得时应当按照实际成本计量。各项资产账面价值的调整,应按照本制度的规定执行。除法律、法规和国家统一会计制度另有规定外,企业不得自行调整其账面价值
	参照规定处理	发生的交易或者事项本准则未作规范的,可以参照《企业会计准则》中的相关规定进行处理	没有这方面的规定,但却规定了非货币性交易和债务重组核算

(续表)

比较项目		小企业会计准则	小企业会计制度
总则	会计政策变更方法	小企业对会计政策变更、会计估计变更和会计差错更正应当采用未来适用法进行会计处理	小企业执行的各项会计政策,如果法律或行政法规、规章等要求变更的,应按相关衔接办法的规定执行,没有相关衔接办法或是衔接办法未予规定的,应进行追溯调整
	准则转换规定	转为执行《企业会计准则》时,应当按照《企业会计准则第38号——首次执行企业会计准则》等相关规定进行会计处理	转为执行《企业会计制度》时,应按会计政策及其变更的相关规定进行处理
资产	备用金	通过"其他货币资金——备用金"科目核算。内部周转使用备用金也可以单独设置"备用金"科目	通过"其他应收款——备用金"科目核算
	减值准备	减少职业判断要求,不计提减值准备,资产损失应当于实际发生时计入营业外支出	遵循谨慎性原则,要求对短期投资、应收款项及存货计提减值准备
	存货计价方法	应当采用先进先出法、加权平均法或者个别计价法确定发出存货的实际成本	各项存货的发出成本可以采用个别计价法、先进先出法、后进先出法、加权平均法、移动平均法确定
	存货借款费用	经过1年期以上的制造才能达到预定可销售状态的存货,其发生的借款费用、辅助费用以及因外币借款而发生的汇兑差额可计入存货的成本	没有这方面的规定
	周转材料	周转材料包括:包装物、低值易耗品,以及小企业(建筑业)的钢模板、木模板、脚手架等	没有周转材料科目,只规范了低值易耗品核算
	长期股权投资核算	一律要求采用成本法进行会计处理,取消了权益法核算方法;增加了按照换出非货币性资产的评估价值和相关税费作为长期股权投资成本的核算方法	可以分别采用简单权益法或成本法进行核算

(续表)

	比较项目	小企业会计准则	小企业会计制度
资产	固定资产	以一笔款项购入多项没有单独标价的固定资产,应当按照各项固定资产或类似资产的市场价格或评估价值比例对总成本进行分配,分别确定各项固定资产的成本	没有这方面的规定
	固定资产折旧	应当根据固定资产的性质和使用情况,并考虑税法的规定,合理确定固定资产的使用寿命和预计净残值	没有这样的提法
	固定资产修理	固定资产的日常修理费,应当在发生时根据固定资产的受益对象计入相关资产成本或者当期损益	在固定资产后续支出中有相应的规定
	农林牧渔业的核算	设置"生产性生物资产"、"生产性生物资产累计折旧"、"消耗性生物资产"等科目,适应核算小企业(农、林、牧、渔业)资产的需求	没有这方面的规定
	无形资产	规定土地使用权应与建筑物分别进行处理;增加了自行开发的无形资产,并单设了"研发支出"科目;增加"累计摊销"科目核算无形资产摊销;无形资产摊销根据收益对象计入成本费用,部分无形资产摊销可以记入"制造费用"科目,而不是全部记入"管理费用"科目;不能可靠估计无形资产使用寿命的摊销期不得低于10年	没有设置"研发支出"科目;摊销无形资产价值时,借记"管理费用"、"其他业务成本"科目
	长期待摊费用	包括已提足折旧的固定资产的改建支出、经营租入固定资产的改建支出、固定资产的大修理支出和其他长期待摊费用,并分别规定了摊销方法	主要是指筹建期间发生的费用,并应于开始生产经营的当月计入当期损益

(续表)

比较项目		小企业会计准则	小企业会计制度
资产	开办费	筹建期间内发生的开办费（包括：相关人员的职工薪酬、办公费、培训费、差旅费、印刷费、注册登记费以及不计入固定资产成本的借款费用等费用），在实际发生时，借记"管理费用"科目	筹建期间发生的费用，先在长期待摊费用中归集，待小企业开始生产经营当月，一次性计入当期损益
	待处理财产损溢	设置"待处理财产损溢"科目，将财产物资盈亏分批准前与批准后的不同会计处理	没有设置"待处理财产损溢"科目，可将财产物资盈亏直接计入损益账户的简化处理
负债	应交税费	核算小企业按照税法等规定计算应交纳的各种税费。包括：增值税、消费税、营业税、城市维护建设税、企业所得税、资源税、土地增值税、城镇土地使用税、房产税、车船税、教育费附加、矿产资源补偿费、排污费、代扣代缴的个人所得税等	①应交税金：核算应交纳的增值税、消费税、营业税、所得税、资源税、土地增值税、城市维护建设税、房产税、城镇土地使用税、车船税、个人所得税等。②其他应交款：核算应交的教育费附加、矿产资源补偿费、住房公积金等
	应付职工薪酬	应付职工薪酬包括：①职工工资、奖金、津贴和补贴。②职工福利费。③医疗保险费、养老保险费、失业保险费、工伤保险费和生育保险费等社会保险费。④住房公积金。⑤工会经费和职工教育经费。⑥非货币性福利。⑦因解除与职工的劳动关系给予的补偿。⑧其他与获得职工提供的服务相关的支出等	分别应付工资核算和应付福利费核算。应付给职工的工资总额包括在工资总额内的各种工资、奖金、津贴等。应付福利费核算小企业提取和使用的福利费
	借款利息	要求短期借款和长期借款均须按应付利息日计提利息，不再要求每一资产负债表日计提利息	没有这样规定

(续表)

比较项目		小企业会计准则	小企业会计制度
所有者权益	资本公积	资本公积的构成内容减少,接受捐赠和外币资本折算差额不再形成资本公积。明确规定资本公积不得弥补亏损	没有这样规定
	盈余公积	包括法定公积金和任意公积金	包括法定盈余公积、任意盈余公积和法定公益金
收入	销售商品收入	删除了让渡资产使用权收入的相关内容。对于销售商品的收入确认,不再强调风险报酬转移等缺乏可操作性的原则性规定,而是根据结算方式和销售方式规定了七种情况下收入确认的时点	销售商品的收入,应当同时满足下列条件:①已将商品所有权上的主要风险和报酬转移给购货方。②既没有保留通常与所有权相联系的继续管理权,也没有对已售出的商品实施控制。③与交易相关的经济利益能够流入本企业。④相关的收入和成本能够可靠地计量
	提供劳务收入	一是同一会计年度内开始并结束的劳务,劳务交易完成且收到款项或取得收款权利时,确认提供劳务收入;二是劳务的开始和完成分属不同会计年度的,应当按照完工进度确认提供劳务收入	提供劳务的收入,按以下规定予以确认:①在同一会计年度内开始并完成的劳务,应当在完成劳务时确认收入。②如果劳务的开始和完成分属不同的会计年度,可以按完工进度或完成的工作量确认收入
费用	建造业核算	设置工程施工和机械作业科目,核算小企业(建造业)成本费用	没有这方面的规定
	营业税金及附加	是指小企业开展日常生产经营活动应负担的消费税、营业税、城市维护建设税、资源税、土地增值税、城镇土地使用税、房产税、车船税、印花税、教育费附加、矿产资源补偿费、排污费等。与最终确认营业外收入或营业外支出相关的税费,在"固定资产清理"、"无形资产"等科目核算。其他业务成本中没有核算相关税金和附加的内容	"主营业务税金及附加"科目核算小企业日常主要经营活动应负担的税金及附加,包括营业税、消费税、城市维护建设税、资源税、土地增值税和教育费附加等;"其他业务支出"科目核算其他业务所发生的支出,包括相关税金和附加

(续表)

比较项目		小企业会计准则	小企业会计制度
费用	研发支出	用以核算小企业进行研究与开发无形资产过程中发生的各项支出,要求分别"费用化支出"、"资本化支出"进行明细核算	小企业的研究与开发费直接计入当期管理费用
	待摊预提	删除了"待摊费用"、"预提费用"科目	有待摊费用、预提费用核算
利润	营业外收入	变动内容较多,其包括非流动资产处置净收益、政府补助、捐赠收益、盘盈收益、汇兑收益、出租包装物和商品的租金收入、逾期未退包装物押金收益、确实无法偿付的应付款项、已作坏账损失处理后又收回的应收款项、违约金收益等	核算小企业发生的与其生产经营无直接关系的各项收入,包括固定资产盘盈、处置固定资产净收益、出售无形资产净收益、罚款净收入等,确实无法偿付的应付款项计入资本公积
	政府补助	政府补助与递延收益	没有这方面的规定
	营业外支出	变动内容较多,其包括存货的盘亏、毁损、报废损失,非流动资产处置净损失,坏账损失,无法收回的长期债券投资损失,无法收回的长期股权投资损失,自然灾害等不可抗力因素造成的损失,税收滞纳金,罚金,罚款,被没收财物的损失,捐赠支出,赞助支出等	营业外支出核算小企业发生的与其生产经营无直接关系的各项支出,如固定资产盘亏、处置固定资产净损失、出售无形资产净损失、罚款支出、非常损失等
外币业务	外币业务	单列一章,简化核算,适应小企业开拓国际市场、对外出口的现实需要	没有这方面专门章节的规定
	外币折算	收到投资者以外币投入的资本,应当采用交易发生日即期汇率折算,不得采用合同约定汇率和交易当期平均汇率折算,不再产生折算差额	除另有规定外,所有与外币业务有关的账户,应当采用业务发生时的汇率或业务发生当期期初的汇率折合
	外币财务报表折算	采用资产负债表日的即期汇率对外币资产负债表、利润表和现金流量表的所有项目进行折算,简化外币财务报表折算	期末,小企业的各种外币账户的外币余额应当按照期末汇率折合为记账本位币

(续表)

比较项目		小企业会计准则	小企业会计制度
财务报表	财务报表	财务报表至少应当包括资产负债表、利润表、现金流量表(按直接法填报)、附注。报表为新格式,附注扩展内容。将"应交增值税明细表"等附表的内容调整至附注中	年度财务会计报告除应当包括基本会计报表(指资产负债表和利润表)外,还应提供会计报表附注的内容。也可以根据需要编制现金流量表。附表为"应交增值税明细表"等
	附注	附注应当按照下列顺序披露:①遵循小企业会计准则的声明。②短期投资、应收账款、存货、固定资产项目的说明。③应付职工薪酬、应交税费项目的说明。④利润分配的说明。⑤用于对外担保的资产名称、账面余额及形成的原因;未决诉讼、未决仲裁以及对外提供担保所涉及的金额。⑥发生严重亏损的,应当披露持续经营的计划、未来经营的方案。⑦对已在资产负债表和利润表中列示项目与《企业所得税法》规定存在差异的纳税调整过程。⑧其他需要在附注中说明的事项	财务报表附注主要内容:①主要会计政策和会计估计及其变更的说明。②其他重要事项

综上所述,由于《小企业会计准则》在与国际会计准则趋同、与企业会计准则相衔接的同时,主要立足于国情,充分考虑到我国小企业规模小、业务简单、会计基础工作较为薄弱、会计信息需求相对简单等实际情况,采用了简化、统一、可操作性强的核算和报告的体系,要比原《小企业会计制度》更加简洁明了,如涵盖的经济业务较少,会计科目和财务报表也比较简单;没有涉及投资性房地产、股权支付、债务重组、非货币交易、企业合并与合并报表等内容等,从而更适用于小型企业和微型企业的会计核算,其核算定位与服务对象更加明确。又由于绝大部分小企业的所有者与经营者集于一身,故小企业财务报表的外部使用者主要是税务部门和银行。所以,《小企业会计准则》着眼于会计与税法充分协调,服务于企业纳税和税收征管,有利于降低企业的纳税成本和

税收遵从成本；同时，小企业会计处理规范后，向银行等部门提供的财务报表便能更为简洁明了地反映小企业的财务状况和经营成果，从而有利于小企业外部融资，缓解小企业融资困难等。

《小企业会计准则》的最大特点是适当减少了会计职业判断的内容，如简化了确认收入的判断条件，规定小企业在发出商品且收到货款或取得收款权利时确认收入的实现，减少了关于风险报酬转移的职业判断；没有单独规定金融资产的会计核算，仅将投资划分为短期投资、长期债券投资和长期股权投资，减少投资分类时的主观性等。

《小企业会计准则》的最大亮点是尽量与税法协调一致，部分会计要素核算与计价方法允许完全采取税法规定。例如，按照税法上实际发生制原则，对所有资产不计提减值准备，而是在实际发生损失时参照税法有关的认定标准确认资产损失；会计要素采用历史成本作为记账基础，没有采用税法上不认可的公允价值为记账基础；长期股权投资采用成本法，不采用权益法；固定资产、生产性生物资产的折旧方法应考虑税法的规定，合理确定固定资产的使用寿命和预计净残值等。在尽量减少会计与税收之间差异的前提下，小企业对会计与税法形成的暂时性差异一律采用应付税款法，小企业计提当期应交的所得税时，借记"所得税费用"科目，贷记"应交税费——应交企业所得税"科目即可，并不采用《企业会计准则第18号——所得税》规定的资产负债表债务法等。

第二章 小企业资产准则

第一节 资产概述

一、资产的概念与特征

资产是指小企业过去的交易或者事项形成的、由小企业拥有或者控制的、预期会给小企业带来经济利益的资源。

小企业的资产一般应当具有以下几个方面的特征。

1. 预期会给小企业带来经济利益

资产预期会给小企业带来经济利益,是指资产直接或者间接导致现金和现金等价物流入企业的潜力。这种潜力可以来自企业日常的生产经营活动,也可以是非日常生产经营活动;带来的经济利益可以是现金或者现金等价物,或者是可以转化为现金或者现金等价物的形式,或者是可以减少现金或者现金等价物流出的形式。

资产预期能否会为小企业带来经济利益是资产的重要特征。例如,企业采购的原材料、购置的固定资产等可用于生产经营过程、制造商品或者提供劳务,对外出售后收回货款,货款即为企业所获得的经济利益。如果某一项目预期不能给企业带来经济利益,那么就不能将其确认为企业的资产。前期已经确认为资产的项目,如果不能再为企业带来经济利益的,也不能再确认为企业的资产。

2. 应为小企业拥有或者控制的资源

资产作为一项资源,应当由企业拥有或者控制,具体是指企业享有某项资源的所有权,或者虽然不享有某项资源的所有权,但该资源能被企业所控制。

小企业享有资产的所有权,通常表明企业能够排他性地从资产中获取经济利益。通常在判断资产是否存在时,所有权是考虑的首要因素。在有些情况下,资产虽然不为企业所拥有,即企业并不享有其所有权,但企业控制了这些资产,这同样表明企业能够从资产中获取经济利益,符合会计上对资产的定义。如果企业既不拥有也不控制资产所能带来的经济利益,就不能将其作为企业的资产予以确认。

3. 是由小企业过去的交易或者事项形成的

资产应当由小企业过去的交易或者事项所形成,过去的交易或者事项包括购买、生产、建造行为或者其他交易或事项。换句话说,只有过去的交易或者事项才能产生资产,企业预期在未来发生的交易或者事项不形成资产。例如,企业有购买某存货的意愿或者计划,但是购买行为尚未发生,就不符合资产的定义,不能因此而确认存货资产。

二、资产的具体分类

小企业的资产按照流动性,可分为流动资产和非流动资产。

1. 流动资产

小企业的流动资产,是指预计在1年内(含1年,下同)或超过1年的一个正常营业周期内变现、出售或耗用的资产。

小企业的流动资产包括:货币资金、短期投资、应收及预付款项、存货等。

2. 非流动资产

小企业的非流动资产是指流动资产以外的资产。

小企业的非流动资产包括:长期债券投资、长期股权投资、固定资产、生产性生物资产、无形资产、长期待摊费用等。

三、小企业资产核算的特殊规定

小企业的资产要求按照成本计量,不再要求计提资产减值准备,各项资产实际损失的确定参照《中华人民共和国企业所得税法》和国家税务总局关于发布《企业资产损失所得税税前扣除管理办法》的公告(国家税务总局公告 2011 年第 25 号)中的有关认定标准。

例如,小企业应收及预付款项符合下列条件之一的,减除可收回的金额后确认的无法收回的应收及预付款项,应当作为坏账损失。

(1)债务人依法宣告破产、关闭、解散、被撤销,或者被依法注销、吊销营业执照,其清算财产不足清偿的。

(2)债务人死亡,或者依法被宣告失踪、死亡,其财产或者遗产不足清偿的。

(3)债务人逾期 3 年以上未清偿,且有确凿证据证明已无力清偿债务的。

(4)与债务人达成债务重组协议或法院批准破产重整计划后,无法追偿的。

(5)因自然灾害、战争等不可抗力导致无法收回的。

(6)国务院财政、税务主管部门规定的其他条件。

如按照《小企业会计准则》的规定确认应收及预付款项的坏账损失的,应当于实际发生时计入营业外支出,同时冲减应收及预付款项。

需要提请注意的是,小企业发生的资产损失,应按规定的程序和要求向主管税务机关申报后方能在税前扣除。未经申报的损失,不得在税前扣除。而且,小企业实际资产损失,应当在其实际发生且会计上已作损失处理的年度申报扣除。

第二节 货币资金

一、货币资金的概念与种类

货币资金是指在企业生产经营过程中处于货币形态的那部分资金,按其形态和用途不同可分为库存现金、银行存款和其他货币资金。货币资金是小企业最重要的支付手段和流通手段,因而是流动资产管理的重点。

小企业大量的经济活动可能是通过货币资金的收支来进行的。例如：商品的购进、销售，工资的发放，税金的交纳，股利、利息的支付等事项，都需要通过货币资金进行收付结算。同时，一个企业货币资金拥有量的多少，标志着它偿债能力和支付能力的大小，是投资者与债权人分析、判断财务状况的重要指标。因此，小企业需要经常保持一定数量的货币资金，既要防止不合理地占压资金，又要保证业务经营的正常需要，并按照货币资金管理的有关规定，对各种收付款项进行结算。

货币资金在资产负债表所对应的项目为货币资产，该项目包括库存现金、银行存款和其他货币资金三个总账账户的期末余额，属于流动资产中的第一个项目。

由于货币资金是小企业流动性最强、控制风险最高的资产，是小企业生存与发展的重要基础，而大多数贪污、诈骗、挪用公款等违法乱纪的行为都与货币资金有关，所以，小企业必须加强对货币资金的核算与管理，建立、健全货币资金内部控制，确保经营管理活动合法、有效。

二、库存现金

库存现金是指企业持有的现金，包括人民币现金和外币现金。

小企业在办理有关现金收支业务时，至少应当遵守以下几项规定。

(1) 开户单位的现金收入应于当日送存开户银行；当日送存困难的，由开户银行确定送存时间。

(2) 开户单位支付现金，可以从本单位库存现金限额中支付或从开户银行提取，不得从本单位的现金收入中直接支付，即不得"坐支"现金。因特殊情况需要"坐支"现金的，应当事先报经有关部门审查批准，并在核定的"坐支"范围和限额内进行，同时，收支的现金必须入账。

(3) 开户单位从开户银行提取现金时，应如实写明提取现金的用途，由本单位财会部门负责人签字、盖章，并经开户银行审查批准后予以支付。

(4) 因采购地点不确定、交通不便、抢险救灾以及其他特殊情况必须使用现金的单位，应向开户银行提出书面申请，由本单位财会部门负责人签字,并经由开户银行审查批准后予以支付。

(5) 不得"白条顶库";不准谎报用途套取现金;不准用银行账户代替其他单位和个人存入或支取现金;不准用单位收入的现金以个人名义存入储蓄;不准保留账外公款,即不得"公款私存",不得设置"小金库"等。

小企业应当设置"库存现金"科目,核算小企业的库存现金。小企业增加库存现金,借记"库存现金"科目,贷记"银行存款"等科目;减少库存现金,作相反的会计分录。该科目期末借方余额,反映小企业持有的库存现金。

小企业应当设置"库存现金日记账",由出纳人员根据收付款凭证,按照业务发生顺序逐笔登记。每日终了,应当计算当日的现金收入合计额、现金支出合计额和结余额,将结余额与实际库存额核对,做到账款相符。

有外币现金的小企业,还应当分别按照人民币和外币进行明细核算。

每日终了结算现金收支、进行财产清查时发现的有待查明原因的现金短缺或溢余,应通过"待处理财产损溢"科目核算;属于现金短缺的,应按照实际短缺的金额,借记"待处理财产损溢——待处理流动资产损溢"科目,贷记"库存现金"科目;属于现金溢余的,按照实际溢余的金额,借记"库存现金"科目,贷记"待处理财产损溢——待处理流动资产损溢"科目。

三、银行存款

(一) 银行存款核算与管理的基本要求

银行存款是指企业存放在银行和其他金融机构的货币资金。每个企业都要在银行开立账户,用来办理存款、取款和转账结算。

《银行账户管理办法》将企事业单位的存款账户分为四类,即基本存款账户、一般存款账户、临时存款账户和专用存款账户。

(1) 小企业一般只能选择一家银行的一个营业机构开立一个基本

存款账户,主要用于办理日常的转账结算和现金收付,如小企业的工资、资金等现金的支取,只有通过该账户办理。

(2)小企业还可在其他银行的一个营业机构开立一个一般存款账户,该账户可办理转账结算和存入现金,但不能支取现金。

(3)临时存款账户是存款人因临时经营活动需要开立的账户,如企业异地产品展销、临时性采购资金等。

(4)专用存款账户是企事业单位因特定用途需要开立的账户,如基本建设项目专项资金、农副产品资金等,企事业单位的销售货款不得转入专用存款账户。

为了加强对基本存款账户的管理,小企业开立基本存款账户,要实行开户许可证制度,必须凭中国人民银行当地分支机构核发的开户许可证办理。小企业不得为还贷、还债和套取现金而多头开立基本存款账户;不得出租、出借账户;不得违反规定因在异地存款和贷款而开立账户;任何单位和个人不得将单位的资金以个人名义开立账户存储。

小企业应当设置"银行存款"科目,该科目核算小企业存入银行或其他金融机构的各种款项。小企业增加银行存款,借记"银行存款"科目,贷记"库存现金"、"应收账款"等科目;减少银行存款,作相反的会计分录。该科目期末借方余额,反映小企业存在银行或其他金融机构的各种款项。

小企业应当按照开户银行和其他金融机构、存款种类等设置"银行存款日记账",由出纳人员根据收付款凭证,按照业务的发生顺序逐笔登记。每日终了,应结出余额。"银行存款日记账"应定期与"银行对账单"核对,至少每月核对一次。月份终了,小企业银行存款账面余额与银行对账单余额之间如有差额,应编制"银行存款余额调节表"调节相符。

有外币银行存款的小企业,还应当分别按照人民币和外币进行明细核算。

(二)结算、现金结算、转账结算

结算亦称货币结算,是在商品经济条件下,各经济单位间由于商品交易、劳务供应和资金调拨等经济活动而引起的货币收付行为。结算主要可分两种：一是现金结算，直接以现金进行支付；二是转账结算，通过银行将款项从付款单位账户划转入收款单位账户。

在银行办理的货币收付总额中，转账结算约占 95% 以上，是货币结算的主要形式。在现金结算中，买卖双方同时在场，交货与付款是在同一时间、同一处所进行的，交易双方一手交钱，一手交货，交易可以当面两清，手续也较简便。转账结算则与此不同，交货与付款在时间上不一致，往往是先发货后再通过银行付款，买卖双方并不同时在场，而且交易情况多种多样，对结算的条件有不同的要求，因此转账结算要制定多种结算方式，对付款的时间、地点、条件和交易双方的责任作出不同的规定。

（三）结算方式的主要内容与适用范围

结算方式是指用一定的形式和条件来实现各单位（或个人）之间货币收付的程序和方法。结算方式是办理结算业务的具体组织形式，是结算制度的重要组成部分。结算方式的主要内容包括：商品交易货款支付的地点、时间和条件，商品所有权转移的条件，结算凭证及其传递的程序和方法等。

现行银行的主要结算方式包括：支票、银行本票、汇兑、商业汇票、银行汇票、托收承付、委托收款等。

1. 支票

支票是单位或个人签发的，委托办理支票存款业务的银行在见票时无条件支付确定的金额给收款人或者持票人的票据。支票结算方式是同城结算中应用比较广泛的一种结算方式。单位和个人的同一票据交换区域的各种款项结算，均可以使用支票。现金支票只能用于支取现金；转账支票只能用于转账；普通支票可以用于支取现金，也可以用于转账。支票的提示付款期限为自出票日起 10 日，中国人民银行另有规定的除外。

2. 银行本票

银行本票是银行签发的，承诺自己在见票时无条件支付确定的金额给收款人或者持票人的票据。银行本票由银行签发并保证兑付,而且见票即付,具有信誉高、支付功能强等特点。银行本票分定额本票和不定额本票。定额本票的面值有1 000元、5 000元、10 000元和50 000元。银行本票的付款期限为自出票日起最长不超过2个月。银行本票可以根据需要在票据交换区域内背书转让。

3. 汇兑

汇兑是汇款人委托银行将其款项支付给收款人的结算方式。汇兑根据划转款项的不同方法以及传递方式的不同可以分为信汇和电汇两种,由汇款人自行选择。单位和个人异地之间的各种款项的结算,均可使用汇兑结算方式。

4. 托收承付

托收承付是根据购销合同由收款人发货后委托银行向异地付款人收取款项,由付款人向银行承认付款的结算方式。办理托收承付必须是国有企业、供销合作社以及经营管理较好,并经开户银行审查同意的城乡集体所有制工业企业。

托收承付款项划回方式分为邮寄和电报两种,其结算,每笔金额起点为10 000元,新华书店系统结算,每笔金额起点为1 000元。采用托收承付结算方式时,购销双方必须签有符合《合同法》的购销合同,并在合同上订明使用托收承付结算方式。按照《支付结算办法》的规定,承付货款分为验单付款与验货付款两种。验单付款是购货企业根据合同,对银行转来的托收结算凭证、发票账单及代垫运杂费等,拿到交易所进行审查,审查无误后,即可承认付款。验货付款是购货企业等到货物运达企业,对其进行检验,检验结果与合同完全相符后才承认付款。

5. 商业汇票

商业汇票是出票人签发的,委托付款人在指定日期无条件支付确定的金额给收款人或者持票人的票据。在银行开立存款账户的法人以及其他组织之间须具有真实的交易关系或债权、债务关系,才能使用商业汇票。商业汇票的付款期限由交易双方商定,最长不得超过6个月。商业汇票提示付款期限自汇票到期日起10日内。商业汇票可以由付款人签发并承兑,也可经由收款人签发交由付款人承兑。商业汇票可背书转让。

商业汇票按承兑人不同分为商业承兑汇票和银行承兑汇票两种。商业承兑汇票是由银行以外的付款人承兑。银行承兑汇票由银行承兑,由开立存款账户的存款人签发。

6. 银行汇票

银行汇票是汇款人将款项交存当地出票银行,由出票银行签发的,由其在见票时,按照实际结算金额无条件支付给收款人或持票人的票据。它具有使用灵活、票随人到、兑现性强等特点,适用于先收款后发货或钱货两清的商品交易。单位和个人各种款项结算,均可使用银行汇票。银行汇票的付款期限为自出票日起1个月内。银行汇票的收款人可以将银行汇票背书转让给他人。

7. 委托收款

委托收款是收款人委托银行向付款人收取款项的结算方式。无论单位还是个人都可收取同城和异地的款项。委托收款结算款项划回的方式分为邮寄和电报两种。

结算方式根据结算形式的不同,可以划分为同城结算方式、异地结算方式和通用结算方式三大类。

同城结算方式是指在同一城市范围内各单位或个人之间的经济往来,通过银行办理款项划转的结算方式,具体包括支票结算方式和银行本票结算方式。

异地结算方式是指不同城镇、不同地区的单位或个人之间的经济往来通过银行办理款项划转的结算方式,具体包括汇兑结算方式和异地托收承付结算方式。

通用结算方式是指既适用于同一城市范围内的结算,又适用于不同城镇、不同地区的结算,具体包括商业汇票结算方式、银行汇票结算方式和委托收款结算方式,其中商业汇票结算方式又可分为商业承兑汇票结算方式和银行承兑汇票结算方式。

小企业日常采用的现行主要结算方式如表2-1所示。

表 2-1

现行银行主要结算方式一览表

种 类	签发人	分 类	起点额	有效期	适用范围
支票	存款人	现金支票、转账支票	无规定	10 天	同城
银行本票	银行签发	定额或不定额	1 000 元	2 个月	同城
汇兑	汇款人	电汇、信汇	无规定	2 个月	异地
托收承付	收款人	邮寄、电划		验单 3 天 验货 10 天	异地
商业汇票	付款人或收款人	商业承兑汇票 银行承兑汇票	无限制	6 个月	同城异地
银行汇票	银行签发		无限制	1 个月	同城异地
委托收款	收款人	电报、邮寄	1 000 元	3 天	同城异地

此外,还有信用卡和信用证结算方式等。

信用卡是指商业银行向个人和单位发行的,凭以向特约单位购物、消费和向银行存取现金,且具有消费信用的特制载体卡片。信用卡按使用对象分为单位卡和个人卡;按信誉等级分为金卡和普通卡。单位卡一律不得用于 10 万元以上商品交易、劳务供应款项的结算,不得支取现金。信用卡在规定的限额和期限内允许善意透支,透支期限最长为 60 天。

信用证结算方式是国际结算的一种主要方式。采用信用证结算方式的,收款单位收到信用证后,即备货装运,签发有关发票账单,连同运输单据和信用证,送交银行,根据退还的信用证等有关凭证编制收款凭证;付款单位在接到开证行的通知时,根据付款的有关单据编制付款凭证。

为了保证结算业务的正常开展,小企业应当执行我国《票据法》、《票据管理实施办法》和《支付结算办法》规定。不准签发没有资金保证的票据或远期支票,套取银行信用;不准签发、取得和转让没有真实交易和债权债务的票据,套取银行和他人资金;不准无理拒绝付款,任意占用他人资金;不准违反规定开立和使用账户等。小企业必须严格遵守银行支付结算办法规定的结算纪律,保证结算业务的正常进行。

(四)结算中涉及的往来科目

1. 应收及预付款项

应收及预付款项是指小企业在日常生产经营活动中发生的各项债权。包括:应收票据、应收账款、应收股利、应收利息、其他应收款等应收款项和预付账款。小企业核算应收及预付款项,应当按照发生额入账,并按照规定至少设置下列会计科目。

(1)"应收票据"科目。该科目核算小企业因销售商品(产成品或材料,下同)、提供劳务等日常生产经营活动而收到的商业汇票(银行承兑汇票和商业承兑汇票)。该科目应按照开出、承兑商业汇票的单位进行明细核算。该科目期末借方余额,反映小企业持有的商业汇票的票面金额。

小企业应当设置"应收票据备查簿",逐笔登记商业汇票的种类、号数和出票日、票面金额,交易合同号和付款人、承兑人、背书人的姓名或单位名称,到期日、背书转让日、贴现日、贴现率和贴现净额,以及收款日期和收回金额、退票情况等资料。商业汇票到期结清票款或退票后,在备查簿中应予以注销。

(2)"应收账款"科目。该科目核算小企业因销售商品、提供劳务等日常生产经营活动应收取的款项。该科目应按照对方单位(或个人)进行明细核算。该科目期末借方余额,反映小企业尚未收回的应收账款。

(3)"预付账款"科目。该科目核算小企业按照合同规定预付的款项,包括:根据合同规定预付的购货款、租金、工程款等。预付款项情况不多的小企业,也可以不设置本科目,将预付的款项直接记入"应付账款"科目借方。小企业在建工程预付的工程价款,也通过该科目核算。该科目应按照对方单位(或个人)进行明细核算。该科目期末借方余额,反映小企业预付的各种款项。

(4)"其他应收款"科目。该科目核算小企业除应收票据、应收账款、预付账款、应收股利、应收利息等以外的其他各种应收及暂付款项,包括:各种应收的赔款、应向职工收取的各种垫付款项等。小企业出口产品或商品按照税法规定应予退回的增值税款,也通过该科目核算。该科目应按照对方单位(或个人)进行明细核算。该科目期末借方余额,反映小企业尚未收回的其他应收款项。

2. 应付及预收款项

应付及预收款项包括应付票据、应付账款、预收账款、应付利息、应付利润和其他应付款。小企业核算应付及预收款项,应当按照发生额入账,并按照规定至少设置下列会计科目。

(1)"应付票据"科目。该科目核算小企业因购买材料、商品和接受劳务等日常生产经营活动开出、承兑的商业汇票(银行承兑汇票和商业承兑汇票)。该科目应按照债权人进行明细核算。该科目期末贷方余额,反映小企业开出、承兑的尚未到期的商业汇票的票面金额。

小企业应当设置"应付票据备查簿",详细登记商业汇票的种类、号数和出票日期、到期日、票面金额,交易合同号和收款人姓名或单位名称,以及付款日期和金额等资料。商业汇票到期结清票款后,在备查簿中应予注销。

(2)"应付账款"科目。该科目核算小企业因购买材料、商品和接受劳务等日常生产经营活动应支付的款项。该科目应按照对方单位(或个人)进行明细核算。该科目期末贷方余额,反映小企业尚未支付的应付账款。小企业确实无法偿付的应付账款,借记"应付账款"科目,贷记"营业外收入"科目。

(3)"预收账款"科目。该科目核算小企业按照合同规定预收的款项,包括:预收的购货款、工程款等。预收账款情况不多的,也可以不设置该科目,将预收的款项直接记入"应收账款"科目贷方。该科目应按照对方单位(或个人)进行明细核算。该科目期末贷方余额,反映小企业预收的款项;期末如为借方余额,反映小企业尚未转销的款项。

(4)"其他应付款"科目。该科目核算小企业除应付账款、预收账款、应付职工薪酬、应交税费、应付利息、应付利润等以外的其他各项应付、暂收的款项,如应付租入固定资产和包装物的租金、存入保证金等。该科目应按照其他应付款的项目和对方单位(或个人)进行明细核算。该科目期末贷方余额,反映小企业应付未付的其他应付款项。

四、其他货币资金

其他货币资金是指企业除库存现金、银行存款以外的其他各种货币资金,即存放地点和用途均与现金和银行存款不同的货币资金。

小企业应当设置"其他货币资金"科目。该科目核算小企业的银行汇票存款、银行本票存款、信用卡存款、信用证保证金存款、外埠存款、备用金等其他货币资金,并应当按照银行汇票或本票、信用卡发放银行、信用证的收款单位,外埠存款的开户银行,分别"银行汇票"、"银行本票"、"信用卡"、"信用证保证金"、"外埠存款"等进行明细核算。小企业增加其他货币资金,借记"其他货币资金"科目,贷记"银行存款"科目;减少其他货币资金,作相反的会计分录。该科目期末借方余额,反映小企业持有的其他货币资金。

外埠存款指企业到外地进行临时或零星采购时,汇往采购地银行开立采购专户的款项。小企业汇出款项时,须填写汇款委托书;汇入银行对于汇入的采购款项,按汇款单位开设采购专户。采购专户存款只付不收,款项付完后结束账户。

【例2-1】 某小企业汇款25 000元委托当地开户银行开立采购专户时,作分录如下:

  借:其他货币资金——外埠存款   25 000.00
    贷:银行存款   25 000.00

收到采购员交来的购货发票,应按购货金额和支付的增值税款记账,作分录如下:

  借:材料采购   20 000.00
    应交税费——应交增值税(进项税额) 3 400.00
    贷:其他货币资金——外埠存款   23 400.00

采购员完成了采购任务,将多余的外埠存款转回当地银行时,小企业应根据银行的收账通知,转销"其他货币资金——外埠存款"科目,作分录如下:

借:银行存款　　　　　　　　　　　　　　　　1 600.00
　　贷:其他货币资金——外埠存款　　　　　　　　　1 600.00

五、备用金

备用金是指为了满足企业内部各部门和职工个人生产经营活动的需要而暂付给有关部门和人员使用的备用现金。

根据备用金的管理制度,备用金的核算制度分为定额备用金核算制度和非定额备用金核算制度。

定额备用金核算制度是指根据使用部门和人员工作的实际需要,先核定其备用金定额并依此拨付备用金,使用后再拨付现金,补足其定额,而不收回备用金的制度。小企业有内部周转使用备用金的,可以单独设置"1004 备用金"科目核算。

非定额备用金核算制度是指为了满足临时性需要而暂付给有关部门和个人现金,使用后实报实销,应收回备用金的制度。日常的非定额备用金可以通过"其他货币资金——备用金"科目核算。《小企业会计准则》将备用金作为其他货币资金核算和列报,不再作为其他应收款核算。

【例 2-2】　2012 年 3 月 10 日,某班组长王雷预借差旅费 2 000 元,技术科长沈丽预借差旅费 1 500 元,以库存现金支付。作分录如下:

借:其他货币资金——备用金(王雷)　　　　　　2 000.00
　　　其他货币资金——备用金(沈丽)　　　　　　1 500.00
　　贷:库存现金　　　　　　　　　　　　　　　　3 500.00

【例 2-3】　2010 年 3 月 20 日,经审批,出差人员报销差旅费 3 800

元,其中王雷报销1 800元,沈丽报销2 000元。经财务审核无误,差额收付现金。作分录如下:

  借:制造费用——某车间   1 800.00
    管理费用——差旅费   2 000.00
    贷:其他货币资金——备用金(王雷)   2 000.00
      其他货币资金——备用金(沈丽)   1 500.00
      库存现金   300.00

第三节 存 货

一、存货的概念与核算内容

存货是指小企业在日常生产经营过程中持有以备出售的产成品或商品、处在生产过程中的在产品、将在生产过程或提供劳务过程中耗用的材料和物料等,以及小企业(农、林、牧、渔业)为出售而持有的,或在将来收获为农产品的消耗性生物资产。

存货区别于固定资产等非流动资产的最基本的特征是,不论是可供直接销售,如企业的产成品、商品等;还是需经过进一步加工后才能出售,如原材料等,企业持有存货的最终的目的是为了出售。

小企业的存货包括:原材料、在产品、半成品、产成品、商品、周转材料、委托加工物资、消耗性生物资产等。其中:

(1)原材料,是指小企业在生产过程中经加工改变其形态或性质并构成产品主要实体的各种原料及主要材料、辅助材料、外购半成品(外购件)、修理用备件(备品备件)、包装材料、燃料等。

(2)在产品,是指小企业正在制造尚未完工的产品,包括:正在各个生产工序加工的产品,以及已加工完毕但尚未检验或已检验但尚未办理入库手续的产品。

(3)半成品,是指小企业经过一定生产过程并已检验合格交付半成品仓库保管,但尚未制造完工成为产成品,仍需进一步加工的中间产品。

（4）产成品，是指小企业已经完成全部生产过程并已验收入库，符合标准规格和技术条件，可以按照合同规定的条件送交订货单位，或者可以作为商品对外销售的产品。

（5）商品，是指小企业（批发业、零售业）外购或委托加工完成并已验收入库用于销售的各种商品。

（6）周转材料，是指小企业能够多次使用、逐渐转移其价值但仍保持原有形态且不确认为固定资产的材料，包括：包装物、低值易耗品、小企业（建造业）的钢模板、木模板、脚手架等。

（7）委托加工物资，是指小企业委托外单位加工的各种材料、商品等物资。

（8）消耗性生物资产，是指小企业（农、林、牧、渔业）生长中的大田作物、蔬菜、用材林以及存栏待售的牲畜等。

二、存货按成本计量

（一）存货取得成本的计量

小企业取得的存货应当按照成本进行计量。

1. 外购存货的成本

它包括：购买价款、相关税费、运输费、装卸费、保险费以及在外购存货过程发生的其他直接费用，但不含按照税法规定可以抵扣的增值税进项税额。

2. 通过进一步加工取得存货的成本

它包括：直接材料、直接人工以及按照一定方法分配的制造费用。

经过1年以上的制造才能达到预定可销售状态的存货发生的借款费用，也计入存货的成本。

前款所称借款费用，是指小企业因借款而发生的利息及其他相关成本，包括：借款利息、辅助费用以及因外币借款而发生的汇兑差额等。

3. 投资者投入存货的成本

它应当按照评估价值确定。

4. 提供劳务的成本

它包括：与劳务提供直接相关的人工费、材料费和应分摊的间接费用。

5. 自行栽培、营造、繁殖或养殖的消耗性生物资产的成本

它应当按照下列规定确定：

(1) 自行栽培的大田作物和蔬菜的成本包括：在收获前耗用的种子、肥料、农药等材料费、人工费和应分摊的间接费用。

(2) 自行营造的林木类消耗性生物资产的成本包括：郁闭前发生的造林费、抚育费、营林设施费、良种试验费、调查设计费和应分摊的间接费用。

(3) 自行繁殖的育肥畜的成本包括：出售前发生的饲料费、人工费和应分摊的间接费用。

(4) 水产养殖的动物和植物的成本包括：在出售或入库前耗用的苗种、饲料、肥料等材料费、人工费和应分摊的间接费用。

6. 盘盈存货的成本

它应当按照同类或类似存货的市场价格或评估价值确定。

(二) 发出存货的计价方法

1. 小企业存货计价方法的选择

存货计价方法是指对发出存货和发出后的存货价值的计算确定方法。只有准确计算和确定存货发出的价值，才能准确计算生产成本和销售成本。在日常工作中，小企业存货计价可以用实际成本也可用计划成本。

小企业应当根据实际情况合理地选择发出存货成本的计算方法，以合理确定当期发出存货的实际成本。小企业应当采用先进先出法、加权平均法或者个别计价法确定发出存货的实际成本。计价方法一经选用，不得随意变更。

对于性质和用途相似的存货，应当采用相同的成本计算方法确定发出存货的成本。

对于不能替代使用的存货、为特定项目专门购入或制造的存货以

及提供的劳务,采用个别计价法确定发出存货的成本。

对于周转材料,采用一次转销法进行会计处理,在领用时按其成本计入生产成本或当期损益;金额较大的周转材料,也可以采用分次摊销法进行会计处理。出租或出借周转材料,不需要结转其成本,但应当进行备查登记。

对于已售存货,应当将其成本结转为营业成本。

2. 存货计价方法的比较分析

理论上讲,存货的计价方法包括个别计价法、先进先出法、加权平均法、后进先出法。采用个别计价法计算期末存货的成本比较合理、准确,但由于工作量繁重,适用范围很小,仅用于不能替代使用的存货等。其他几种方法,由于采用了存货成本流转的不同假设,会出现不同的发出和库存存货的价值,从而会影响到小企业当期的损益。因而,对于存货计价方法的选择,应当关注各自的优缺点,并考虑税法的影响。这里要特别说明的是,《小企业会计准则》没有要求采用后进先出法。

下面以新星创业公司 2012 年 6 月 A 商品为例,分析先进先出法、加权平均法、后进先出法的特点,比较期末存货计价并进行本期耗用成本的计算分析。

【例 2-4】 新星创业公司 2012 年 6 月 A 商品期初结存和本期购销情况如表 2-2 所示。

表 2-2

A 商品购进与销售情况汇总表

日 期	摘 要	数量(件)	单价(元)	合计(元)
6月1日	期初结存	150	60	9 000
6月8日	销售	70		
6月15日	购进	100	62	6 200
6月20日	销售	50		
6月24日	销售	90		
6月28日	购进	200	68	13 600
6月30日	销售	60		

1. 先进先出法

先进先出法是以先购入的存货先发出这样一种存货流转假设为前提，对发出存货进行计价的一种方法。根据"假定先入库的存货先发出去"这一前提，计入销售或耗用存货的成本应顺着收入存货批次的单位成本次序计算。当然，这仅是为了计价，与物品实际入库或发出的次序并无多大关系。在先进先出法下，存货的库存价值较接近于最近的购货成本。因此，在通货膨胀条件下，销售成本偏低，可能会使得利润虚计。

采用先进先出法计价后库存商品明细分类账的登记结果如表2-3所示。

表2-3

库存商品明细分类账　　　　　　　金额单位：元

2012年		摘要	收入			发出			结存		
月	日		数量（件）	单价	金额	数量（件）	单价	金额	数量（件）	单价	金额
6	1	期初结存							150	60	9 000
	8	销售				70	60	4 200	80	60	4 800
	15	购进	100	62	6 200				80 100	60 62	4 800 6 200
	20	销售				50	60	3 000	30 100	60 62	1 800 6 200
	24	销售				30 60	60 62	1 800 3 720	40	62	2 480
	28	购进	200	68	13 600				40 200	62 68	2 480 13 600
	30	销售				40 20	62 68	2 480 1 360	180	68	12 240
		本期销售成本				270		16 560			

2. 后进先出法

后进先出法与先进先出法的假设正好相反,它是假定"后购入的存货先发出",因而最先发出的存货应按最后购入的存货单价计算,而期末存货则按最先购入的存货的单价计算。在通货膨胀条件下,存货采用后进先出法计算成本的销售利润较采用先进先出法计算成本的销售利润低,销售成本较接近当前的市价,存货价值会脱离当前的市价。

采用后进先出法计价后库存商品明细分类账的登记结果如表 2-4 所示。

表 2-4

库存商品明细分类账

金额单位:元

2012年		摘要	收入			发出			结存		
月	日		数量(件)	单价	金额	数量(件)	单价	金额	数量(件)	单价	金额
6	1	期初结存							150	60	9 000
	8	销售				70	60	4 200	80	60	4 800
	15	购进	100	62	6 200				80 100	60 62	4 800 6 200
	20	销售				50	62	3 100	80 50	60 62	4 800 3 100
	24	销售				50 40	62 60	3 100 2 400	40	60	2 400
	28	购进	200	68	13 600				40 200	60 68	2 400 13 600
	30	销售				60	68	4 080	40 140	60 68	2 400 9 520
		本期销售成本				270		16 880			

3. 加权平均法

加权平均法又分一次加权平均法和移动加权平均法两种。

采用一次加权平均法,本月销售或耗用的存货,平时只登记数量,不登记单价和金额,月末以按一次加权平均计算的单价,计算期末存货成本和本期销售或耗用成本。

按一次加权平均法计算期末库存商品成本和本期销售成本,以及库存商品明细账的登记结果如表2-5所示。

表2-5

库存商品明细分类账　　　　　　　金额单位:元

2012年		摘　要	收　入			发　出			结　存		
月	日		数量(件)	单价	金额	数量(件)	单价	金额	数量(件)	单价	金额
6	1	期初结存							150	60	9 000
	8	销售				70			80		
	15	购进	100	62	6 200				180		
	20	销售				50			130		
	24	销售				90			40		
	28	购进	200	68	13 600				240		
	30	销售				60			180		11 520
		本期销售成本				270	64	17 280			

$$加权平均单价 = \frac{月初结存金额 + 本月购入金额}{月初结存数量 + 本月购入数量}$$

$$= \frac{9\,000 + 19\,800}{150 + 300} = 64(元)$$

从表2-5中可看出,采用一次加权平均法时,库存商品明细账的登记方法与先进先出法基本相同,只是期末库存商品的结存单价为64元,据此计算出存货成本为11 520元,本期销售成本为17 280元。

采用移动加权平均法,当每次购进单价与结存单价不同时,就需要重新计算一次加权平均价,并据此计算下次购货前的存货成本和销售成本。采用这种方法,可以随时结转销售成本。其平均单价的计算公式为：

$$移动加权平均单价=\frac{前结存金额+本次购入金额}{前结存数量+本次购入数量}$$

依上例,第一批购入后的移动平均单价为:

$$移动加权平均单价=\frac{4\,800+6\,200}{80+100}=61.11(元)$$

第二批购入后的移动平均单价为:

$$移动加权平均单价=\frac{2\,444+13\,600}{40+200}=66.85(元)$$

按移动加权平均法计算本期各批商品销售成本和结存成本,以及库存商品明细账的登记结果如表 2-6 所示。

表 2-6

库存商品明细分类账　　　　　金额单位:元

2012年		摘要	收入			发出			结存		
月	日		数量(件)	单价	金额	数量(件)	单价	金额	数量(件)	单价	金额
6	1	期初结存							150	60	9 000
	8	销售				70	60	4 200	80	60	4 800
	15	购进	100	62	6 200				180	61.11	11 000
	20	销售				50	61.11	3 056	130	61.11	7 944
	24	销售				90	61.11	5 500	40	61.11	2 444
	28	购进	200	68	13 600				240	66.85	16 044
	30	销售				60	66.85	4 011	180	66.85	12 033
		本期销售成本				270		16 767			

采用移动加权平均法,可以随时结转销售成本,随时提供存货明细账上的结存数量和金额,有利于对存货进行数量、金额的日常控制。但这种方法,由于每次进货后都要计算一次平均价,势必会增加会计核算

工作量。

总之,采用加权平均法使得本期销货成本介于早期购货成本与当期购货成本之间。这种方法计算得到的销售成本不易被操纵,因而被广泛运用。但采用这种方法会使当期计算得到的销售成本既不能与当期销售利润配比,又不能完全消除通货膨胀的影响。

上述关于存货发出计价的会计政策比较可汇总如表2-7所述。

表2-7

存货发出计价的会计政策分析比较一览表

对比内容 核算方法	基本特征 (假设前提)	对经营状况影响	对存货成本影响	使用条件 (适用范围)
先进先出法	发出存货的成本按当时先后入库的顺序计量	在通货膨胀情况下,会虚增利润	期末库存存货的成本接近市价	存货应按入库的先后顺序发出
后进先出法	发出存货的成本按当时最后入库的时间顺序计量	在通货膨胀情况下,会低估收益	存货价值会脱离当前的市价	存货应按最后入库的顺序自后向前依次发出
全月一次加权平均法	发出存货的成本按月终计算的加权平均成本计算	通货膨胀对收益无特殊影响	在通货膨胀情况下,会增加存货库存价值	对存货发出顺序无特殊要求
移动加权平均法	发出存货的成本按每次增加存货以后计算的加权平均成本核算	与先进先出法基本相同	与先进先出法基本相同	与先进先出法基本相同
个别计价法	以存货的购入成本作为该批存货的发出成本	可能会根据需要确定存货发出批次,存在人为因素	实物流转与价值流转一致	分别批次进行存货的发出

关于存货计价方法的选择,《企业所得税暂行条例实施细则》规定,纳税人各项存货的发生和领用,其实际成本价的计算方法,可以在先进先出法、后进先出法、加权平均法、移动平均法等方法中任选一种。计价方法一经选用,不得随意改变,确实需要改变计价方法的,应当在下一年度开始前报主管税务机关备案。因此,小企业应在每年度末收集

有关信息,力求准确判断原材料等存货的价格走势,结合自身情况,选择合理的存货计价方法。

三、存货按实际成本的核算

小企业的存货可以按实际成本进行日常核算,也可以按计划成本进行日常核算,但资产负债表日均应调整为按实际成本核算。

存货按实际成本核算的特点是:存货的收发及结存,无论总分类核算还是明细分类核算,均按照实际成本计价。这种方法一般适用于规模较小、存货品种简单、采购业务不多的企业。

（一）购入材料的核算

采用实际成本法,取得原材料应通过"在途物资"、"原材料"等科目核算。

小企业应当设置"在途物资"科目。该科目核算小企业采用实际成本进行材料、商品等物资的日常核算、尚未到达或尚未验收入库的各种物资的实际采购成本。该科目应按照供应单位和物资品种进行明细核算。该科目期末借方余额,反映小企业已经收到发票账单、但材料或商品尚未到达或尚未验收入库的在途材料、商品等物资的采购成本。

小企业还应当设置"原材料"科目。该科目核算小企业库存的各种材料,包括：原料及主要材料、辅助材料、外购半成品(外购件)、修理用备件(备品备件)、包装材料、燃料等的实际成本或计划成本(购入的工程用材料,在"工程物资"科目核算,不在该科目核算)。该科目应按照材料的保管地点(仓库)、材料的类别、品种和规格等进行明细核算。该科目期末借方余额,反映小企业库存材料的实际成本或计划成本。

1. 购入材料采用钱货两清的方式核算

小企业购进材料,支付货款,同时验收入库的,按应计入材料采购成本的金额,借记"原材料"科目;按可抵扣的增值税额,借记"应交税费——应交增值税(进项税额)";按实际支付或开出并承兑商业汇票的金额,贷记"银行存款"、"应付票据"等科目。

【例2-5】 2012年5月5日,从某公司购入甲材料366千克,每千克 100 元,增值税税率为 17%。取得了增值税专用发票,用银行存款付清,材料当日入库。

这项经济业务的发生,使公司的原材料实际成本增加了 36 600 元,记入"原材料"科目的借方,购入材料支付的增值税额 6 222 元,属于进项税额,可以抵扣,记入"应交税费——应交增值税"明细科目的借方;同时银行存款减少 42 720 元,应记入"银行存款"科目的贷方。编制会计分录如下:

借:原材料——甲材料　　　　　　　　　　　　36 600.00
　　应交税费——应交增值税(进项税额)　　　　　6 222.00
　贷:银行存款　　　　　　　　　　　　　　　　42 822.00

【例 2-6】 2012 年 5 月 10 日,从某公司购入甲材料 1 000 千克,每千克 100 元,乙材料 2 000 千克,每千克 60 元,增值税税率均为 17%,取得了增值税专用发票。又,支付运费 1 800 元。货款、增值税额及运费均用银行存款支付,材料当日到达,验收入库。

首先计算确定材料的采购成本,对甲、乙两种材料的共同性运费可按重量等权数比例进行分配:

　　分配率=1 800÷(1 000+2 000)=0.6(元/千克)
　　甲材料应负担的采购费用=1 000×0.6=600(元)
　　乙材料应负担的采购费用=2 000×0.6=1 200(元)
　　甲材料采购成本=100 000+600=100 600(元)
　　乙材料采购成本=120 000+1 200=121 200(元)

编制会计分录如下:

借:原材料——甲材料　　　　　　　　　　　　100 600.00
　　原材料——乙材料　　　　　　　　　　　　121 200.00
　　应交税费——应交增值税(进项税额)　　　　37 400.00
　贷:银行存款　　　　　　　　　　　　　　　259 200.00

【例 2-7】 2012 年 5 月 11 日,从甲单位购进 A 材料 8 000 千克,单价 8 元,增值税税率为 17%,取得增值税专用发票。签发并承兑为期3个月的商业汇票一张,交付乙单位,材料验收入库。

这项经济业务发生,使公司的原材料实际成本增加64 000元,记入"原材料"科目的借方,购入材料支付的增值税额10 880元,属于进项税额,可以抵扣,记入"应交税费——应交增值税"明细科目的借方;同时签发并承兑商业汇票,应记入"应付票据"科目的贷方。编制会计分录如下:

借:原材料——A材料　　　　　　　　　　　64 000.00
　　应交税费——应交增值税(进项税额)　　　10 880.00
　贷:应付票据——甲单位　　　　　　　　　　74 880.00

2. 购入材料采用先付款后收料的方式核算

这类业务应当属于在途物资业务,已经支付货款,但材料物资在途或虽已到达,但尚未验收入库。

小企业外购材料、商品等在途物资,应当按照发票账单所列的购买价款、运输费、装卸费、保险费以及在外购材料过程发生的其他直接费用,借记"在途材料"科目;按照税法规定可抵扣的增值税进项税额,借记"应交税费——应交增值税(进项税额)"科目;按照购买价款、相关税费、运输费、装卸费、保险费以及在外购物资过程发生的其他直接费用,贷记"库存现金"、"银行存款"、"其他货币资金"、"预付账款"、"应付账款"等科目。

【例2-8】 2012年5月12日,从外地某公司购入丙材料1 200千克,每千克50元,即60 000元,增值税税率为17%,取得增值税专用发票。货款用银行存款支付,材料尚未到达。

这项业务使在途物资增加60 000元,应记入"在途物资"科目借方,支付增值税额10 200元,准予抵扣,应记入"应交税费——应交增值税(进项税额)"科目借方;银行存款减少70200元,应记入"银行存款"科目贷方。编制会计分录如下:

借:在途物资——某公司　　　　　　　　　　60 000.00
　　应交税费——应交增值税(进项税额)　　　10 200.00
　贷:银行存款　　　　　　　　　　　　　　　70 200.00

待货物到达验收入库时,再作分录如下:

借:原材料——丙材料 60 000.00
　　贷:在途物资——某公司 60 000.00

3. 购入材料采用先收货后付款(月底暂估)方式的核算

实际工作中,对于材料已经收到、但尚未办理结算手续的,小企业可暂不作会计分录;待办理结算手续后,再根据所付金额或发票账单的应付金额,借记有关科目,贷记"银行存款"等科目。

小企业到了月末,应将仓库转来的外购材料或商品收料凭证,按照材料或商品并分别下列不同情况进行汇总:

(1) 对于收到发票账单的收料凭证(包括本月付款或开出、承兑商业汇票的上月收料凭证),应当按照汇总金额,借记"原材料"、"周转材料"、"库存商品"等科目,贷记"在途物资"科目。

(2) 对于尚未收到发票账单的收料凭证,应分别材料或商品,并按照估计金额暂估入账,借记"原材料"、"周转材料"、"库存商品"等科目,贷记"应付账款——暂估应付账款"科目。下月初用红字作同样的会计分录予以冲回,以便下月收到发票账单等结算凭证时,按照正常程序进行账务处理。

【例2-9】 2012年5月20日,收到M公司甲材料300千克,每千克100元,增值税税率为17%,材料已验收入库。31日收到发票账单,但尚未付款。月末,编制会计分录如下:

借:原材料——甲材料 30 000.00
　　应交税费——应交增值税(进项税额) 5 100.00
　　贷:应付账款——M公司 35 100.00

次月初付款时,编制会计分录如下:

借:应付账款——M公司 35 100.00
　　贷:银行存款 35 100.00

【例2-10】 2012年5月31日,收到N公司发来乙种原材料一

批,估价50 000元。尚未收到发票账单。编制会计分录如下:

  借:原材料——乙材料   50 000.00
   贷:应付账款——N公司   50 000.00

6月1日,红字冲账,编制会计分录如下:

  借:原材料——乙材料   50 000.00

   贷:应付账款——N公司   50 000.00

待6月份收到发票账单,支付货款时,按钱货两清业务处理。

4. 购入材料采用预付账款方式的核算

采用预付账款购进材料,是预先支付供应单位一笔货款,等收到货物之后再结算货款,差额多退少补。

【例2-11】 2012年6月1日,为从Q公司购买市场稀缺的丁材料,预付50 000元,委托银行汇出。购销双方均为一般纳税人。

这项业务,使公司增加一笔债权预付账款50 000元,应记入"预付账款"科目借方;同时,银行存款减少50 000元,应记入"银行存款"科目贷方。编制会计分录如下:

  借:预付账款——Q公司   50 000.00
   贷:银行存款   50 000.00

假如6月3日,收到丁材料1 000千克,每千克80元,计80 000元,差额用银行存款补付。编制会计分录如下:

  借:原材料——丁材料   80 000.00
    应交税费——应交增值税(进项税额)   13 600.00
   贷:预付账款——Q公司   93 600.00
  借:预付账款——Q公司   43 600.00
   贷:银行存款   43 600.00

假如6月3日,收到丁材料500千克,每千克80元,计40 000元,差额以银行存款退还。编制会计分录如下:

借:原材料——丁材料　　　　　　　　　　　　40 000.00
　　应交税费——应交增值税(进项税额)　　　　6 800.00
　　银行存款　　　　　　　　　　　　　　　　3 200.00
　　贷:预付账款——Q公司　　　　　　　　　　　50 000.00

(二)自制原材料的核算

【例2-12】 某企业生产车间分别将甲、乙两种材料加工制造成A材料和B材料。有关资料如下:2012年6月,投入甲材料160 000元用于加工A材料,投入乙材料100 000元用于加工B材料;当月生产A材料发生直接人工费用40 000元,生产B材料发生直接人工费用20 000元;该生产车间归集的制造费用总额为60 000元。假如当月加工的A、B两种材料均于当月完工,并已验收入库;该企业生产车间的制造费用按生产工人工资比例进行分配。

　　A材料应分配的制造费用=40 000×[60 000÷(40 000+20 000)]
　　　　　　　　　　　　=40 000(元)
　　B材料应分配的制造费用=20 000×[60 000÷(40 000+20 000)]
　　　　　　　　　　　　=20 000(元)
　　A材料的完工成本(即A存货的成本)=160 000+40 000+40 000
　　　　　　　　　　　　　　　　　=240 000(元)
　　B材料的完工成本(即B存货的成本)=100 000+20 000+20 000
　　　　　　　　　　　　　　　　　=140 000(元)

有关会计分录如下:

借:生产成本——A材料　　　　　　　　　　　240 000.00
　　生产成本——B材料　　　　　　　　　　　140 000.00
　　贷:原材料——甲材料　　　　　　　　　　　160 000.00
　　　　原材料——乙材料　　　　　　　　　　　100 000.00
　　　　应付职工薪酬　　　　　　　　　　　　　60 000.00
　　　　制造费用　　　　　　　　　　　　　　　60 000.00
借:原材料——A材料　　　　　　　　　　　　240 000.00
　　原材料——B材料　　　　　　　　　　　　140 000.00
　　贷:生产成本——A材料　　　　　　　　　　240 000.00
　　　　生产成本——B材料　　　　　　　　　　140 000.00

（三）发出原材料的核算

（1）对于生产经营及管理需要领用的原材料，借记"生产成本"、"制造费用"、"销售费用"、"管理费用"等科目，贷记"原材料"科目。

（2）对于基建工程等部门领用的原材料，按其实际成本加上不予抵扣的增值税额等，借记"在建工程"等科目，贷记"原材料"、"应交税费——应交增值税（进项税额转出）"等科目。

（3）对于出售的原材料，按收到或应收价款，借记"银行存款"或"应收账款"等科目；按实现的营业收入，贷记"其他业务收入"科目；按应交的增值税额，贷记"应交税费——应交增值税（销项税额）"科目。同时结转出售材料的实际成本，借记"其他业务成本"科目，贷记"原材料"科目。

（4）清查盘点，发现盘盈、盘亏、毁损的原材料，按照实际成本（或估计价值），借记或贷记"原材料"科目，贷记或借记"待处理财产损溢——待处理流动资产损溢"科目。

（四）委托加工物资的核算

小企业应当设置"委托加工物资"科目。该科目核算小企业委托外单位加工的各种材料、商品等物资的实际成本。该科目应按照加工合同、受托加工单位以及加工物资的品种等进行明细核算。该科目期末借方余额，反映小企业委托外单位加工尚未完成物资的实际成本。

【例2-13】 A，B公司均为一般纳税人，增值税税率为17%。A公司将生产应税消费品甲产品所需原材料委托B公司加工。

某年5月10日，A公司发出材料实际成本为5 195 000元，应付加工费为700 000元（不含增值税），消费税税率为10%。A公司收回委托加工原材料后将进行应税消费品甲产品的加工。5月25日，收回加工物资并验收入库，另支付往返运杂费15 000元，加工费及代扣代交的消费税均未结算。5月28日，将所加工收回的原材料投入生产甲产品，生产甲产品过程中发生应付职工薪酬2 280 000元，分配制造费用1 810 000元。5月31日，甲产品全部完工验收入库。6月5日，销售该批甲产品,售价为 20 000 000 元(不含增值税),货款尚未收到。

试编制 A 公司有关委托加工原材料、加工完成甲产品并实现销售等会计分录。

(1) 小企业发给外单位加工的物资,按照实际成本,借记"委托加工物资"科目,贷记"原材料"、"库存商品"等科目;按照计划成本或售价核算的,还应同时结转材料成本差异或商品进销差价。

  借:委托加工物资   5 195 000.00
    贷:原材料   5 195 000.00

(2) 支付加工费、运杂费等,借记"委托加工物资"科目,贷记"银行存款"等科目;需要交纳消费税的委托加工物资,由受托方代收代交的消费税,借记"委托加工物资"科目(收回后用于直接销售的)或"应交税费——应交消费税"科目(收回后用于继续加工的),贷记"应付账款"、"银行存款"等科目。

应交增值税额＝700 000×17％＝119 000(元)
应税消费品计税价格＝(5 195 000＋700 000)÷(1－10％)＝6 550 000(元)
代扣代交的消费税＝6 550 000×10％＝655 000(元)

  借:委托加工物资   700 000.00
    应交税费——应交增值税(进项税额) 119 000.00
    应交税费——应交消费税   655 000.00
    贷:应付账款——B 公司   1 474 000.00

(3) 支付往返运杂费,借记"委托加工物资"科目,贷记"银行存款"等科目。

  借:委托加工物资   15 000.00
    贷:银行存款   15 000.00

(4) 加工完成验收入库的物资,按照加工收回物资的实际成本,借记"原材料"、"库存商品"等科目,贷记"委托加工物资"科目。

  借:原材料   5 910 000.00
    贷:委托加工物资   5 910 000.00

如采用计划成本或售价核算的,按照计划成本或售价,借记"原材料"或"库存商品"科目;按照实际成本,贷记"委托加工物资"科目;按照实际成本与计划成本或售价之间的差额;借记或贷记"材料成本差异"或贷记"商品进销差价"科目。采用计划成本或售价核算的,也可以采用上月材料成本差异率或商品进销差价率计算分摊本月应分摊的材料成本差异或商品进销差价。

(5) 甲产品领用收回的加工物资。

  借:生产成本——甲产品   5 910 000.00
   贷:原材料   5 910 000.00

(6) 甲产品发生其他费用。

  借:生产成本——甲产品   4 090 000.00
   贷:应付职工薪酬   2 280 000.00
    制造费用   1 810 000.00

(7) 甲产品完工验收入库。

  借:库存商品——甲产品   10 000 000.00
   贷:生产成本——甲产品   10 000 000.00

(8) 销售甲产品。

  借:应收账款   23 400 000.00
   贷:主营业务收入   20 000 000.00
    应交税费——应交增值税(销项税额)   3 400 000.00
  借:营业税金及附加(20 000 000×10%)   2 000 000.00
   贷:应交税费——应交消费税   2 000 000.00

(9) 交纳消费税。

  借:应交税费——应交消费税(2 000 000−655 000) 1 345 000.00
   贷:银行存款   1 345 000.00

(五) 周转材料的核算

小企业的包装物、低值易耗品,以及建造企业的钢模板、木模板、脚手架等周转材料应当通过设置"周转材料"科目进行核算。小企业的包装物、低值易耗品,也可以单独设置"包装物"、"低值易耗品"科目。包装物数量不多的小企业,也可以不设置"周转材料"科目,将包装物并入"原材料"科目核算。

"周转材料"科目核算小企业库存的周转材料的实际成本或计划成本。周转材料包括包装物、低值易耗品,以及小企业(建造业)的钢模板、木模板、脚手架等。各种包装材料,如纸、绳、铁丝、铁皮等,应在"原材料"科目内核算;用于储存和保管产品、材料而不对外出售的包装物,应按照价值大小和使用年限长短,分别在"固定资产"科目或"周转材料"科目核算。

"周转材料"科目应按照周转材料的种类,分别"在库"、"在用"和"摊销"进行明细核算。"周转材料"科目的期末余额,反映小企业在库、出租、出借周转材料的实际成本或计划成本以及在用周转材料的摊余价值。

小企业购入、自制、委托外单位加工完成并验收入库的周转材料,以及对周转材料的清查盘点,比照"原材料"科目的相关规定进行账务处理。

随同产品出售但不单独计价的包装物,按照其成本,借记"销售费用"科目,贷记"周转材料"科目;随同产品出售并单独计价的包装物,按照其成本,借记"其他业务成本"科目,贷记"周转材料"科目。小企业领用包装物的会计分录如下:

借:生产成本等成本费用类科目(按用途)
　　其他业务成本(单独计价)
　　销售费用(不单独计价)
　贷:周转材料

小企业应当采用一次转销法或者五五摊销法对包装物和低值易耗品进行摊销;建造企业可以采用一次转销法、"五五"摊销法或者分次摊销法对其钢模板、木模板、脚手架和其他周转材料进行摊销。

【例2-14】 某公司出租包装物4 000元,出借包装物2 000元,采用"五五"摊销方法,其核算的有关会计分录如下:

领用包装物:

借:周转材料——包装物(在用)　　　　　　　　6 000.00
　　贷:周转材料——包装物(在库)　　　　　　　　6 000.00

领用时,摊销其价值的一半:

借:其他业务成本(出租)　　　　　　　　　　　2 000.00
　　销售费用(出借)　　　　　　　　　　　　　　1 000.00
　　贷:周转材料——包装物(摊销)　　　　　　　3 000.00

报废时,再摊销其价值的另外一半:

借:其他业务成本(出租)　　　　　　　　　　　2 000.00
　　销售费用(出借)　　　　　　　　　　　　　　1 000.00
　　贷:周转材料——包装物(摊销)　　　　　　　3 000.00
借:周转材料——包装物(摊销)　　　　　　　　6 000.00
　　贷:周转材料——包装物(在用)　　　　　　　6 000.00

建造企业分摊金额较大的周转材料成本时,也可以采用分次摊销法,领用时应按照其成本,借记"周转材料"科目(在用),贷记"周转材料"科目(在库);按照使用次数摊销时,应按照其摊销额,借记"生产成本"、"管理费用"、"工程施工"等科目,贷记"周转材料"科目(摊销)。

如周转材料采用计划成本进行日常核算的,领用等发出周转材料,还应结转应分摊的成本差异。

【例2-15】 某企业发出低值易耗品一批,价值30 000元,其中生产车间领用低值易耗品20 000元,行政管理部门领用低值易耗品10 000元。假定该企业采用"五五"摊销法对该批低值易耗品进行摊销,报废残值为3 000元。在不考虑相关税费的情况下,该企业应作会计分录如下:

(1)发出低值易耗品:

借:周转材料——低值易耗品(在用)	30 000.00
贷:周转材料——低值易耗品(在库)	30 000.00
制造费用	10 000.00
管理费用	5 000.00
贷:周转材料——低值易耗品(摊销)	15 000.00

(2) 低值易耗品报废:

借:制造费用	10 000.00
管理费用	5 000.00
贷:周转材料——低值易耗品(摊销)	15 000.00

回收残料价值:

借:原材料	3 000.00
贷:制造费用	2 000.00
管理费用	1 000.00

转销摊销额:

借:周转材料——低值易耗品(摊销)	30 000.00
贷:周转材料——低值易耗品(在用)	30 000.00

四、存货按计划成本的核算

采用计划成本进行材料日常核算的小企业,日常领用、发出原材料均按照计划成本记账。月末,按照发出各种原材料的计划成本计算应负担的成本差异,借记"生产成本"、"制造费用"、"销售费用"、"管理费用"、"委托加工物资"、"其他业务成本"等科目,贷记"材料成本差异"科目;实际成本小于计划成本的差异作相反的会计分录。

采用计划成本进行材料日常核算的小企业,应当设置"材料采购"科目。该科目应按照供应单位和材料品种进行明细核算。该科目期末借方余额,反映小企业已经收到发票账单、但材料尚未到达或尚未验收入库的在途材料的采购成本。

小企业还应当设置"材料成本差异"科目。该科目核算小企业采用计划成本进行日常核算的材料计划成本与实际成本的差额。该科目可以分别"原材料"、"周转材料"等,按照类别或品种进行明细核算。该科目期末借方余额反映小企业库存材料等的实际成本大于计划成本的差异;贷方余额反映小企业库存材料等的实际成本小于计划成本的差异。

小企业验收入库材料发生的材料成本差异,实际成本大于计划成本的差异,借记"材料成本差异"科目,贷记"材料采购"科目;实际成本小于计划成本的差异作相反的会计分录。入库材料的计划成本应当尽可能接近实际成本。除特殊情况外,计划成本在年度内不得随意变更。

结转发出材料应负担的材料成本差异,按照实际成本大于计划成本的差异,借记"生产成本"、"管理费用"、"销售费用"、"委托加工物资"、"其他业务成本"等科目,贷记"材料成本差异"科目;实际成本小于计划成本的差异作相反的会计分录。

发出材料应负担的成本差异应当按月分摊,不得在季末或年末一次计算。发出材料应负担的成本差异,除委托外部加工发出材料可按照月初成本差异率计算外,应使用本月的实际成本差异率;月初成本差异率与本月实际成本差异率相差不大的,也可按照月初成本差异率计算。计算方法一经确定,不得随意变更。

材料成本差异率的计算公式如下:

$$\text{本月材料成本差异率} = \left(\text{月初结存材料的成本差异} + \text{本月验收入库材料的成本差异}\right) \div \left(\text{月初结存材料的计划成本} + \text{本月验收入库材料的计划成本}\right) \times 100\%$$

$$\text{月初材料成本差异率} = \text{月初结存材料的成本差异} \div \text{月初结存材料的计划成本} \times 100\%$$

发出材料应负担的成本差异 = 发出材料的计划成本 × 材料成本差异率

图2-1反映的是"材料采购"和"材料成本差异"两个账户之间的关系。

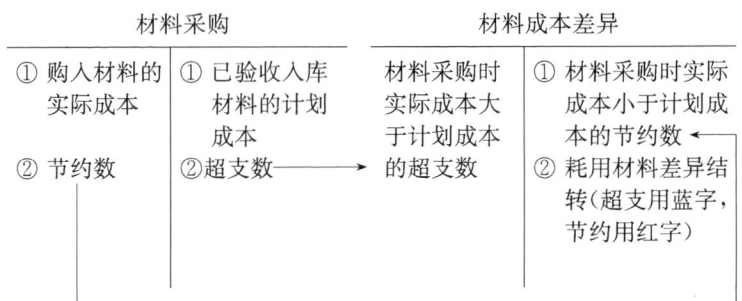

图 2-1　按计划成本核算时账户登记的内容

【例 2-16】　B 公司采用计划成本核算原材料,某月发生经济业务如下:

(1) B 公司从本市某公司购入聚乙烯原料 20 吨,原料每吨进价 6 000 元,合计 120 000 元,增值税专用发票上注明的增值税额为 20 400 元。根据购货合同,开出限期为 2 个月的商业承兑汇票 140 400 元。

小企业外购材料,应当按照发票账单所列购买价款、运输费、装卸费、保险费以及在外购材料过程发生的其他直接费用,借记"材料采购"科目;按照税法规定可抵扣的增值税进项税额,借记"应交税费——应交增值税(进项税额)"科目;按照购买价款、相关税费、运输费、装卸费、保险费以及在外购材料过程中发生的其他直接费用,贷记"库存现金"、"银行存款"、"其他货币资金"、"预付账款"、"应付账款"、" 应付票据"等科目。应编制会计分录如下:

　　借:材料采购——聚乙烯　　　　　　　　　　120 000.00
　　　　应交税费——应交增值税(进项税额)　　 20 400.00
　　　　贷:应付票据　　　　　　　　　　　　　140 400.00

月末,小企业对于收到发票账单的收料凭证(包括本月付款或开出、承兑商业汇票的上月收料凭证),应按照实际成本和计划成本分别汇总,并按照计划成本,借记"原材料"、"周转材料"等科目,贷记"材料采购"科目;将实际成本大于计划成本的差异,借记"材料成本差异"科目,贷记"材料采购"科目;实际成本小于计划成本的差异作相反的会计分录。

上项材料验收入库,计划成本为每吨 6 500 元。应编制会计分录如下:

  借:原材料——聚乙烯   130 000.00
   贷:材料采购——聚乙烯   130 000.00
  借:材料采购——聚乙烯   10 000.00
   贷:材料成本差异——聚乙烯   10 000.00

(2) B 公司从南京某公司购入聚丙烯原料 100 吨,原料每吨进价 5 500 元,合计货款 550 000 元,代垫运费 3 700 元,增值税专用发票上注明增值税额为 94 129 元。款项通过银行一并付讫。应编制会计分录如下:

  借:材料采购——聚丙烯   553 700.00
   应交税费——应交增值税(进项税额) 94 129.00
  贷:银行存款   647 829.00

如果该批原料月终尚未到达入库,就不予结转,留在"材料采购"科目借方,余额 553 700 元表示在途材料的采购成本。

如下月收到 100 吨聚丙烯原料,验收入库后,按每吨计划成本 5 500 元转账。应编制会计分录如下:

  借:原材料——聚丙烯   550 000.00
   贷:材料采购——聚丙烯   550 000.00
  借:材料成本差异——聚丙烯   3 700.00
   贷:材料采购——聚丙烯   3 700.00

(3) 月终,B 公司购入 10 吨大同煤,煤已验收入库,但发票尚未收到,现按计划成本每吨 240 元暂估入库。

小企业对于尚未收到发票账单的收料凭证,应按照计划成本暂估入账,借记"原材料"、"周转材料"等科目,贷记"应付账款——暂估应付账款"科目。下月初用红字作同样的会计分录予以冲回,以便下月收到发票账单等结算凭证时,按照正常程序进行账务处理。应编制会计分

录如下:

借:原材料——燃料　　　　　　　　　　　　　2 400.00
　　贷:应付账款——暂估应付账款　　　　　　　　　　2 400.00

下月用红字冲转:

借:原材料——燃料　　　　　　　　　　　　　2 400.00
　　贷:应付账款——暂估应付账款　　　　　　　　　　2 400.00

（4）辅助生产车间自制修理用备件的实际成本为2 550元,现已验收入库,该修理用备件的计划成本为2 500元。应编制会计分录如下:

借:原材料——修理用备件　　　　　　　　　2 500.00
　　材料成本差异——修理用备件　　　　　　　　50.00
　　贷:生产成本——辅助生产成本　　　　　　　　　2 550.00

（5）根据"发料凭证汇总表"的资料,本月生产产品领用的和车间及管理部门领用的聚乙烯数量分别为100吨、2吨和1吨,计划成本为每吨6 500元。应编制会计分录如下:

借:生产成本——基本生产成本　　　　　　　650 000.00
　　制造费用　　　　　　　　　　　　　　　　13 000.00
　　管理费用　　　　　　　　　　　　　　　　 6 500.00
　　贷:原材料——聚乙烯　　　　　　　　　　　　669 500.00

（6）该企业出售20吨聚乙烯原料给本市包装薄膜厂,每吨按6 500元计划成本结转该材料的销售成本。应编制会计分录如下:

借:其他业务成本——材料销售　　　　　　　130 000.00
　　贷:原材料——聚乙烯　　　　　　　　　　　　130 000.00

（7）月终,该企业根据"原材料——聚乙烯"和"材料成本差异——聚乙烯"明细账可查知该种原材料月初结存的材料计划成本为1 670 000元,材料成本差异贷方金额为9 800元,本月收入材料计划成本为130 000元,本月收入材料的材料成本差异贷方发生额为10 000

元。据以计算本月该材料差异率如下：

$$本月份聚乙烯材料成本差异 = \frac{(-9\,800)+(-10\,000)}{1\,670\,000+130\,000} \times 100\% = -1.1\%$$

根据上述计算结果，本月领用聚乙烯材料应分摊材料成本差异额。应编制会计分录如下：

借：生产成本——基本生产成本	7 150.00
制造费用	143.00
管理费用	71.50
贷：材料成本差异——聚乙烯	7 364.50

（8）该企业本月份出售的20吨聚乙烯原料，按该材料的成本差异率调整材料成本差异额。应编制会计分录如下：

借：其他业务成本	1 430.00
贷：材料成本差异	1 430.00

材料按计划成本计价，可简化材料明细分类账的核算工作，但材料的总分类核算又以实际成本计价较为简便。因此，在实际工作中还有两种材料计价方法合用的操作，即材料的总分类核算按实际成本计价，材料的明细分类核算则按计划成本计价。在这种情况下，材料日常收发凭证的计价与计划成本计价的核算方法基本相同；材料明细分类的登记，仍然是按照计划成本进行。材料的总分类核算可不设置"材料采购"和"材料成本差异"两个科目，只设"原材料"科目，用以反映全部库存材料的实际成本。材料的明细分类账，都按计划成本登记。实际成本与计划成本的差异，在各个材料科目下另设"材料成本差异"明细分类账进行核算。

五、库存商品核算

库存商品包括：库存产成品、外购商品、存放在门市部准备出售的商品、发出展览的商品以及寄存在外的商品等。

小企业应当设置"库存商品"科目。该科目核算小企业库存的各种商品的实际成本或售价。该科目应按照库存商品的种类、品种和规格等进行明细核算。该科目期末借方余额,反映小企业库存商品的实际成本或售价。

小企业生产的产成品的入库和出库,平时可以只记数量不记金额,到月末计算入库产成品的实际成本(包括总成本和单位产品成本)。生产完成并验收入库的产成品,按照其实际成本,借记"库存商品"科目,贷记"生产成本"等科目;对外销售产成品,借记"主营业务成本"科目,贷记"库存商品"科目。

购入的商品已经到达并已验收入库,但尚未办理结算手续的,可按照暂估价值入账,借记"库存商品"科目,贷记"应付账款——暂估应付账款"科目;下月初用红字作同样的会计分录予以冲回,以便下月收到发票账单等结算凭证时,按照正常程序进行账务处理。

接受来料加工制造的代制品和为外单位加工修理的代修品,在制造和修理完成并验收入库后,视同小企业的产成品,也通过"库存商品"科目核算。

可以降价出售的不合格品,也在"库存商品"科目核算,但应与合格产品分开记账,分别核算。

已经完成销售手续,但购买单位在月末尚未提取的库存产成品,应作为代管产品处理,单独设置代管产品备查簿,不再在"库存商品"科目核算。

小企业(农、林、牧、渔业)可将"库存商品"科目改为"农产品"科目,以适应农、林、牧、渔业核算的需要。

从事商品流通的小企业,其库存商品可以按进价进行核算,也可以按售价进行核算。商品按售价进行的核算是指商品流通企业以库存商品的销售价格来反映和控制商品购进、销售和储存情况的一种核算方法,为此,需要设置"商品进销差价"科目。该科目核算小企业采用售价进行日常核算的商品售价与进价之间的差额。该科目应按照库存商的种类、品种和规格等进行明细核算。该科目的期末贷方余额,反映小企业库存商品的商品进销差价。

小企业购入、加工收回以及销售退回等增加的库存商品,按照商品售价,借记"库存商品"科目;按照商品进价,贷记"银行存款"、"委托加工物资"等科目;按照售价与进价之间的差额,贷记"商品进销差价"科目。

月末,分摊已销商品的进销差价,借记"商品进销差价"科目,贷记"主营业务成本"科目。销售商品应分摊的商品进销差价,按照以下公式计算:

$$\frac{商品进销}{差价率} = \frac{月末分摊前本科目}{贷方余额} \div \left(\frac{"库存商品"科目}{月末借方余额} + \frac{本月"主营业务收入"}{科目贷方发生额}\right) \times 100\%$$

$$\frac{本月销售商品应分摊}{的商品进销差价} = \frac{本月"主营业务收入"}{科目贷方发生额} \times \frac{商品进销}{差价率}$$

小企业的商品进销差价率各月之间比较均衡的,也可以采用上月商品进销差价率计算、分摊本月的商品进销差价。年度终了,应对商品进销差价进行复核调整。

六、存货毁损、盘盈与盘亏的核算

小企业应当定期将会计账簿记录与实物、款项及有关资料相互核对,保证会计账簿记录与实物及款项的实有数额相符。财产清查后存货发生毁损,处置收入、可收回的责任人赔偿和保险赔款,扣除其成本、相关税费后的净额,应当分别计入营业外收支。

小企业应当设置"待处理财产损溢"科目。该科目核算小企业在清查财产过程中查明的各种财产盘盈、盘亏和毁损的价值。所采购的物资在运输途中因自然灾害等发生的损失或尚待查明的损耗,也通过该科目核算。该科目应按照"待处理流动资产损溢"和"待处理非流动资产损溢"进行明细核算。其中,盘盈存货实现的收益应当计入营业外收入,盘亏存货发生的损失应当计入营业外支出。小企业的财产损益,应当查明原因,在年末结账前处理完毕,处理后"待处理财产损溢"科目应无余额。

【例 2-17】 某企业在财产清查中,发现库存材料实存数比账存数多 1 000 元。

(1)在审批前,根据"账存实存对比表",编制记账凭证,并据以登记入账,以调整账面数字,使之账实相符。应编制会计分录如下:

  借:原材料   1 000.00
    贷:待处理财产损溢——待处理流动资产损溢 1 000.00

(2)按照管理权限,经批准后,会计核算时作本期"营业外收入"的处理。编制记账凭证,并据以登记入账。应编制会计分录如下:

  借:待处理财产损溢——待处理流动财产损溢 1 000.00
    贷:营业外收入   1 000.00

【例 2-18】 某企业在财产清查中,发现库存甲材料短缺 400 元,乙材料短缺 800 元,因火灾而烧毁丙材料 1 300 元。

(1)在审批前,根据"账存实存对比表",编制记账凭证,并据以登记入账,以调整账面数字,使之账实相符。应编制会计分录如下:

  借:待处理财产损溢——待处理流动资产损溢 2 500.00
    贷:原材料——甲材料   400.00
      原材料——乙材料   800.00
      原材料——丙材料   1 300.00

(2)审批后,根据批复,盘亏甲材料 400 元系自然损耗;盘亏乙材料 800 元中 500 元系责任事故,应由过失人赔偿,其余 300 元系损耗;丙材料毁损 1 300 元,应由保险公司赔偿 900 元,其余 400 元列作非常损失。编制记账凭证,并据以登记入账。应编制会计分录如下:

  借:其他应收款——过失人   500.00
    其他应收款——保险公司   900.00
    营业外支出——非常损失   1 100.00
    贷:待处理财产损溢——待处理流动资产损溢 2 500.00

第四节 短期投资与长期投资

一、短期投资

短期投资是指小企业购入的能随时变现并且持有时间不准备超过1年(含1年,下同)的投资,如小企业以赚取差价为目的从二级市场购入的股票、债券、基金等。小企业应当以严谨的心态投资于资本市场,须知:"投资有风险,入市须谨慎。"

《小企业会计准则》沿袭使用短期投资、长期债券投资、长期股权投资等概念,未使用《企业会计准则》中的交易性金融资产、持有至到期投资以及可供出售金融资产等概念,不要求对投资采用公允价值计量。

小企业应当设置以下会计科目进行短期投资核算。

"短期投资"科目,核算小企业购入的能随时变现并且持有时间不准备超过1年(含1年,下同)的投资。该科目应按照股票、债券、基金等短期投资种类进行明细核算。该科目期末借方余额,反映小企业持有的短期投资成本。

"应收股利"科目,核算小企业应收取的现金股利或利润。该科目应按照被投资单位进行明细核算。该科目期末借方余额,反映小企业尚未收到的现金股利或利润。

"应收利息"科目,核算小企业债券投资应收取的利息。该科目应按照被投资单位进行明细核算。该科目期末借方余额,反映小企业尚未收到的债券利息。购入的一次还本付息债券投资持有期间的利息收入,在"长期债券投资"科目核算,不在该科目核算。

"投资收益"科目,核算小企业确认的投资收益或投资损失。该科目应按照投资项目进行明细核算。月末,可将该科目余额转入"本年利润"科目,该科目结转后应无余额。

短期投资应当分别按照以下规定进行会计处理。

1. 取得短期投资的核算

以支付现金取得的短期投资,应当按照购买价款和相关税费作为成本进行计量。如实际支付价款中包含的已宣告但尚未发放的现金股利或已到付息期但尚未领取的债券利息,应当单独确认为应收股利或应收利息,不计入短期投资的成本。

《小企业会计准则》与《企业会计准则》对取得短期投资时投资成本处理的区别在于:在《小企业会计准则》中,采用历史成本计量,交易费用计入投资成本。在《企业会计准则》中,按照取得资产的公允价值进行计量,相关交易费用在发生时直接计入投资收益。

2. 短期投资持有期间的核算

在短期投资持有期间,被投资单位宣告分派的现金股利或在债务人应付利息日按照分期付息、一次还本债券投资的票面利率计算的利息收入,应当计入投资收益。

《小企业会计准则》与《企业会计准则》对短期投资持有期间处理的区别在于:资产负债表日,若短期投资公允价值发生变动,在《企业会计准则》中,应将公允价值变动计入当期损益,同时调整交易性金融资产;而在《小企业会计准则》中,不进行处理,但要求在财务报表附注中披露短期投资的期末账面余额、期末市价、期末账面余额与市价的差额。

3. 出售短期投资的核算

出售短期投资,出售价款扣除其账面余额、相关税费后的净额,应当计入投资收益。

《小企业会计准则》与《企业会计准则》对短期投资处置核算的区别在于:在《企业会计准则》中,需要将持有期间累计的"公允价值变动损益"转入"投资收益"科目;而在《小企业会计准则》中,则无此处理。

与《企业会计准则》相比,《小企业会计准则》对短期投资的核算相对简单,在核算中运用历史成本和类似收付实现制的处理思路;而《企业会计准则》对短期投资的核算,运用公允价值计量模式,体现了权责发生制的要求。尽管《小企业会计准则》与《企业会计准则》核算方法不同,但是整个投资环节对损益的累计影响是一致的,只不过对各会计期间当期损益的影响不同。

在短期投资核算上,《小企业会计准则》与《企业会计准则》对比的主要差异如表 2-8 所示。

表 2-8

短期投资核算差异比较

短期投资	《小企业会计准则》	《企业会计准则》
取得时	借:短期投资 借:应收利息或应收股利 贷:银行存款	借:交易性金融资产——成本(公允价值) 　应收利息或应收股利 　投资收益(交易费用) 　贷:银行存款
持有期间利息或股息	借:应收利息或应收股利 贷:投资收益	借:应收利息或应收股利 贷:投资收益
资产负债表日	不作任何处理	如公允价值上升: 借:交易性金融资产——公允价值变动 　贷:公允价值变动损益(如若公允价值下降,作相反的处理)
处置时	借:银行存款 借:投资收益(或贷记) 贷:短期投资	借:银行存款 　投资收益(或贷记) 　贷:交易性金融资产 公允价值变动损益 　贷:投资收益 或作相反的处理

【例 2-19】 购买股票的核算。

股票是股份有限公司签发的、以证明股东按其所持股份享有权利和承担义务的一种书面权益凭证。企业购入某公司的股票后就成为该公司的股东,并按照所持股票的份额,参与该公司净收益的分配。为此,企业必须对发行股票公司的财务状况及经营成果等予以高度重视。在决策购买股票时必须进行充分的调查研究,从证券市场上市的各种不同的股票中,筛选可望持续取得较高收益的公司股票进行购买,以确保获取预期的投资收益。如果一旦股票投资决策失误,将导致投资收益的降低,甚至有可能出现无法收回本金的风险。股票投资是一种风险性较大、可能会获利较多的投资。

A公司于2012年2月1日以80 000元购入每股面值8元的申达公司普通股股票10 000股,其中包括发行公司已宣布分派但尚未支付的股利2 000元。应编制会计分录如下:

借:短期投资——申达股票　　　　　　　　78 000.00
　　应收股利　　　　　　　　　　　　　　2 000.00
　贷:银行存款　　　　　　　　　　　　　　80 000.00

如果实际支付价中不含已宣布但尚未支付的股利,可直接以实际支付价借记"短期投资"科目80 000元,贷记"银行存款"科目80 000元。

【例2-20】 购买债券的核算。

债券按发行单位可分为国家债券、企业(公司)债券和金融债券三类。债券一般应规定面值、付息期、偿还期、利息率四个要素。

债券面值,也称债券的到期值,即债券到期应偿还的本金额。

付息期,也称付息日。债券的利息可以到期还本付息,也可以半年或1年支付一次。如半年支付的利息额为债券面值乘以票面利率的一半(50%)。

债券利息率,简称利率,也称为票面利率,一般是指年利率,它规定在债券的契约中。与债券票面利率相对应的是市场利率,市场利率是债券发行时金融市场上的通行利率。由于票面利率往往与市场利率不一致,因此,某种公司债券的面值与实际的发售价值并不一定相等。通常应根据市场利率把将来应支付的面值与利息折算成现值,以此作为债券的发售价值。

偿还期,也称到期日,即清偿债券面值金额的日期。例如,B公司2012年1月10日以220 000元购入每份面值为500元的宏光债券440张。该债券4年到期,该公司债券的到期日为2016年1月10日。

应编制会计分录如下:

借:短期投资——宏光债券	220 000.00	
贷:银行存款		220 000.00

【例 2-21】 抛售股票的核算。

A 公司售出申达公司股票 2 000 张,实收价款 18 000 元。该股票原账面成本价为 15 600 元,购入时含已宣告发放的股利 400 元。企业应按实际收到的价款,借记"银行存款"科目;按其中含已宣告未支付的股利数,贷记"应收股利"科目;按股票投资账面成本价值,贷记"短期投资——××股票"科目;按实收价款大于应收股利和股票账面成本价值的差额,贷记"投资收益"科目。如果实收价款小于应收股利和股票账面成本价值的差额,借记"投资收益"科目。应编制会计分录如下:

借:银行存款	18 000.00	
贷:短期投资——申达股票		15 600.00
应收股利		400.00
投资收益——股票投资收益		2 000.00

【例 2-22】 抛售债券的核算。

B 公司售出宏光公司债券 22 张,实收价款 12 000 元。该债券原账面成本价为 11 000 元。企业应按实际收到的价款,借记"银行存款"科目;按短期债券投资的账面成本价,贷记"短期投资——××债券"科目;按实收价款大于债券投资的账面成本价的差额,贷记"投资收益"科目。如果实际价款小于债券投资的账面成本价,其差额借记"投资收益"科目。应编制会计分录如下:

借:银行存款	12 000.00	
贷:短期投资——宏光债券		11 000.00
投资收益——债券投资收益		1 000.00

上述债券与股票都是有价证券,都是小企业对外投资的方式,但两者有各自的特征,小企业在进行投资决策时应当注意债券与股票的区别。

债券与股票的区别主要如下:

(1) 经济性质不一样。债券表示债券持有人对公司的债权;股票则表示股票持有人对公司的所有权。

(2) 承担风险程度不一样。债券回收期限固定,利率也固定,其安全系数相对来说较高,风险程度较低,当然,收益也不如股票;股票价格通常起伏较大,股息不固定,安全系数低,风险程度高。

(3) 经济效益不一样。债券有固定的利息,不管发行债券单位的经营状况好坏,到期均按约定利率得到利息;普通股票则无固定股息,其股息高低随公司盈利水平而起伏,每年都不一样。

(4) 本金回收不一样。债券有固定的回收期限,到期可以收回本金;股票则无到期收回出资的期限,股票一经购买,不得退股,当然可以在证券市场上转让。

(5) 费用列支不一样。债券利息一般作为费用从企业收益中扣除,在企业交纳所得税之前列支;股票股息则作为净收益分配,不得列作费用,属于所得税交纳以后的分配。

二、长期投资

(一) 长期债券投资

长期债券投资是指小企业准备长期(在1年以上,下同)持有的债券投资。

小企业应当设置"长期债券投资"科目。该科目核算小企业准备长期(在1年以上,下同)持有的债券投资。该科目应按照债券种类和被投资单位,分别"面值"、"溢折价"、"应计利息"进行明细核算。该科目期末借方余额,反映小企业持有的分期付息、一次还本债券投资的成本和到期一次还本付息债券投资的本息。

在《企业会计准则》中,对债券投资一般通过"持有至到期投资"、"持有至到期投资减值准备"、"应收利息"等会计科目核算。"持有至到期投资"科目下设"成本"、"利息调整"、"应计利息"三个二级科目。

小企业长期债券投资应当分别按照以下规定进行会计处理。

1. 取得长期债券投资时的核算

长期债券投资应当按照购买价款和相关税费作为成本进行计量。

实际支付价款中包含的已到付息期但尚未领取的债券利息,应当单独确认为应收利息,不计入长期债券投资的成本。

取得长期债券投资时,《小企业会计准则》与《企业会计准则》的处理是有区别的。在《小企业会计准则》中,通过"长期债券投资"科目,需要区分面值和溢折价进行核算;在《企业会计准则》中,可通过"持有至到期投资"核算,并需要分别成本和利息调整进行核算。

小企业购入的债券可能有以下三种情况发生。

(1) 按面值购入债券。所谓按面值购入是指所购入的债券是在其票面所确定的利率与资金市场的利率相一致的情况下购入的。

(2) 按溢价购入债券。所谓溢价购入是指以高于债券的面值价格购入债券。这是由于购入债券票面的利率高于当时资金市场实际利率的缘故。因此,购入债券的企业不能把溢价部分视为一种损失,而应将其视为本企业预付给发行债券企业因债券票面利率高于资金市场实际利率而多付的利息的一种补偿。可见,购入债券的企业按债券票面规定的利率所获得的利息数额,减去溢价部分,才等于债券投资的实际利息收入数。

长期投资债券的溢价摊销方法有如下两种。

一种是直线摊销法,指按债券发行期间的获息次数进行平均摊销,用以冲销"长期债券投资——债券投资"的账面价值的方法。摊销完毕,使账面价值与该债券面值两者相等。

另一种是实际利率摊销法,指将溢价部分根据各期"长期债券投资"账面价值的不同而与实际利率挂钩计算,求出分期分摊不同的溢价金额,来冲销"长期债券投资"的账面价值的方法;摊销完毕使债券的账面价值与债券的票面价值相等。由于摊销溢价数逐期增加,使债券投资实际所得的利息逐期减少,从而使投资企业在债券上的投资报酬率始终是一个固定比率。

(3) 按折价购入债券。所谓折价购入是指以低于债券的面值价格购入债券。这是由于购入债券票面的利率低于当时资金市场的实际利率的缘故。因此,购入债券的企业不能把折价部分视为一种收益,而应将其视为发行债券企业因债券票面利率低于资金市场实际利率而少付利息的一种补偿。因此,购入债券的企业按债券票面规定的利率所获得的利息数,加上折价的数额才等于全部的债券投资利息的收入数。

长期债券投资的折价摊销方法同样有两种:即直线摊销法和实际利率摊销法。直线摊销法是按债券获息次数进行平均摊销的方法。《小企业会计准则》要求采用直线摊销法核算长期债券投资的折溢价摊销。

2. 持有期间长期债券投资的核算

长期债券投资在持有期间发生的应收利息应当确认为投资收益。

(1) 分期付息、一次还本的长期债券投资,在债务人应付利息日按照票面利率计算的应收未收利息收入,应当确认为应收利息,不增加长期债券投资的账面余额。

(2) 一次还本付息的长期债券投资,在债务人应付利息日按照票面利率计算的应收未收利息收入,应当增加长期债券投资的账面余额。

(3) 债券的折价或者溢价在债券存续期间内于确认相关债券利息收入时采用直线法进行摊销。

在长期债券投资持有期间,《小企业会计准则》与《企业会计准则》对减值损失的处理是有区别的。在《小企业会计准则》中,不需要考虑减值。在《企业会计准则》中,若发生减值,应借记"资产减值损失"科目,贷记"持有至到期投资减值准备"科目。

3. 处置或到期收回长期债券投资的核算

长期债券投资到期,小企业收回长期债券投资,应当冲减其账面余额。处置长期债券投资,处置价款扣除其账面余额、相关税费后的净额,应当计入投资收益。小企业减除可收回的金额后确认的无法收回的长期债券投资,应作为长期债券投资损失,于实际发生时计入营业外支出,同时冲减长期债券投资账面余额。

对于处置或到期收回长期债券投资,《小企业会计准则》与《企业会计准则》也是有区别的。在《企业会计准则》中,如果持有期间计提减值,处置时应同时转出原计提的减值准备。在《小企业会计准则》中,则不存在减值的问题。

尽管《小企业会计准则》与《企业会计准则》核算方法不同,但是整个投资环节对损益的累计影响是一致的,只不过对各会计期间当期损益的影响不同。

《小企业会计准则》与《企业会计准则》对于长期债券投资具体核算内容的差异比较如表 2-9 所示。

表 2-9

长期债券投资核算差异比较

长期债券投资	《小企业会计准则》	《企业会计准则》
取得时	借:长期债券投资——面值 　　应收利息 　贷:银行存款 　　长期债券投资——溢折价	借:持有至到期投资——成本 　　应收利息 　贷:银行存款 　　持有至到期投资——利息调整
持有期间利息	借:应收利息(票面利率×面值) 　贷:投资收益 借:长期债券投资——溢折价 　(溢折价/持有年限) 　贷:投资收益	借:应收利息(票面利率×面值) 　　持有至到期投资——利息调整 　贷:投资收益(实际利率×摊余成本)
持有期间重分类	无	借:可供出售金融资产 　(重分类日公允价值) 　贷:持有至到期投资(账面价值) 　　资本公积(差额)
资产负债表日	不计提减值	若发生减值,需要确认减值损失: 借:资产减值损失 　贷:持有至到期投资减值准备

【**例 2-23**】 某企业于 2012 年 1 月 1 日购入 W 公司面值共为 60 000 元的债券,购入价格为 65 118 元(不含应计利息)。该债券为 5 年期,每年分 1 月 1 日和 7 月 1 日两期付息,票面利率为 8%,市场利率为 6%。应编制会计分录如下:

借:长期债券投资——面值　　　　　　　　　　　60 000.00
　　长期债券投资——溢折价　　　　　　　　　　 5 118.00
　贷:银行存款　　　　　　　　　　　　　　　　　65 118.00

上述债券中有 5 118 元是溢价部分,这部分实质上是因按债券票面利率计算的利息大于按市场利率计算的利息而产生的差额。因此,应在每期计算应得利息中予以摊销。现编制按直线摊销法计算的溢价摊销表如表 2-10 所示。

表 2-10

长期债券投资溢价摊销表

(直线摊销法)　　　　　　　　单位:元

债券付息日期	长期债券投资 ——应计利息	投资收益	长期债券投资 ——溢折价	长期债券投资 ——面值
2012 年 1 月 1 日				65 118.00
2012 年 7 月 1 日	2 400①	1 888.20③	511.80②	64 606.20④
2013 年 1 月 1 日	2 400	1 888.20	511.80	64 094.40
2013 年 7 月 1 日	2 400	1 888.20	511.80	63 582.60
2014 年 1 月 1 日	2 400	1 888.20	511.80	63 070.80
2014 年 7 月 1 日	2 400	1 888.20	511.80	62 559.00
2015 年 1 月 1 日	2 400	1 888.20	511.80	62 047.20
2015 年 7 月 1 日	2 400	1 888.20	511.80	61 535.40
2016 年 1 月 1 日	2 400	1 888.20	511.80	61 023.60
2016 年 7 月 1 日	2 400	1 888.20	511.80	60 511.80
2017 年 1 月 1 日	2 400	1 888.20	511.80	60 000.00
合　　计	24 000	18 882.00	5 118.00	

① 应计利息 = 60 000 × 8% ÷ 2 = 2 400(元)
② 溢价 = 5 118 ÷ 付息次数 10 = 511.80(元)
③ 2 400 − 511.80 = 1 888.20(元)
④ 65 118 − 511.80 = 64 606.20(元)

根据表 2-10 的计算结果,其中各期应计利息应编制会计分录如下:

借:应收利息　　　　　　　　　　　　　　　　2 400.00
　　贷:长期债券投资——溢折价　　　　　　　　　511.80
　　　　投资收益——债券投资收益　　　　　　　1888.20

实际收到利息时,应编制会计分录如下:

借:银行存款　　　　　　　　　　　　　　　　2 400.00
　　贷:应收利息　　　　　　　　　　　　　　　2 400.00

【例 2-24】 某企业 2012 年 1 月 1 日购入票面价值共计为 40 000 元的 Z 公司债券,实际支付价为 37 516 元(不含应计利息)。该债券为 4 年期,每年分 1 月 1 日和 7 月 1 日两期付息,票面利率为 10%,当时的市场利率为 12%。购入时,应编制会计分录如下:

借:长期债券投资——面值　　　　　　　　　40 000.00
　　贷:长期债券投资——溢折价　　　　　　　　2 484.00
　　　　银行存款　　　　　　　　　　　　　　37 516.00

上述债券有 2 484 元(40 000－37 516)属折价部分,这部分实质上是因按债券票面利率计算的利息小于按市场计算的利息而产生的差额,应在每期计算应得利息时,将其加上折价摊销数额,就等于债券投资收益。现按直线摊销法编制"债券投资折价摊销表"如表 2-11 所示。

表 2-11

长期债券投资折价摊销表

（直线摊销法）　　　　　　　　　　　　　单位:元

债券付息日期	长期债券投资 ——应计利息	投资收益	长期债券投资 ——溢折价	长期债券投资 ——面值
2012 年 1 月 1 日				37 516.00
2012 年 7 月 1 日	2 000①	2 310.50③	310.50②	37 826.50④
2013 年 1 月 1 日	2 000	2 310.50	310.50	38 137.00
2013 年 7 月 1 日	2 000	2 310.50	310.50	3 447.50
2014 年 1 月 1 日	2 000	2 310.50	310.50	38 758.00
2014 年 7 月 1 日	2 000	2 310.5	310.5	39 068.50
2015 年 1 月 1 日	2 000	2 310.50	310.50	39 379.00
2015 年 7 月 1 日	2 000	2 310.50	310.50	39 689.50
2016 年 1 月 1 日	2 000	2 310.50	310.50	40 000.00
合　　计	16 000	18 484.00	2 484.00	

① 债券票面价值＝40 000×10%÷2＝2 000(元)
② 折价＝2 484÷付息次数 8＝310.50(元)
③ 2 000＋310.50＝2 310.50(元)
④ 37 516＋310.50＝37 826.50(元)

根据表 2-11 的计算结果,其中各期应计利息应编制会计分录如下:

借:应收利息　　　　　　　　　　　　　　　2 000.00
　　长期债券投资——溢折价　　　　　　　　310.50
　贷:投资收益——债券投资　　　　　　　　　　2 310.50

实际收到利息时,借记"银行存款"科目,贷记"应收利息"科目。

(二)长期股权投资

长期股权投资是指小企业准备长期持有的权益性投资。由于长期投资投出的资金量大、周期长,因此,小企业决策者必须充分考虑自身财力的承受能力,应以不影响本企业正常的生产经营活动所需的经营资金为前提。

小企业应当设置"长期股权投资"科目。该科目核算小企业准备长期持有的权益性投资。该科目应按照被投资单位进行明细核算。该科目期末借方余额,反映小企业持有的长期股权投资的成本。

长期股权投资应当分别按照成本进行计量,并按照以下规定进行会计处理:

1. 取得长期股权投资的核算

以支付现金取得的长期股权投资,应当按照购买价款和相关税费作为成本进行计量。实际支付价款中包含的已宣告但尚未发放的现金股利,应当单独确认为应收股利,不计入长期股权投资的成本。

小企业通过非货币性资产交换取得的长期股权投资,应当按照换出非货币性资产的评估价值和相关税费作为成本进行计量。

对于取得长期股权投资初始投资成本的核算,《小企业会计准则》与《企业会计准则》是有区别的。在《小企业会计准则》中,采用成本法进行初始计量。在《企业会计准则》中,初始计量需要区分属于同一控制下企业合并还是属于其他方式,如果属于同一控制下企业合并,按照享有的被投资单位所有者权益份额确认初始投资成本;其他方式下,按照支付对价的公允价值确认投资成本。此外,若后续计量采用权益法核算,如果初始投资成本小于享有被投资单位可辨认净资产公允价值份额,两者之间的差额计入取得投资当期的营业外收入,同时调整增加长期股权投资的账面价值等。

2. 长期股权投资持有期间的核算

长期股权投资应当采用成本法进行会计处理。成本法是指"长期股权投资"科目所反映的原始投入的成本数,即投出时实际支付的成本价。投资价值入账后,除实际增减投资外,一般不调整账面值。至于在长期股权投资持有期间,被投资单位宣告分派的现金股利或利润,应当按照应分得的金额确认为投资收益。

对于长期股权投资持有期间的核算,《小企业会计准则》与《企业会计准则》既有相同点,又有不同点。

相同点:长期股权投资持有期间,被投资单位宣告发放现金股利或利润的成本法核算方法是一致的。

不同点:《小企业会计准则》与《企业会计准则》对权益法的核算不同。《小企业会计准则》不要求采用权益法核算。而《企业会计准则》要求在权益法下,需要根据被投资单位实现净损益以及净损益外所有者权益的其他变动的份额,确认"长期股权投资——损益调整"及"长期股权投资——其他权益变动",同时确认"投资收益"及"资本公积——其他资本公积"。被投资单位宣告发放现金股利或利润时,冲减"长期股权投资——损益调整",而不确认"投资收益"。

3. 处置长期股权投资的核算

处置长期股权投资,处置价款扣除其成本、相关税费后的净额,应当计入投资收益。

4. 长期股权投资损失的核算

小企业长期股权投资如果符合下列条件之一的,减除可收回的金额后确认的无法收回的长期股权投资,作为长期股权投资损失。

(1) 被投资单位依法宣告破产、关闭、解散、被撤销,或者被依法注销、吊销营业执照的。

(2) 被投资单位财务状况严重恶化,累计发生巨额亏损,已连续停止经营3年以上,且无重新恢复经营改组计划的。

(3) 对被投资单位不具有控制权,投资期限届满或者投资期限已超过 10 年,且被投资单位因连续 3 年经营亏损导致资不抵债的。

(4) 被投资单位财务状况严重恶化,累计发生巨额亏损,已完成清算或清算期超过 3 年以上的。

(5) 国务院财政、税务主管部门规定的其他条件。

在《小企业会计准则》中,长期股权投资损失应当于实际发生时计入营业外支出,同时冲减长期股权投资账面余额,其损失金额与税法允许税前扣除的金额和条件是一致的。而在《企业会计准则》中,投资损失仅与按照该准则确定的可收回金额有关,与税法规定不同,且投资损失需要调整长期股权投资减值准备和资产减值损失。

综上所述,《小企业会计准则》对于长期股权投资初始确认运用历史成本法,后续计量采用与《企业会计准则》成本法类似的思路处理。而《企业会计准则》处理比较复杂,初始投资成本的确认需要区分企业合并及其他投资方式,企业合并进一步分为同一控制下企业合并和非同一控制下企业合并;后续计量需要区分成本法和权益法的不同核算方法等。尽管《小企业会计准则》与《企业会计准则》核算方法不同,但是整个投资环节对损益的累计影响是一致的,只不过对各会计期间当期损益的影响不同。

《小企业会计准则》与《企业会计准则》对于长期股权投资具体核算内容的差异比较如表 2-12 所示。

表 2-12

长期股权投资核算差异比较

项目		《小企业会计准则》		《企业会计准则》
取得时	货币资产	借:长期股权投资 　　贷:银行存款	同一控制企业合并	借:长期股权投资 　　(被投资单位所有者权益份额) 贷:银行存款 　　资本公积——股本溢价 　　(或借记,不足冲减的,调整留存收益)

(续表)

项目		《小企业会计准则》	《企业会计准则》	
取得时	非货币资产	借:长期股权投资 　　(非货币性资产的评估价值+相关税费) 贷:固定资产清理 　　(账面价值) 贷:相关税费等 贷:营业外收入 (或借记营业外支出)	其他方式投资	借:长期股权投资 　　(支付对价公允价值) 贷:资产(账面价值) 　　营业外收入等 　　(资产处置损益) 权益法核算对初始投资成本调整 借:长期股权投资 　　(享有可辨认净资产公允价值份额与初始投资成本差额) 贷:营业外收入
持有期间	股利或利润	借:应收股利 贷:投资收益	权益法	借:应收股利 贷:长期股权投资——损益调整
			成本法	借:应收股利 贷:投资收益
	净损益及其他变动	无	权益法	借:长期股权投资——损益调整 　　长期股权投资——其他权益变动 贷:投资收益 　　资本公积——其他资本公积 或作相反的会计分录
			成本法	无
资产负债表日		若发生投资损失,则 借:营业外支出 贷:长期股权投资		若发生减值,则 借:资产减值损失 贷:长期股权投资减值准备
处置时		借:银行存款 　　投资收益(或贷记) 贷:长期股权投资		借:银行存款 　　投资收益(或贷记) 　　长期股权投资减值准备 贷:长期股权投资 在权益法下,还可能编制分录如下: 借:资本公积——其他资本公积 贷:投资收益 或作相反的会计分录

【例 2-25】 某小企业为一般纳税人,经投资双方确认,采用银行存款投资 116 000 元;用库存材料作价投资 200 000 元(等于账面价值);应转出销项税额 34 000 元;用无形资产作价投资 10 000 元(与账面价值相等)。应编制会计分录如下:

借:长期股权投资	360 000.00
贷:银行存款	116 000.00
原材料	200 000.00
应交税费——应交增值税(销项税额)	34 000.00
无形资产	10 000.00

次年初,收到投资分得的利润 50 000 元。小企业采用成本法核算,应编制会计分录如下:

借:银行存款	50 000.00
贷:投资收益	50 000.00

假设若干年以后,该长期股权投资发生损失,经确认已不能收回,应编制会计分录如下:

借:营业外支出	360 000.00
贷:长期股权投资	360 000.00

第五节 固定资产

一、固定资产增减业务的核算

固定资产是指小企业为生产产品、提供劳务、出租或经营管理而持有的,使用寿命超过 1 年的有形资产,包括:房屋、建筑物、机器、机械、运输工具、设备、器具、工具等。小企业应当根据《小企业会计准则》规定的固定资产标准,结合本企业的具体情况,制定固定资产目录,作为核算依据。

小企业应当设置"固定资产"科目,该科目核算小企业固定资产的原价(成本)。该科目应按照固定资产类别和项目进行明细核算。小企业购入需要安装的固定资产,先记入"在建工程"科目,安装完成后再转入该科目。该科目期末借方余额,反映小企业固定资产的原价(成本)。小企业还应当根据实际情况设置"固定资产登记簿"和"固定资产卡片"。

小企业购置计算机硬件所附带的、未单独计价的软件,也通过该科目核算。

小企业临时租入的固定资产和以经营租赁租入的固定资产,应另设备查簿进行登记,不在该科目核算。

小企业购入(含以分期付款方式购入)不需要安装的固定资产,应当按照实际支付的购买价款、相关税费(不包括按照税法规定可抵扣的增值税进项税额)、运输费、装卸费、保险费等,借记该科目,按照税法规定可抵扣的增值税进项税额,借记"应交税费——应交增值税(进项税额)"科目,贷记"银行存款"、"长期应付款"等科目。

固定资产应当按照成本进行计量,并按照以下规定进行会计处理。

1. 外购固定资产的核算

外购固定资产的成本包括:购买价款、相关税费、运输费、装卸费、保险费、安装费等,但不含按照税法规定可以抵扣的增值税进项税额。

以一笔款项购入多项没有单独标价的固定资产,应当按照各项固定资产或类似资产的市场价格或评估价值比例对总成本进行分配,分别确定各项固定资产的成本。

2. 自行建造固定资产的核算

自行建造固定资产的成本,由建造该项资产在竣工决算前发生的支出(含相关的借款费用)构成。小企业在建工程在试运转过程中形成的产品、副产品或试车收入冲减在建工程成本。

请注意:对于自建固定资产的核算,《小企业会计准则》与《企业会计准则》处理是有区别的。《小企业会计准则》规定,小企业为购建固定资产在竣工决算(而不是截止到达到预定可使用状态)前发生的借款费用,应当计入固定资产的成本,而不计入财务费用。《企业会计准则》规定,符合资本化条件的资产发生在资本化期间内的有关借款费用应该资本化,资本化金额的计算需要区分一般借款和专门借款。符合资本化条件的资产是指需要经过相当长时间的购建或者生产活动才能达到预定可使用或者可销售状态的固定资产、投资性房地产和存货等资产。

3. 投入固定资产的核算

投资者投入固定资产的成本,应当按照评估价值和相关税费确定。而《企业会计准则》规定,投资者投入固定资产的成本,应当按照投资合同或协议约定的价值确定,但合同或协议约定价值不公允的除外。

4. 融资租入的固定资产的核算

融资租入的固定资产的成本,应当按照租赁合同约定的付款总额和在签订租赁合同过程中发生的相关税费等确定。

5. 固定资产修理的核算

固定资产的日常修理费,应当在发生时根据固定资产的受益对象计入相关资产成本或者当期损益。对于符合税法规定的固定资产大修理支出可通过"长期待摊费用"科目核算。而《企业会计准则》规定,符合资本化条件的,计入固定资产成本,不符合资本化条件的,应当费用化计入当期损益。

6. 固定资产改建的核算

固定资产的改建支出,应当计入固定资产的成本。固定资产的改建支出,是指改变房屋或者建筑物结构、延长使用年限等发生的支出。但已提足折旧的固定资产和经营租入的固定资产发生的改建支出应当计入长期待摊费用。而《企业会计准则》规定,改扩建时,需要将该固定资产转入"在建工程"科目,发生的支出增加固定资产成本,并按照重新确定的使用寿命、预计净残值和折旧方法计提折旧。

7. 处置固定资产的核算

处置固定资产,处置收入扣除其账面价值、相关税费和清理费用后的净额,应当计入营业外收入或营业外支出。固定资产的账面价值,是指固定资产原价(成本)扣减累计折旧后的金额。

8. 固定资产清查的核算

小企业固定资产清查应通过"待处理财产损溢"科目核算。

盘亏固定资产发生的损失应当计入营业外支出。

盘盈固定资产的成本,应当按照同类或者类似固定资产的市场价格或评估价值,扣除按照该项固定资产新旧程度估计的折旧后的余额确定。盘盈净收益记入"营业外收入"科目。而在《企业会计准则》中,固定资产盘盈作为前期差错处理,在财产清查中盘盈的固定资产,在按管理权限报经批准处理前应先通过"以前年度损益调整"科目核算。盘盈的固定资产,应按重置成本确定其入账价值,借记"固定资产"科目,贷记"以前年度损益调整"科目。

综上所述,《小企业会计准则》与《企业会计准则》对于固定资产账务处理的对比可列表说明如下(见表2-13)。

表2-13

固定资产账务处理差异比较

项　目		《小企业会计准则》	《企业会计准则》
外购		借:固定资产 　　应交税费——应交增值税(进项税额) 贷:银行存款等	
自建		借:在建工程 　　贷:银行存款、工程物资、应付职工薪酬	
		借:固定资产 　　贷:在建工程	
后续支出	日常修理	借:制造费用或管理费用 　　贷:应付职工薪酬等	借:销售费用或管理费用 　　贷:应付职工薪酬等
	大修理支出	借:长期待摊费用 　　贷:银行存款等	借:固定资产或有关费用 　　贷:银行存款等
固定资产清查	盘盈	借:固定资产 　　贷:待处理财产损溢 借:待处理财产损溢 　　贷:营业外收入	借:固定资产 　　贷:以前年度损益调整

（续表）

项　目		《小企业会计准则》	《企业会计准则》
固定资产清查	盘亏	借：待处理财产损溢 　　累计折旧 　贷：固定资产 借：营业外支出（盘亏损失） 　贷：待处理财产损溢	借：待处理财产损溢 　　累计折旧 　贷：固定资产 借：营业外支出 　贷：待处理财产损溢
固定资产减值	无		借：资产减值损失 　贷：固定资产减值准备
固定资产处置		借：银行存款等 　　营业外支出（借方差额） 　贷：固定资产清理 　　营业外收入（贷方差额）	借：银行存款等 　　营业外支出（借方差额） 　贷：固定资产清理 　　营业外收入（贷方差额）

【**例 2-26**】　购入需要安装的固定资产的核算。

某小企业为小规模纳税人，2012 年 3 月 5 日，购入一台需安装的设备，买价 480 000 元，增值税额 81 600 元，运杂费和包装费 5 000 元，全部价款以银行存款支付。在安装过程中，领用本企业原材料 12 000 元，应付本企业安装工人的薪酬 22 800 元。安装完毕达到可使用状态，并交付使用。

由于购买的是需要安装的设备，购买过程中发生的各项支出构成购置固定资产安装工程成本，在设备达到预定可使用状态前的这些支出应先在"在建工程"科目中进行归集。达到预定可使用状态并交付使用时，再由"在建工程"转入"固定资产"科目。

为此，小企业应当设置"在建工程"科目。该科目核算小企业需要安装的固定资产、固定资产新建工程、改扩建等所发生的成本。小企业购入不需要安装的固定资产，在"固定资产"科目核算，不在该科目核算。小企业已提足折旧的固定资产的改建支出和经营租入固定资产的改建支出，在"长期待摊费用"科目核算，不在该科目核算。

"在建工程"科目应按照在建工程项目进行明细核算。该科目期末借方余额，反映小企业尚未完工或虽已完工，但尚未办理竣工决算的工程成本。

(1) 小企业购入需要安装的固定资产,应当按照实际支付的购买价款、相关税费(不包括按照税法规定可抵扣的增值税进项税额)、运输费、装卸费、保险费、安装费等,借记"在建工程"科目;按照税法规定的可抵扣的增值税进项税额,借记"应交税费——应交增值税(进项税额)"科目,贷记"银行存款"等科目。

  借:在建工程   566 600.00
    贷:银行存款   566 600.00

(2) 在安装设备过程中,发生的安装费也构成安装工程支出,一方面使公司的在建工程支出增加了 34 800 元(12 000+22 800)。另一方面使原材料成本减少 12 000 元,记入"原材料"科目的贷方,应付职工薪酬增加 22 800 元,记入"应付职工薪酬"科目的贷方。

  借:在建工程   34 800.00
    贷:原材料   12 000.00
      应付职工薪酬   22 800.00

(3) 工程安装完毕,交付使用,意味着固定资产的取得成本已经形成,于是就可以将该工程全部支出转入"固定资产"科目,一方面使固定资产增加 601 400 元(566 600+34 800)。另一方面使在建工程减少 601 400 元。

  借:固定资产   601 400.00
    贷:在建工程   601 400.00

【例 2-27】 自营建造的固定资产的核算。

小企业自制设备的各项费用,应通过"在建工程——自营工程"科目核算。完工后借记"固定资产"科目,贷记"在建工程——自营工程"科目。自营工程领用工程物资,借记"在建工程——自营工程"科目,贷记"工程物资"科目。在建工程应负担的职工薪酬,借记"在建工程——自营工程"科目,贷记"应付职工薪酬"科目。在建工程使用本企业的产品或商品,应当按照成本,借记"在建工程——自营工程"科目,贷记"库存商品"科目;同时,按照税法规定应交纳的增值税额,借记"在建工程——自营工程"科目,贷记"应交税费——应交增值税(销项税额)"科目。在建工程在竣工决算前发生的借款利息,在应付利息日应当根据借款合同利率计算确定的利息费用,借记"在建工程——自营工程"科目,贷记"应付利息"科目。办理竣工决算后发生的利息费用,在应付利息日,借记"财务费用"科目,贷记"应付利息"等科目。在建工程在试运转过程中发生的支出,借记"在建工程——自营工程"科目,贷记"银行存款"等科目;形成的产品或者副产品对外销售或转为库存商品的,借记"银行存款"、"库存商品"等科目,贷记"在建工程——自营工程"科目。自营工程办理竣工决算,借记"固定资产"科目,贷记"在建工程——自营工程"科目。

小企业应当设置"工程物资"科目。该科目核算小企业为在建工程准备的各种物资的成本。包括:工程用材料、尚未安装的设备以及为生产准备的工器具等。该科目应按照"专用材料"、"专用设备"、"工器具"等进行明细核算。小企业购入为工程准备的物资,应当按照实际支付的购买价款和相关税费,借记该科目,贷记"银行存款"等科目。为工程领用工程物资,借记"在建工程"科目,贷记"工程物资"科目。工程完工后将领出的剩余物资退库时作相反的会计分录。工程完工后剩余的工程物资转作本企业存货的,借记"原材料"等科目,贷记"工程物资"科目。"工程物资"科目期末借方余额,反映小企业为在建工程准备的各种物资的成本。

某小企业为一般纳税人,以自营方式建造甲工程,首先要准备材料,然后自营施工,其核算程序及账务处理如下:

(1)购入专用材料 100 000 元,货款由银行存款支付。应编制会计分录如下:

  借:工程物资   100 000.00
    贷:银行存款   100 000.00

(2)自营工程领用专用材料 60 000 元。应编制会计分录如下:

借：在建工程——自营工程（甲工程）　　　60 000.00
　　贷：工程物资　　　　　　　　　　　　　　　　　　60 000.00

（3）结转应计入自营工程的生产工人工资为12 000元。应编制会计分录如下：

借：在建工程——自营工程（甲工程）　　　12 000.00
　　贷：应付职工薪酬　　　　　　　　　　　　　　　　12 000.00

（4）结转辅助生产车间提供运输费6 000元、水电费2 000元，合计8 000元。应编制会计分录如下：

借：在建工程——自营工程（甲工程）　　　8 000.00
　　贷：生产成本——辅助生产成本　　　　　　　　　　8 000.00

（5）该工程领用生产用原材料8 600元，按17%增值税税率应转出进项税额1 462元。应编制会计分录如下：

借：在建工程——自营工程（甲工程）　　　10 062.00
　　贷：原材料　　　　　　　　　　　　　　　　　　　8 600.00
　　　　应交税费——应交增值税（进项税额转出）　　　1 462.00

（6）该工程完工后，经验收合格交付使用，按实际成本90 062元转入固定资产。应编制会计分录如下：

借：固定资产——生产经营用固定资产　　　90 062.00
　　贷：在建工程——自营工程（甲工程）　　　　　　　90 062.00

二、固定资产折旧业务的核算

（一）折旧的经济意义

计提固定资产折旧是将固定资产在使用过程中逐渐形成损耗的价值（包括有形损耗价值和无形损耗价值），逐步转移到产品成本和期间费用中去。

固定资产的有形损耗也称物质损耗，它是指固定资产由于使用而发生的机械磨损以及由于自然力的作用所引起的自然磨损而造成的损耗。由于这两种磨损是有形的、可见的，故称为固定资产的有形损耗。固定资产自全新投入使用到报废的整个使用周期，被称为固定资产物理使用年限。固定资产物理使用年限的长短不取决于产品的再生产过程，而取决于固定资产本身的耐磨程度、工作负荷、安装质量以及抗腐蚀性能等因素。正确计算折旧，必须根据这些因素合理确定资产的使用年限，这是合理进行固定资产损耗价值补偿的重要前提。

固定资产的无形损耗也称精神损耗，它是指由于社会劳动生产率不断提高和科学技术的进步而引起的原有固定资产的损失。无形损耗即：第一，是指由于技术更新和社会劳动生产率的提高，使同样结构和同样效能的机器设备可以更便宜地再生产出来，因而使原有的机器设备的价值相对降低而形成的损失。第二，是指由于科学技术的进步，生产出来的新的更加完善、效益更高的机器设备，使原有技术相对落后的机器设备的继续使用成为不经济，而引起其使用年限的缩短，甚至提前报废所造成的损失。考虑固定资产无形损耗而确定的使用年限，称为固定资产经济使用年限。显然，由于固定资产的经济年限既要考虑有形损耗，又要考虑无形损耗，所以其必然比物理使用年限短。为此，应适当提高折旧率，加快固定资产价值转移的速度，使固定资产的全部价值在无形损耗下能得到补偿。

在会计核算上，固定资产折旧是一个成本费用的分摊过程，通过折旧，将固定资产的取得成本，合理而系统地在固定资产预计的有效使用期内进行分摊。所以说，固定资产折旧计入成本费用的过程，实质上就是固定资产价值转移的过程。在这一过程中，企业占用在固定资产形态上的资金，由于固定资产价值的转移而减少；随着产品销售的实现，计入产品中的折旧费就从收入中得到相应的补偿而转化为货币资金。作为折旧费用，计入各期成本和费用，不仅是为了收回投资，使企业有力量重新购置固定资产，而且是为了把固定资产的成本分配于各受益期，实现期间收入与费用的正确配比。有条件的小企业，可以按照国家规定选择具体的折旧方法和确定加速折旧幅度，这对加快企业技术进步和设备的更新换代具有重要意义。

(二) 折旧政策

固定资产作为企业的主要劳动资料,它在使用过程中始终保持原有的实物形态,但它的价值会因使用磨损而逐渐减少,固定资产由于使用磨损而逐渐损耗的价值被称为固定资产折旧。小企业应当对所有固定资产计提折旧,但已提足折旧仍继续使用的固定资产和单独计价入账的土地不得计提折旧。

折旧,是指在固定资产使用寿命内,按照确定的方法对应计折旧额进行系统分摊。

应计折旧额,是指应当计提折旧的固定资产的原价(成本)扣除其预计净残值后的金额。

预计净残值,是指固定资产预计使用寿命已满,小企业从该项固定资产处置中获得的扣除预计处置费用后的净额。

已提足折旧,是指已经提足该项固定资产的应计折旧额。

折旧是小企业的一项重要会计政策。固定资产的折旧方法、使用寿命、预计净残值一经确定,不得随意变更。小企业应当根据固定资产的性质和使用情况,并考虑税法的规定,合理确定固定资产的使用寿命和预计净残值。

除国务院财政、税务主管部门另有规定外,税法上规定的固定资产计算折旧的最低年限如下:

(1) 房屋、建筑物,为 20 年。

(2) 飞机、火车、轮船、机器、机械和其他生产设备,为 10 年。

(3) 与生产经营活动有关的器具、工具、家具等,为 5 年。

(4) 飞机、火车、轮船以外的运输工具,为 4 年。

(5) 电子设备,为 3 年。

小企业拥有并用于生产经营的主要或关键的固定资产,由于技术进步,产品更新换代较快的或常年处于强震动、高腐蚀状态的原因确需加速折旧的,可以缩短折旧年限或者采取加速折旧的方法。

小企业采取缩短折旧年限方法的,最低折旧年限一般不得低于《中华人民共和国所得税实施条例》规定折旧年限的 60%;采取加速折旧方法的,可以采取双倍余额递减法或者年数总和法。

小企业应当按月计提折旧,当月增加的固定资产,当月不计提折旧,从下月起计提折旧;当月减少的固定资产,当月仍计提折旧,从下月起不计提折旧。

(三) 折旧方法

小企业应当按照年限平均法(即直线法,下同)计提折旧。小企业的固定资产由于技术进步等原因,确需加速折旧的,可以采用双倍余额递减法和年数总和法。

小企业常用的固定资产折旧方法如图 2-2 所示。

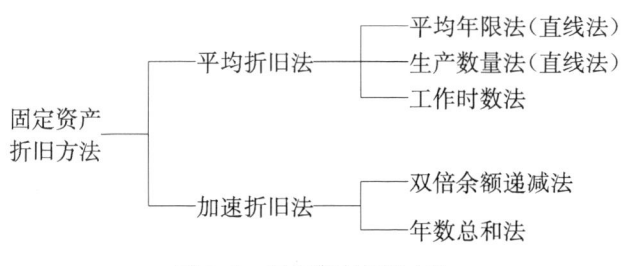

图 2-2　固定资产折旧方法

1. 平均年限法

平均年限法又称直线法,是根据固定资产原值、报废时的预计净残值,按平均使用年限计算的一种折旧方法。即固定资产的价值可以通过折旧均衡地摊配于使用期内的各个期间。用这种方法,每年摊提的固定资产的折旧额是相等的,所以称它为直线法。按这种方法计算固定资产折旧时,其折旧额和折旧率的计算公式如下:

$$\text{固定资产年折旧率} = \frac{\text{固定资产原值} - \text{预计净残值}}{\text{固定资产原值} \times \text{使用年限}} \times 100\% = \frac{1 - \text{预计净残值率}}{\text{使用年限}} \times 100\%$$

上述公式中:

$$\text{预计净残值} = \text{预计残值收入} - \text{预计清理费用}$$

$$\text{预计净残值率} = \frac{\text{预计净残值}}{\text{固定资产原值}} \times 100\%$$

所以：

$$固定资产年折旧额 = 固定资产原值 \times 年折旧率$$

$$固定资产月折旧率 = 固定资产年折旧率 \div 12$$

$$固定资产月折旧额 = 固定资产原值 \times 月折旧率$$

【例 2-28】 某项固定资产原值为 400 000 元，预计残值收入 20 000 元，预计清理费用 4 000 元，规定使用年限为 10 年。其月折旧率和月折旧额的计算如下：

$$预计净残值率 = \frac{20\,000 - 4\,000}{400\,000} \times 100\% = 4\%$$

$$月折旧率 = \frac{1 - 0.04}{10} \div 12 = 0.8\%$$

$$月折旧额 = 400\,000 \times 0.8\% = 3\,200(元)$$

2. 生产数量法

生产数量法是假定固定资产的使用年限是随着固定资产的使用程度而减退的一种折旧方法。因此，固定资产有效的使用年限便是使用这项资产所能生产的产品或劳务数量。生产数量法适用于那些有形损耗是折旧的主要因素的专用设备，如交通运输企业的客、货运汽车，是按照它们在整个有效使用年限内每一个会计期间的实际产量计算折旧，其每年产量与摊提的折旧成正比。按生产数量法，折旧率及折旧额的计算公式如下：

$$\frac{单位生产}{数量折旧率} = \frac{固定资产原值 \times (1 - 预计净残值率)}{生产总数量}$$

对于运输设备，其折旧额的计算则为：

$$单位里程折旧额 = \frac{固定资产原值 \times (1 - 预计残值率)}{总行驶里程}$$

【例 2-29】 某企业购置 1 台载重汽车，原价 100 000 元，预计净残值率 4%，在使用 10 年内预计载运货物 500 000 吨公里。则每吨公里折旧额为：

$$折旧额 = \frac{100\,000 \times (1-4\%)}{500\,000} = 0.192(元/吨公里)$$

如果某月完成 2 500 吨公里,则该月折旧额计算如下:

$$某月折旧额 = 2\,500 \times 0.192 = 480(元)$$

3. 工作时数法

这种方法与产量法类似,只是将生产产品或劳务数量改为工作时数即可。工作小时法适用于价值大而非平均使用的固定资产,其每年的工作时数与所摊提的折旧成正比。每工作小时折旧额公式如下:

$$每工作小时折旧额 = \frac{固定资产原值 \times (1-预计净残值率)}{总工作小时}$$

【例 2-30】 某设备原价 400 000 元,预计净残值率 5%,有效使用年限 10 年,预估工作 80 000 小时,则

$$每工作小时折旧额 = \frac{400\,000 \times (1-5\%)}{80\,000} = 4.75(元/小时)$$

如某月份工作 4 000 小时,则该月的折旧额为:

$$某月折旧额 = 4\,000 \times 4.15 = 19\,000(元)$$

4. 双倍余额递减法

双倍余额递减法是在先不考虑固定资产残值的情况下,用直线法的折旧率的 2 倍乘固定资产在每一年开始时的账面价值的一种折旧方法。由于每年的账面价值因每年计提折旧而逐年减少,所以用双倍的直线法折旧率乘递减的账面价值计算得来的折旧额也是逐年递减的,故而称之为双倍余额递减法。用双倍余额递减法,在固定资产使用年限终了时其账面净值应等于净残值。为此,财务制度规定,在使用年限终了前提前 2 年将固定资产账面价值减去预计净残值后的数值除以 2,即用直线法平均摊销。采用双倍余额递减法折旧率、折旧额的计算公式如下:

$$固定资产年折旧率 = \frac{2}{使用年限} \times 100\%$$

固定资产年折旧额＝固定资产账面净值×年折旧率

固定资产月折旧率＝年折旧率÷12

固定资产月折旧额＝固定资产账面净值×月折旧率

【例 2-31】 某项固定资产原值 400 000 元,规定使用 5 年,预计净残值率为 4％(净残值 16 000 元)。

$$固定资产年折旧率 = \frac{2}{5} \times 100\% = 40\%$$

按双倍余额递减法计算的各年应计折旧额如表 2-14 所示。

表 2-14

双倍余额递减法折旧计算表　　　　金额单位:元

年次	期初账面净值	年折旧率（％）	年折旧额	累计折旧	期末账面净值
1	400 000	40	400 000×40％＝160 000	160 000	240 000
2	240 000	40	240 000×40％＝96 000	256 000	144 000
3	144 000	40	144 000×40％＝57 600	313 600	86 400
4	86 400		(86 400－16 000)÷2＝35 200	348 800	51 200
5	51 200		(86 400－16 000)÷2＝35 200	384 000	16 900

5. 年数总和法

年数总和法是每期用一个递减的分数乘以固定资产原值扣除预计净残值后的应计提折旧总额来计算该期折旧额的一种折旧方法。递减分数的分子是开始计算折旧年初算起的固定资产能使用年数,用折旧年限减去已使用年限表示。例如,一项固定资产使用年限为 4 年,计算第 1 年折旧时分子为 4,计算第 2 年折旧时分子为 3,第 3 年分子为 2,最后 1 年折旧的分子为 1。分数的分母是固定资产使用年限中各年折旧年次的总和,用"折旧年限×(折旧年限＋1)÷2"表示。例如,使用 4 年的固定资产分母为 10,即是使用年数的逐年数字总和(4＋3＋2＋1)＝10,若使用年限为 8 年的固定资产,则其分母为 36。某年次计算折旧率的公式为:

$$年折旧率 = \frac{折旧年限 - 已使用年数}{折旧年限 \times (折旧年限 + 1) \div 2} \times 100\%$$

$$年折旧额 = (固定资产原值 - 预计净残值) \times 年折旧率$$

$$月折旧率 = \frac{年折旧率}{12}$$

$$月折旧额 = (固定资产原值 - 预计净残值) \times 月折旧率$$

【例 2-32】 某企业购置 1 台刨床,原价 200 000 元,估计使用年限为 5 年,预计净残值 800 元,则

折旧总额 = 固定资产原值 - 预计净残值 = 200 000 - 800 = 199 200(元)

使用年限总和 = 1 + 2 + 3 + 4 + 5 = 15(年)

或 = 5 × (5 + 1) ÷ 2 = 15(年)

第 1 年至第 5 年的折旧率分别为 5/15、4/15、3/15、2/15、1/15。每年折旧额计算如表 2-15 所示。

表 2-15

年数总和法折旧计算表 金额单位:元

年次	应计提折旧总额	年折旧率	年折旧额	累计折旧	账面余额
1	199 200	5/15	199 200 × 5/15 = 66 400	66 400	133 600
2	199 200	4/15	199 200 × 4/15 = 53 120	11 520	80 480
3	199 200	3/15	199 200 × 3/15 = 39 840	159 360	40 640
4	199 200	2/15	199 200 × 2/15 = 26 560	185 920	14 080
5	199 200	1/15	199 200 × 1/15 = 13 280	199 200	800

三、固定资产折旧的账务处理

小企业应当按月计提固定资产折旧。固定资产的折旧费应当根据固定资产的受益对象计入相关资产成本或者当期损益。生产车间的固定资产均直接用于生产产品,但因无法直接确认每种产品负担的折旧数额,通常将车间固定资产的折旧记入"制造费用"科目借方,与其他制

造费用一起分配计入产品生产成本。企业行政管理部门固定资产的折旧费记入"管理费用"科目的借方,企业计提的固定资产折旧,不直接冲减"固定资产"科目的账面价值,而是记入"累计折旧"科目的贷方。

"累计折旧"科目核算小企业固定资产的累计折旧。该科目可以进行总分类核算,也可以进行明细核算。需要查明某项固定资产的已计提折旧,可以根据"固定资产卡片"上所记载的该项固定资产原价、折旧率和实际使用年数等资料进行计算。

小企业因出售、报废、毁损、对外投资等原因处置固定资产,应当按照该项固定资产账面价值,借记"固定资产清理"科目;按照其已计提的累计折旧,借记"累计折旧"科目;按照其原价,贷记"固定资产"科目。

"累计折旧"科目期末贷方余额,反映小企业固定资产的累计折旧额。

【例2-33】 2011年12月31日,某小企业根据编制的固定资产折旧计算表,计提固定资产折旧62 000元,其中生产车间50 000元,管理部门12 000元。作会计分录如下:

借:制造费用——某车间　　　　　　　　　　50 000.00
　　管理费用——折旧费　　　　　　　　　　12 000.00
　贷:累计折旧　　　　　　　　　　　　　　62 000.00

四、固定资产清理的核算

固定资产使用期满或由于各种正常和非正常原因报废、毁损而转入清理时,应履行以下程序:①履行固定资产报废清理手续,以审批部门批准的报废申请单作为清理固定资产和进行账务处理的原始凭证,将被清理的固定资产卡片从原类别中抽出,同时注销其固定资产原值和已提折旧额。②做好固定资产的清理工作,对清理过程中发生的人工、材料和其他费用等清理费用、取得残值的变价收入、保险公司或个人赔偿的损失费等,应分别作出账务处理。

小企业应当设置"固定资产清理"科目。该科目核算小企业因出售、报废、毁损、对外投资等原因处置固定资产所转出的固定资产账面价值以及在清理过程中发生的费用等。该科目应按照被清理的固定资产项目进行明细核算。该科目期末借方余额,反映小企业尚未清理完毕的固定资产清理净损失;期末贷方余额,反映小企业尚未清理完毕的固定资产清理净收益。

【例2-34】 某企业经批准报废1台不需用设备,原价300 000元,在报废清理时已计提折旧额290 000元。在设备拆除时,结转应付机修车间工人的工资2 400元,以银行存款支付其他费用2 400元。设备拆除后的钢材作价出售的4 000元已收回,并存入银行。固定资产清理残料的变价收入1 000元。

(1)小企业因出售、报废、毁损、对外投资等原因处置固定资产,应当按照该项固定资产的账面价值,借记"固定资产清理"科目;按照其已计提的累计折旧,借记"累计折旧"科目;按照其原价,贷记"固定资产"科目。同时,按照税法规定不得从增值税销项税额中抵扣的进项税额,借记"固定资产清理"科目,贷记"应交税费——应交增值税(进项税额转出)"科目。

根据上述经济业务,注销报废设备的原价和折旧额时,应编制会计分录如下:

借:累计折旧　　　　　　　　　　　　　290 000.00
　　固定资产清理　　　　　　　　　　　 10 000.00
　贷:固定资产——不需用固定资产　　　 300 000.00

(2)小企业清理过程中应支付的相关税费及其他费用,借记"固定资产清理"科目,贷记"银行存款"、"应交税费"等科目。取得出售固定资产的价款、残料价值和变价收入等处置收入,借记"银行存款"、"原材料"等科目,贷记"固定资产清理"科目。应由保险公司或过失人赔偿的损失,借记"其他应收款"等科目,贷记"固定资产清理"科目。

根据上述经济业务,应编制会计分录如下:

借:固定资产清理	4 800.00
贷:应付职工薪酬	2 400.00
银行存款	2 400.00

取得报废设备的残料变价收入时,应编制会计分录如下:

借:原材料	1 000.00
银行存款	4 000.00
贷:固定资产清理	5 000.00

（3）固定资产清理完成后,在"固定资产清理"科目中,反映的残料变价收入等贷方发生额小于清理费用等借方发生额,为借方差额,表示的是清理后的净损失,应转入"营业外支出——非流动资产处置净损失"科目;如为贷方差额,表示清理后的净收益,应转入"营业外收入——非流动资产处置净收益"科目。本例为净损失 9 800 元(10 000＋4 800－5 000)。应编制会计分录如下:

借:营业外支出——非流动资产处置净损失	9 800.00
贷:固定资产清理	9 800.00

五、固定资产清查的核算

小企业应定期对固定资产进行盘点清查,每年至少实地盘点清查一次,以保证固定资产核算的真实性,充分挖掘企业现有固定资产的潜力。在固定资产清查过程中,如果发现盘盈、盘亏的固定资产,应填制固定资产盘盈、盘亏报告表,并查明原因,写出书面报告,根据小企业的管理权限,经股东大会或董事会或类似机构批准后,在期末结账前处理完毕。如在期末结账前尚未经批准的,应在对外提供财务报告时先进行处理,并在财务报表附注中作出说明,如果其后批准处理的金额与已处理的金额不一致,应按其差额调整。

为了反映固定资产的盘盈、盘亏等情况,应设置"待处理财产损溢——待处理非流动资产损溢"科目。盘盈的固定资产,按照同类或类似固定资产的市场价格或评估价值扣除按照新旧程度估计的折旧后的余额,借记"固定资产"科目,贷记"待处理财产损溢——待处理非流动资产损溢"科目。盘亏的固定资产,按照该项固定资产的账面价值,借记"待处理财产损溢——待处理非流动资产损溢"科目;按照已计提的折旧,借记"累计折旧"科目;按照其原价,贷记"固定资产"科目。

【例 2-35】 某小企业在财产清查中,盘盈账外设备 1 台,同类资产市场全新价格为 8 000 元,按其新旧程度估计,累计折旧约为 6 000 元。

在审批前,根据"账存实存对比表",编制记账凭证,并据以登记入账,以调整账面数字,使之账实相符。应编制会计分录如下:

借:固定资产	2 000.00
贷:待处理财产损溢——待处理非流动资产损溢	2 000.00

在审批后,根据批复编制记账凭证,并据以登记入账。应编制会计分录如下:

借:待处理财产损溢——待处理非流动资产损溢	2 000.00
贷:营业外收入——盘盈收益	2 000.00

【例 2-36】 某小企业在财产清查中,发现短缺设备 1 台,账面原价 2 000 元,累计已提折旧 1 200 元。

在审批前,根据"账存实存对比表",编制记账凭证,并据以登记入账,调整账面数字,使之账实相符。应编制会计分录如下:

借:待处理财产损溢——待处理非流动资产损溢	800.00
累计折旧	1 200.00
贷:固定资产	2 000.00

在审批后,根据批复编制记账凭证,并据以登记入账。应编制会计分录如下:

借:营业外支出——盘亏损失	800.00
贷:待处理财产损溢——待处理非流动资产损溢	800.00

第六节 生物资产

一、生物资产的概念与特征

生物资产是指有生命的动物和植物。由于生物资产与存货、固定资产不同,具有其特殊的自然增值性,所以在会计确认、计量和相关信息披露等方面有其特殊性。尤其是对农业企业而言,生物资产通常是其资产的重要组成部分。对生物资产进行确认、计量和相关信息披露,将有助于如实反映企业的财务状况和经营成果。

生物资产区别于一般资产,具有以下特征。

1. 生物转化性和自然增值性

生物资产是活的动物和植物,因此其自身具有生长、发育、繁殖和衰退的自然规律,它依靠这些自然规律和人的劳动的推动来实现自身的转化,如由一粒种子长成一棵大树。又由于生物资产是自然再生产与经济再生产相互交织作用的结果,因此生物资产在生长过程中不断地自然增值。

2. 生长周期性和多样性

生物资产是活的动物和植物,由于其自身的特殊生长规律,其生长都要经历从繁育、成长、成熟、退化到消亡等几个阶段,即生物资产是具备生命周期的资产。并且,不同的生物资产其生命周期也存在差异性,有的生物资产周期很长,如林木,长达十几年甚至上百年;有的生物资产周期又很短,如一般的农作物,在1年以内。

同时,不同的生物资产具有各自的生长、发育特点,而且差异非常明显,如植物和动物就具有完全不同的生长发育规律。

又由于动物和植物均依赖于自然环境而存在,不同地区自然条件导致了生物资产的地域性。例如,农作物和森林资产是在地球的某一地理位置上生长,因而附属于该地域的温度、湿度、光照、降水、土壤肥沃程度等自然条件的差异都将影响到农作物和森林的生长潜力及其未来产品的数量、质量。因此,不同地域的生物资产呈现出地域差异性。

某些生物资产可以提供多种农副产品,如奶牛就提供牛奶这种副产品。但同一种类的动物或植物提供的副产品在数量、质量上都具有相当大的差异。

3. 附着物不可分割性

生物资产作为活的动物或植物,一般具有与其附着物不可分割的特性,如森林、农作物依附着土地,鱼类、海洋生物依附着江河水系等。一旦这些生物资产与其附着物分开,它们将不再属于生物资产的范畴,如生物资产的收获和死亡。

4. 双重资产特性

生物资产具有流动性资产(消耗性生物资产)和长期性生物资产(生产性生物资产)双重特性。并且在一定情况下可以相互转化。例如,牛、羊等生物资产在人类以取得其肉、皮等产品为目的时,这些牛羊只能被利用一次,价值一次性地转移,即具有流动性资产的性质;当人类以取得其毛、乳等产品为目的时,这些牛羊可以反复被利用,价值逐步转移,即具有长期性资产的性质。又如,防风固沙林、水源涵养林等,都是具有很长的生长周期和价值收回期。

5. 未来经济利益不确定性

生物资产在其存续期间存在很多不确定因素,如农作物受自然条件的制约,特别是洪水、飓风等自然灾害对农作物的生长发育以及产出有很大的危害;动物疾病的发生等也使得生物资产的未来经济利益具有很大的不确定性,甚至具有高风险性。

二、生物资产的分类

小企业的生物资产可分为消耗性生物资产和生产性生物资产。

1. 消耗性生物资产

消耗性生物资产,是指为出售而持有的或在将来收获为农产品的生物资产。消耗性生物资产是劳动对象,包括生长中的大田作物、蔬菜、用材林以及存栏待售的牲畜等。消耗性生物资产通常是一次性消耗并终止其服务能力或未来经济利益,因此在一定程度上具有存货的特征,应当作为存货在资产负债表中列报。

2. 生产性生物资产

生产性生物资产,是指为产出农产品、提供劳务或出租等目的而持有的生物资产。生产性生物资产具备自我生长性,能够在持续的基础上予以消耗并在未来的一段时间内保持其服务能力或未来经济利益,属于劳动手段,包括经济林、薪炭林、产畜和役畜等。

与消耗性生物资产相比较,生产性生物资产具有能够在生产经营中长期、反复使用,从而不断产出农产品或者是长期役用的特征。消耗性生物资产收获农产品之后,该资产就不复存在;而生产性生物资产产出农产品之后,该资产仍然保留,并可以在未来期间继续产出农产品。因此,通常认为,生产性生物资产在一定程度上具有固定资产的特征,如果树每年产出水果、奶牛每年产奶等。

一般而言,生产性生物资产通常需要生长到一定阶段才开始具备生产的能力。根据其是否具备生产能力(即是否达到预定生产经营目的),可以对生产性生物资产进行进一步的划分。所谓达到预定生产经营目的,是指生产性生物资产进入正常生产期,可以多年连续稳定产出农产品、提供劳务或出租。由此,生产性生物资产可以划分为未成熟和成熟两类。

未成熟生产性生物资产是指尚未达到预定生产经营目的,还不能够多年连续稳定产出农产品、提供劳务或出租的生产性生物资产,如尚未开始挂果的果树、尚未开始产奶的奶牛等。

成熟生产性生物资产是指已经达到预定生产经营目的的生产性生物资产。

三、消耗性生物资产的核算

小企业应当设置"消耗性生物资产"科目。该科目核算小企业(农、林、牧、渔业)持有的消耗性生物资产的实际成本。该科目应按照消耗性生物资产的种类、群别等进行明细核算。该科目期末借方余额,反映小企业(农、林、牧、渔业)消耗性生物资产的实际成本。

(1) 外购的消耗性生物资产,按应计入消耗性生物资产成本的金额,借记"消耗性生物资产"科目,贷记"银行存款"、"应付账款"等科目。

(2) 自行栽培的大田作物和蔬菜,应按收获前发生的必要支出,借记"消耗性生物资产"科目,贷记"银行存款"等科目。

自行营造的林木类消耗性生物资产,应按郁闭前发生的必要支出,借记"消耗性生物资产"科目,贷记"银行存款"等科目。

自行繁殖的育肥畜、水产养殖的动植物,应按出售前发生的必要支出,借记"消耗性生物资产"科目,贷记"银行存款"等科目。

(3) 产畜或役畜淘汰转为育肥畜的,按转群时的账面价值,借记"消耗性生物资产"科目;按已计提的累计折旧,借记"生产性生物资产累计折旧"科目;按其账面余额,贷记"生产性生物资产"科目。

育肥畜转为产畜或役畜的,应按其账面余额,借记"生产性生物资产"科目,贷记"消耗性生物资产"科目。

(4) 择伐、间伐或抚育更新性质采伐而补植林木类消耗性生物资产发生的后续支出,借记"消耗性生物资产"科目,贷记"银行存款"等科目。

林木类消耗性生物资产达到郁闭后发生的管护费用等后续支出,借记"管理费用"科目,贷记"银行存款"等科目。

(5) 农业生产过程中发生的应归属于消耗性生物资产的费用,按应分配的金额,借记"消耗性生物资产"科目,贷记"生产成本"科目。

(6) 消耗性生物资产收获为农产品时,应按其账面余额,借记"农产品"科目,贷记"消耗性生物资产"科目。

(7) 出售消耗性生物资产,应按实际收到的金额,借记"银行存款"等科目,贷记"主营业务收入"等科目;按其账面余额,借记"主营业务成本"等科目,贷记"消耗性生物资产"科目。

【例 2-37】 某畜牧养殖企业 2012 年 3 月末养殖的肉猪,其账面余额为 24 000 元,共计 40 头。4 月 6 日,该企业花费 7 000 元新购入一批肉猪养殖,共计 10 头;4 月 30 日,该企业屠宰并出售肉猪 20 头,支付临时工屠宰费用 100 元,出售取得价款 16 000 元;4 月份共发生饲养费用 500 元(其中,应付专职饲养员工资 300 元,饲料 200 元)。该企业采用加权平均法结转成本。

根据题意,该企业 4 月份的账务处理如下:

平均单位成本＝(24 000＋7 000＋500)÷(40＋10)＝630(元)
出售猪肉的成本＝630×20＝12 600(元)

借:消耗性生物资产——肉猪　　　　　　　　　7 000.00
　贷:银行存款　　　　　　　　　　　　　　　7 000.00
借:消耗性生物资产——肉猪　　　　　　　　　500.00
　贷:应付职工薪酬　　　　　　　　　　　　　300.00
　　 原材料　　　　　　　　　　　　　　　　200.00
借:农产品——猪肉　　　　　　　　　　　　　12 700.00
　贷:消耗性生物资产　　　　　　　　　　　　12 600.00
　　 库存现金　　　　　　　　　　　　　　　100.00
借:库存现金　　　　　　　　　　　　　　　　16 000.00
　贷:主营业务收入　　　　　　　　　　　　　16 000.00
借:主营业务成本　　　　　　　　　　　　　　12 700.00
　贷:农产品——猪肉　　　　　　　　　　　　12 700.00

从消耗性生物资产上收获农产品后,消耗性生物资产自身因完全转为农产品而不复存在,如肉猪被宰杀后的猪肉、收获后的蔬菜、用材林采伐后的木材等,企业应当将收获时点消耗性生物资产的账面价值结转为农产品的成本。借记"农产品"科目,贷记"消耗性生物资产"科目;对于不通过入库直接销售的鲜活产品等,按实际成本借记"主营业务成本"科目。

【例 2-38】 某种植企业 2012 年 5 月入库小麦 30 吨,成本为 18 000 元。该企业的账务处理如下:

借:农产品——小麦　　　　　　　　　　　　　18 000.00
　贷:消耗性生物资产——小麦　　　　　　　　18 000.00

四、生产性生物资产的核算

生产性生物资产是指小企业(农、林、牧、渔业)为生产农产品、提供劳务或出租等目的而持有的生物资产,包括:经济林、薪炭林、产畜和役畜等。

生产性生物资产应当按照成本进行计量。外购的生产性生物资产的成本,应当按照购买价款和相关税费确定。自行营造或繁殖的生产性生物资产的成本,应当按照下列规定确定:

(1) 自行营造的林木类生产性生物资产的成本包括:达到预定生产经营目的前发生的造林费、抚育费、营林设施费、良种试验费、调查设计费和应分摊的间接费用等必要支出。

(2) 自行繁殖的产畜和役畜的成本包括:达到预定生产经营目的前发生的饲料费、人工费和应分摊的间接费用等必要支出。

达到预定生产经营目的,是指生产性生物资产进入正常生产期,可以多年连续稳定产出农产品、提供劳务或出租。

小企业(农、林、牧、渔业)应当根据生产性生物资产的性质和使用情况,按照年限平均法计提折旧。并考虑税法的规定,合理确定生产性生物资产的使用寿命和预计净残值。生产性生物资产的折旧方法、使用寿命、预计净残值一经确定,不得随意变更。

小企业(农、林、牧、渔业)应当自生产性生物资产投入使用月份的下月起按月计提折旧;停止使用的生产性生物资产,应当自停止使用月份的下月起停止计提折旧。

小企业(农、林、牧、渔业)应当设置"生产性生物资产"科目。该科目核算小企业(农、林、牧、渔业)持有的生产性生物资产的原价(成本)。该科目应按照"未成熟生产性生物资产"和"成熟生产性生物资产",分别生物资产的种类、群别等进行明细核算。该科目期末借方余额,反映小企业(农、林、牧、渔业)生产性生物资产的原价(成本)。

小企业(农、林、牧、渔业)还应当设置"生产性生物资产累计折旧"科目。该科目核算小企业(农、林、牧、渔业)成熟生产性生物资产的累计折旧。该科目应按照生产性生物资产的种类、群别等进行明细核算。小企业按月计提成熟生产性生物资产的折旧,借记"生产成本"、"管理费用"等科目,贷记该科目。处置生产性生物资产还应同时结转生产性生物资产累计折旧。该科目期末贷方余额,反映小企业成熟生产性生物资产的累计折旧额。

【例2-39】 2012年3月,某农业企业从市场上购买了6头种牛、15头种猪和600头猪苗,单价分别为4 000元、1 400元和250元,支付的价款共计195 000元。此外,发生的运输费为4 500元,保险费为3 000元,装卸费为2 250元,款项全部以银行存款支付。有关计算与核算如下:

(1) 确定应分摊的运输费、保险费和装卸费:

分摊比例=(4 500+3 000+2 250)÷195 000=5%
6头种牛应分摊的费用=6×4 000×5%=1 200(元)
15头种猪应分摊的费用=15×1 400×5%=1 050(元)
600头猪苗应分摊的费用=600×250×5%=7 500(元)

(2) 确定种牛、种猪和猪苗的入账价值:

6头种牛的入账价值=6×4 000+1 200=25 200(元)
15头种猪的入账价值=15×1 400+1 050=22 050(元)
600头猪苗的入账价值=600×250+7 500=157 500(元)

该企业应编制的会计分录如下:

借:生产性生物资产——种牛　　　　　　　　　25 200.00
　　生产性生物资产——种猪　　　　　　　　　22 050.00
　　消耗性生物资产——猪苗　　　　　　　　　157 500.00
　贷:银行存款　　　　　　　　　　　　　　　204 750.00

【例2-40】 2012年4月,丙企业自行繁殖的50头种猪转为育肥猪,此批种猪的账面原价为470 000元,已经计提的累计折旧为200 000元。

丙企业的账务处理如下:

借:消耗性生物资产(育肥猪)		270 000.00
生产性生物资产累计折旧		200 000.00
贷:生产性生物资产(种猪)		470 000.00

如育肥畜转为产畜或役畜,或者林木类消耗性生物资产转为林木类生产性生物资产时,应按其账面余额,借记"生产性生物资产"科目,贷记"消耗性生物资产"科目。

第七节　无　形　资　产

一、无形资产的概念与核算内容

无形资产是指小企业为生产产品、提供劳务、出租或经营管理而持有的、没有实物形态的可辨认非货币性资产。

小企业的无形资产包括:专利权、商标权、著作权、非专利技术、土地使用权等。

1. 专利权

专利权是指国家专利主管机关依法授予发明创造专利申请人对其发明创造在法定期限内所享有的专利权利,包括发明专利权、实用新型专利权和外观设计专利权。

2. 商标

商标是用来辨认特定商品或劳务的标记。商标权是指专门在某类指定的商品或产品上使用特定的名称或图案的权利,包括独占使用权和禁止权两个方面。独占使用权指商标权享有人在商标的注册范围内独家使用其商标的权利;禁止权指商标权享有人排除和禁止他人对商标独占使用权进行侵犯的权利。

3. 著作权

著作权又称版权,是指作者对其创作的文学、科学和艺术作品依法享有的某些特殊权利,包括精神权利(人身权利)和经济权利(财产权利)两个方面。前者指作品署名、发表作品、确认作者身份、保护作品的完整性、修改已经发表的作品等项权利,包括发表权、署名权、修改权和保护作品完整权;后者指以出版、表演、广播、展览、录制唱片、摄制影片等方式使用作品以及因授权他人使用作品而获得经济利益的权利。

4. 非专利技术

非专利技术也称专有技术,是指不为外界所知、在生产经营活动中已采用了的、不享有法律保护的各种技术和经验,一般包括工业专有技术、商业贸易专有技术、管理专有技术等。非专利技术可以用蓝图、配方、技术记录、操作方法的说明等具体资料表现出来,也可以通过卖方派出技术人员进行指导,或接受买方人员进行技术实习等手段实现。非专利技术具有经济性、机密性和动态性等特点。

非专利技术与专利技术比较,其主要差异如表 2-16 所述。

表 2-16

非专利技术与专利技术比较

比较内容	非专利技术	专利技术
存在条件	保密	法律保护
时效性	无时间限制	有时间限制
保密性	技术内容保密	技术内容公开
技术要求	不一定是发明创造,但必须是成熟的、行之有效的	必须具有新颖性、创造性和实用性
技术形态	是动态的,其内容可以发展改进,是可变的	是静态的,其内容相对固定不变
存在方式	以书面表示或存在于人们的头脑中	以书面表示

5. 土地使用权

土地使用权是指国家准许某企业在一定期间内对国有土地享有开发、利用、经营的权利。根据我国《土地管理法》的规定,我国土地实行公有制,任何单位和个人不得侵占、买卖或者以其他形式非法转让。企业取得土地使用权的方式大致有行政划拨取得、外购取得、投资者投入取得等。

自行开发建造厂房等建筑物,相关的土地使用权与建筑物应当分别进行处理。外购土地及建筑物支付的价款应当在建筑物与土地使用权之间按照合理的方法进行分配;难以合理分配的,应当全部作为固定资产。

二、无形资产的计量方法

无形资产应当按照成本进行计量。

1. 外购无形资产的成本

它包括:购买价款、相关税费和相关的其他支出(含相关的借款费用)。

2. 投资者投入的无形资产的成本

它应当按照评估价值和相关税费确定。

3. 自行开发的无形资产的成本

它由符合资本化条件后至达到预定用途前发生的支出(含相关的借款费用)构成。

小企业自行开发无形资产发生的支出,同时满足下列条件的,才能确认为无形资产:

(1)完成该无形资产以使其能够使用或出售,在技术上具有可行性。

(2)具有完成该无形资产并使用或出售的意图。

(3)能够证明运用该无形资产生产的产品存在市场或无形资产自身存在市场,无形资产将在内部使用的,应当证明其有用性。

(4)有足够的技术、财务资源和其他资源支持,以完成该无形资产的开发,并有能力使用或出售该无形资产。

(5)归属于该无形资产开发阶段的支出能够可靠地计量。

小企业可以设置"研发支出"科目。该科目核算小企业进行研究与开发无形资产过程中发生的各项支出。该科目应按照研究开发项目,分别"费用化支出"、"资本化支出"进行明细核算。

小企业自行研究开发无形资产发生的研发支出,不满足资本化条件的,借记"研发支出"科目(费用化支出);满足资本化条件的,借记"研发支出"科目(资本化支出),贷记"原材料"、"银行存款"、"应付职工薪酬"、"应付利息"等科目。

研究开发项目达到预定用途形成无形资产的,应按"研发支出"科目(资本化支出)的余额,借记"无形资产"科目,贷记"研发支出"科目(资本化支出)。

月末,应将"研发支出"科目归集的费用化支出金额转入"管理费用"科目,借记"管理费用"科目,贷记"研发支出"科目(费用化支出)。

"研发支出"科目期末借方余额,反映小企业正在进行的无形资产开发项目满足资本化条件的支出。

三、无形资产的核算

小企业应当设置"无形资产"科目。该科目核算小企业持有的无形资产成本。该科目应按照无形资产项目进行明细核算。该科目期末借方余额,反映小企业无形资产的成本。

(1) 小企业外购无形资产,应当按照实际支付的购买价款、相关税费和相关的其他支出(含相关的利息费用),借记"无形资产"科目,贷记"银行存款"、"应付利息"等科目。

(2) 自行开发建造厂房等建筑物,外购土地及建筑物支付的价款应当在建筑物与土地使用权之间按照合理的方法进行分配,其中属于土地使用权的部分,借记"无形资产"科目,贷记"银行存款"等科目。

(3) 收到投资者投入的无形资产,应当按照评估价值和相关税费,借记"无形资产"科目,贷记"实收资本"、"资本公积"科目。

(4) 开发项目达到预定用途形成无形资产的,按照应予资本化的支出,借记"无形资产"科目,贷记"研发支出"科目。

(5) 因出售、报废、对外投资等原因处置无形资产,应当按照取得出售无形资产的价款等处置收入,借记"银行存款"等科目;按照其已计提的累计摊销,借记"累计摊销"科目;按照应支付的相关税费及其他费用,贷记"应交税费——应交营业税"、"银行存款"等科目;按照其成本,贷记"无形资产"科目。处置无形资产处置收入扣除其账面价值、相关税费等后的净额,应贷记"营业外收入——非流动资产处置净收益"科目或借记"营业外支出——非流动资产处置净损失"科目。无形资产的账面价值,是指无形资产的成本扣减累计摊销后的金额。

四、无形资产的摊销

无形资产应当在其使用寿命内采用年限平均法进行摊销,根据其受益对象计入相关资产成本或者当期损益。

小企业应当设置"累计摊销"科目。该科目核算小企业对无形资产计提的累计摊销。该科目应按照无形资产项目进行明细核算。小企业按月采用年限平均法计提无形资产的摊销,应当按照无形资产的受益对象,借记"制造费用"、"管理费用"等科目,贷记该科目。处置无形资产还应同时结转累计摊销。该科目期末借方余额,反映小企业无形资产的累计摊销额。

【例 2-41】 甲企业购买一项注册商标所有权,通过银行转账支付款项共 240 000 元,有效期为 10 年。5 年后企业将此商标所有权转让给乙企业,取得收入 125 000 元。

(1) 在取得商标权时,应编制会计分录如下:

借:无形资产——商标权　　　　　　　　　　240 000.00
　　贷:银行存款　　　　　　　　　　　　　　240 000.00

(2) 在每年摊销时,应编制会计分录如下:

借:管理费用　　　　　　　　　　　　　　　24 000.00
　　贷:累计摊销——商标权　　　　　　　　　24 000.00

[5 年累计摊销额=24 000×5=120 000(元)]

(3) 在转让商标权、收到转让收入时,应编制会计分录如下:

借:银行存款	125 000.00
累计摊销——商标权	120 000.00
贷:无形资产——商标权	240 000.00
营业外收入——非流动资产处置净收益	5 000.00

综上所述,对于无形资产的后续计量,《小企业会计准则》与《企业会计准则》的处理既有相同点,又有不同点。

1. 相同点

(1) 摊销额按照不同的受益对象,分别记入相关成本、费用科目。

(2) 摊销起止点相同,均自无形资产可供使用(即其达到预定用途)当月起开始摊销,处置当月不再摊销。

(3) 科目设置相同。摊销时设置"累计摊销"科目,作为无形资产的备抵科目,在进行摊销时,贷记"累计摊销"科目。

(4) 无形资产用于对外出租时,每期计提的摊销额,记入"其他业务成本"科目。

2. 不同点

(1) 减值处理不同。《企业会计准则》规定,无形资产发生减值时要计提无形资产减值准备;《小企业会计准则》则不考虑减值。

(2) 摊销方法不同。在《小企业会计准则》中,只能采用年限平均法计提摊销;在《企业会计准则》中,可采用年限平均法、产量法、年数总和法等。

(3) 摊销年限不同。《企业会计准则》规定,企业应当于取得无形资产时分析判断其使用寿命;使用寿命有限的无形资产,其应摊销金额应当在使用寿命内系统合理摊销;企业摊销无形资产,应当自无形资产可供使用时起,至不再作为无形资产确认时止;对于不能可靠估计使用寿命的无形资产,可以不摊销,但需每期进行减值测试。而《小企业会计准则》规定,无形资产的摊销期自其可供使用时开始至停止使用或出售时止;有关法律规定或合同约定了使用年限的,可以按照规定或约定的使用年限分期摊销;小企业不能可靠估计无形资产使用寿命的,摊销期不得低于10年。

第八节 长期待摊费用

一、长期待摊费用的概念与分类

长期待摊费用是指企业已经发生但应由本期和以后各期分别负担的分摊期限在1年以上的各种费用。也就是说,长期待摊费用是不能全部计入当年损益的,应当在以后年度内分期摊销。

《企业会计准则》规定,"长期待摊费用"科目核算企业已经发生但应由本期和以后各期负担的分摊期限在1年以上的各项费用,如以经营租赁方式租入的固定资产发生的改良支出等,其核算内容、摊销期限与《企业所得税法》及其实施条例存在较大的差异。而《小企业会计准则》对长期待摊费用的核算内容、摊销期限均与《企业所得税法》及其实施条例的规定完全一致。《小企业会计准则》规定,小企业的长期待摊费用包括已提足折旧的固定资产的改建支出、经营租入固定资产的改建支出、固定资产的大修理支出和其他长期待摊费用等;长期待摊费用应当在其摊销期限内采用年限平均法(即直线法)进行摊销,计入相关资产的成本或管理费用。

长期待摊费用应当按照实际发生额作为计税基础。在计算应纳税所得额时,小企业发生的下列支出作为长期待摊费用,按照规定摊销的,准予扣除。

(1)已足额提取折旧的固定资产的改建支出,按照固定资产预计尚可使用年限分期摊销。

(2)租入固定资产的改建支出,按照合同约定的剩余租赁期限分期摊销。固定资产的改建支出是指改变房屋或者建筑物结构、延长使用年限等发生的支出。

(3)固定资产的大修理支出,按照固定资产尚可使用年限分期摊销。

固定资产的大修理支出是指同时符合下列条件的支出:①修理支

出达到取得固定资产时的计税基础50%以上。②修理后固定资产的使用年限延长2年以上。

（4）其他长期待摊费用，自支出发生月份的次月起分期摊销，摊销年限不得超过3年。

对不符合上述条件的后续支出需一次性计入当期损益。

二、长期待摊费用的核算

小企业应当设置"长期待摊费用"科目。该科目核算小企业已经发生但应由本期和以后各期负担的分摊期限在1年以上的各项费用。该科目应按费用项目进行明细核算。小企业发生的长期待摊费用，借记"长期待摊费用"科目，贷记"银行存款"、"原材料"等科目。小企业按月摊销长期待摊费用，借记"制造费用"、"管理费用"等科目，贷记"长期待摊费用"科目。该科目期末借方余额，反映小企业尚未摊销完毕的长期待摊费用。

【例2-42】 伟业发展公司发生经营租入的半自动化设备改建支出，金额为120 000元，以转账支票付讫。应编制会计分录如下：

借：长期待摊费用　　　　　　　　　　　　120 000.00
　　贷：银行存款　　　　　　　　　　　　　　　120 000.00

【例2-43】 上述长期待摊费用的有效期为2年，每年应摊销120 000元。每月摊销时应编制会计分录如下：

借：制造费用　　　　　　　　　　　　　　5 000.00
　　贷：长期待摊费用　　　　　　　　　　　　　5 000.00

第三章 小企业负债准则

第一节 负债概述

一、负债的概念与特征

负债是指小企业过去的交易或者事项形成的,预期会导致经济利益流出小企业的现时义务。

小企业的负债一般具有以下基本特征。

1. 负债的清偿预期会导致经济利益流出小企业

负债通常是在未来某一时日通过交付资产(包括现金和其他资产)或提供劳务来清偿。例如,企业赊购一批材料,材料已验收入库,但尚未付款,该笔业务所形成的应付账款应确认为企业的负债,需要在未来某一时日通过交付现金或银行存款来清偿。有时,企业可以通过承诺新的负债或转化为所有者权益来了结一项现有的负债,但最终一般都会导致企业经济利益的流出。

2. 负债是由过去的交易或事项形成的现时义务

导致负债的交易或事项必须已经发生。例如,购置货物或使用劳务会产生应付账款(已经预付或是在交货时支付的款项除外),接受银行贷款则会产生偿还贷款的义务。只有源于已经发生的交易或事项,会计上才有可能确认为负债。所谓现时义务是指企业在现行条件下已承担的义务。未来发生的交易或者事项形成的义务,不属于现时义务,不应当确认为负债。对于企业正在筹划的未来交易或事项,如企业的业务计划等,并不构成企业的负债。

二、负债的具体分类

小企业的负债按照其流动性,可分为流动负债和非流动负债。

1. 流动负债

小企业的流动负债,是指预计在1年内或者超过1年的一个正常营业周期内清偿的债务。

小企业的流动负债包括:短期借款、应付及预收款项、应付职工薪酬、应交税费、应付利息、应付利润等。

2. 非流动负债

小企业的非流动负债,是指流动负债以外的负债。

小企业的非流动负债包括:长期借款、长期应付款、递延收益等。

小企业各项流动负债应当按照其实际发生额入账。

第二节 流动负债

一、短期借款

短期借款是指企业借入的期限在1年以内的各种借款。短期借款一般是企业为维护正常的生产经营所需的资金而借入的或者为抵偿某项债务而借入的资金。短期借款的债权人一般为银行、其他金融机构或其他单位和个人。

小企业向银行进行短期借款需按照银行有关规定的程序,在提出申请、接受审核、签订人民币短期借款合同协议后,借入贷款,支付贷款的利息,并按规定的借款期限归还借款。

小企业应当设置"短期借款"科目。该科目核算小企业向银行或其他金融机构等借入的期限在1年内的各种借款。该科目应按照借款种类、贷款人和币种进行明细核算。该科目期末贷方余额,反映小企业尚未偿还的短期借款本金。

小企业借入的各种短期借款,借记"银行存款"科目,贷记"短期借款"科目;偿还借款时,作相反的会计分录。

银行承兑汇票到期,小企业无力支付票款的,按照银行承兑汇票的票面金额,借记"应付票据"科目,贷记"短期借款"科目。

持未到期的商业汇票向银行贴现,应当按照实际收到的金额(即减去贴现息后的净额),借记"银行存款"科目;按照贴现息,借记"财务费用"科目;按照商业汇票的票面金额,贷记"应收票据"科目(银行无追索权情况下)或"短期借款"科目(银行有追索权情况下)。

在应付利息日(不再要求每一资产负债表日),短期借款应当按照借款本金和借款合同利率计算确定的利息费用,借记"财务费用"科目,贷记"应付利息"等科目。

【例3-1】 2012年1月10日,巍巍公司因生产需要,向工商银行借入期限3个月,年利率5%的借款300 000元,存入银行账户。应编制会计分录如下:

借:银行存款　　　　　　　　　　　　　　　 300 000.00
　贷:短期借款——工商银行　　　　　　　　　 300 000.00

【例3-2】 2012年4月10日,以银行存款偿还上述已到期的短期存款及利息。应作会计分录如下:

短期借款的利息=借款本金×借款利率×借款时间
=300 000×5%×3÷12=3 750(元)

借:短期借款——工商银行　　　　　　　　　　 300 000.00
　　财务费用——利息支出　　　　　　　　　　　 3 750.00
　贷:银行存款　　　　　　　　　　　　　　　　 303 750.00

二、应付账款

"应付账款"科目核算小企业因购买材料、商品和接受劳务等日常生产经营活动应支付的款项。该科目应按照对方单位(或个人)进行明细核算。该科目期末贷方余额,反映小企业尚未支付的应付账款。

小企业购入的材料、商品等未验收入库,货款尚未支付的,应当根据有关凭证(发票账单、随货同行发票上记载的实际价款或暂估价值),借记"在途物资"科目;按照可抵扣的增值税进项税额,借记"应交税费——应交增值税(进项税额)"科目;按照应付的价款,贷记"应付账款"科目。

接受供应单位提供劳务而发生的应付未付款项,应当根据供应单位的发票账单,借记"生产成本"、"管理费用"等科目,贷记"应付账款"科目。

偿付应付账款,借记"应付账款"科目,贷记"银行存款"等科目。

小企业确实无法偿付的应付账款,借记"应付账款"科目,贷记"营业外收入"科目。

三、应付职工薪酬

应付职工薪酬是指小企业为获得职工提供的服务而应付给职工的各种形式的报酬以及其他相关支出。

1. 小企业职工薪酬包括的内容

(1) 职工工资、奖金、津贴和补贴。

(2) 职工福利费。

(3) 医疗保险费、养老保险费、失业保险费、工伤保险费和生育保险费等社会保险费。医疗保险、养老保险和失业保险由用人单位和个人共同交纳,工伤保险和生育保险由用人单位承担。

(4) 住房公积金。住房公积金制度是国家法律规定的重要的住房社会保障制度,具有强制性、互助性、保障性。单位和职工个人必须依法履行缴存住房公积金的义务。

(5) 工会经费和职工教育经费。

(6) 非货币性福利。

(7) 因解除与职工的劳动关系给予的补偿。

(8) 其他与获得职工提供的服务相关的支出等。

小企业应当设置"应付职工薪酬"科目。该科目核算小企业根据有关规定应付给职工的各种薪酬。小企业(外商投资)按照规定从净利润中提取的职工奖励及福利基金,也通过该科目核算。该科目应按照"职工工资"、"奖金、津贴和补贴"、"职工福利费"、"社会保险费"、"住房公积金"、"工会经费"、"职工教育经费"、"非货币性福利"、"辞退福利"等进行明细核算。

2. 小企业发放职工薪酬的账务处理

(1) 向职工支付工资、奖金、津贴、福利费等,从应付职工薪酬中扣还的各种款项(代垫的家属药费、个人所得税等)等,借记"应付职工薪酬"科目,贷记"库存现金"、"银行存款"、"其他应收款"、"应交税费——应交个人所得税"等科目。

(2) 支付工会经费和职工教育经费用于工会活动和职工培训,借记"应付职工薪酬"科目,贷记"银行存款"等科目。

(3) 按照国家有关规定交纳的社会保险费和住房公积金,借记"应付职工薪酬"科目,贷记"银行存款"科目。

(4) 以其自产产品发放给职工的,按照其销售价格,借记"应付职工薪酬"科目,贷记"主营业务收入"科目;同时,还应结转产成品的成本。涉及增值税销项税额的,还应进行相应的账务处理。

(5) 支付的因解除与职工的劳动关系给予职工的补偿,借记"应付职工薪酬"科目,贷记"库存现金"、"银行存款"等科目。

3. 月末,小企业职工薪酬的分配核算

生产部门(提供劳务)人员的职工薪酬,借记"生产成本"、"制造费用"等科目,贷记"应付职工薪酬"科目。

应由在建工程、无形资产开发项目负担的职工薪酬,借记"在建工程"、"研发支出"等科目,贷记"应付职工薪酬"科目。

管理部门人员的职工薪酬和因解除与职工的劳动关系给予的补偿,借记"管理费用"科目,贷记"应付职工薪酬"科目。

销售人员的职工薪酬,借记"销售费用"科目,贷记"应付职工薪酬"科目。

"应付职工薪酬"科目期末贷方余额,反映小企业应付未付的职工薪酬。

【例3-3】 某企业制成6月份的"工资结算汇总表"其格式如表3-1所示。财会部门根据该表及其他有关凭证,进行应付职工薪酬核算。

表3-1

工资结算汇总表

部门:×××　　　　　2012年6月10日　　　　　　单位:元

部门	人数	基本工资	工资性津贴	加班工资	实发奖金	应付工资	代扣款项				实发金额
							会费	社保金	住房公积金	其他	
基本生产工人	20	12 000	400	400	1 200	14 000	60	600	340		13 000
辅助生产人员	7	8 000	300	300	800	9 400	40	400	160		8 800
车间管理人员	3	4 000	100	100		4 600	20	200	180		4 200
行政管理人员	12	16 000	200	200	1 600	18 000	80	800	320		16 800
销售机构人员	8	12 000	100	100	1 200	13 400	60	600	140		12 600
在建工程人员	3	4 000	100	100		4 600	20	200	180		4 200
合计	53	56 000	1 200	1 200	5 600	64 000	280	2 800	1 320		59 600

(1) 该企业签发现金支票一张,到银行提取现金59 600元,以备发放工资。应作会计分录如下:

　　借:库存现金　　　　　　　　　　　　　　　59 600.00
　　　　贷:银行存款　　　　　　　　　　　　　　59 600.00

(2) 该企业以现金发放6月份职工工资,应作会计分录如下:

　　借:应付职工薪酬　　　　　　　　　　　　　59 600.00
　　　　贷:库存现金　　　　　　　　　　　　　　59 600.00

(3) 结转扣款。根据"工资结算汇总表"所列扣款内容,从职工应付工资中代扣工会会费280元、社会保险金2 800元、住房公积金1 320元,属先扣款后偿还有关部门的应付款,应通过"其他应付款"科目核算。应作会计分录如下:

借:应付职工薪酬	4 400.00
贷:其他应付款——代扣工会会费	280.00
其他应付款——代扣社会保险金	2 800.00
其他应付款——代扣住房公积金	1 320.00

(4)该企业在用银行存款支付代扣的住房公积金、会费、房租时,应作会计分录如下:

借:其他应付款——代扣工会会费	280.00
其他应付款——代扣社会保险金	2 800.00
其他应付款——代扣住房公积金	1 320.00
贷:银行存款	4 400.00

(5)月终,应将本月份应付工资进行分配。

财务会计部门应该根据计算出的职工工资,按照车间、部门分别编制工资结算单,按照职工类别和姓名分行填列应付每一职工的各种工资、代发款项、代扣款项和实发金额,作为与职工进行工资结算的依据。

工资费用分配时,首先要确定工资费用的分配对象;其次要分清生产工人的工资是直接计入费用还是间接计入费用。

计件工资属于直接计入费用,应根据工资结算单直接计入某种产品成本;计时工资属于间接计入费用,应按产品的生产工时比例,分配计入各有关产品成本的这一成本项目;奖金、津贴和补贴,以及特殊情况下支付的工资等,一般也属于间接计入费用,应按直接计入的工资比例或生产工时比例,分配计入各有关产品成本的这一成本项目。

【例3-4】 该企业基本生产车间生产 A,B 两种产品。根据上述工资结算汇总表资料,该车间按计时工资计算的间接计入的工资费用为 14 000 元,按产品的生产工时比例进行分配。A,B 两种产品的生产工时分别为 2 000 小时和 800 小时。分配计算如下:

$$分配率 = \frac{14\ 000}{2\ 000 + 800} = 5(元/小时)$$

A 产品间接计入工资费用 = 2 000×5 = 10 000(元)

B 产品间接计入工资费用 = 800×5 = 4 000(元)

上述直接进行产品生产、设有"直接人工"成本项目的生产工人工资,应记入"生产成本——基本生产成本"科目和所属明细科目"直接人工"项目。

根据小企业工资结算汇总表等资料,每月将应付工资按用途进行分配,记入有关的成本费用科目。应作会计分录如下:

借:生产成本——基本生产成本(A产品)　　　　　10 000.00
　　生产成本——基本生产成本(B产品)　　　　　 4 000.00
　　生产成本——辅助生产成本　　　　　　　　　 9 400.00
　　制造费用　　　　　　　　　　　　　　　　　 4 600.00
　　管理费用　　　　　　　　　　　　　　　　　18 000.00
　　销售费用　　　　　　　　　　　　　　　　　13 400.00
　　在建工程　　　　　　　　　　　　　　　　　 4 600.00
　贷:应付职工薪酬　　　　　　　　　　　　　　 64 000.00

四、应交税费

税金是国家组织财政收入的主要形式和工具,是国家调节经济的重要杠杆之一,也是对经济活动进行监督管理的重要手段。国家凭借政治权力,制定法律,公布征税标准,并用行政手段和司法手段来保证税收任务的完成。因此,税金具有强制性、无偿性、固定性的特征。每一个依法直接负有纳税义务的企业(即纳税主体)都应自觉地向各级税务机关(即征税主体)交纳税金。

小企业应当按照有关规定,及时、足额地上缴税费等应交款项,这是小企业对国家应尽的义务,必须认真履行,拖欠和挪用应上交的款项属于违法行为。

为了全面反映各项税费增减变动情况,小企业应当设置"应交税费"科目。该科目核算小企业按照税法等规定计算应交纳的各种税费,包括增值税、消费税、营业税、所得税、资源税、土地增值税、城市维护建设税、房产税、城镇土地使用税、车船税、教育费附加、矿产资源补偿费、代扣代缴的个人所得税等。

"应交税费"科目可按应交的税费项目进行明细核算。其中"应交增值税"明细科目还应分别"进项税额"、"销项税额"、"出口退税"、"进项税额转出"、"已交税金"、"转出未交增值税"、"转出多交增值税"等设置专栏。小规模纳税人只需设置"应交增值税"明细科目,不需要在"应交增值税"明细科目中设置上述专栏。

"应交税费"属负债类科目,贷方反映应交的各种税金数额;借方反映实际交纳的各种税金数额;期末贷方余额,反映小企业尚未交纳的税费;期末如为借方余额,反映小企业多交或尚未抵扣的税费。

小企业还应当设置"营业税金及附加"科目。该科目核算小企业开展日常生产经营活动应负担的消费税、营业税、城市维护建设税、资源税、土地增值税、城镇土地使用税、房产税、车船税、印花税和教育费附加、矿产资源补偿费、排污费等相关税费。该科目应按照税费种类进行明细核算。

小企业按照规定计算确定的与其日常生产经营活动相关的税费,借记"营业税金及附加"科目,贷记"应交税费"等科目。

月末,可将"营业税金及附加"科目余额转入"本年利润"科目,结转后"营业税金及附加"科目应无余额。

与最终确认营业外收入或营业外支出相关的税费,在"固定资产清理"、"无形资产"等科目核算,不在"营业税金及附加"科目核算。

现将小企业可能涉及的有关税费及其主要账务处理分别进行介绍。

(一)应交增值税

1. 增值税及其适用税率

增值税是以商品(含应税劳务)在流转过程中产生的增值额作为计税依据而征收的一种流转税。增值税是一种价外税,实行价税分离,即将商品的销售价格和商品负担的增值税额明确分离出来,分别核算,其增值税负担的多少一般与纳税企业的损益无关。

我国的增值税是对我国境内销售货物或者提供加工、修理、修配劳务以及进口货物的单位和个人,就其取得的货物或应税劳务的销售额以及进口货物的金额计算税款,并实行税款抵扣制的一种流转税。

现行税法将增值税纳税人按其经营规模及会计核算健全与否划分为一般纳税人和小规模纳税人,实行不同的征收方法。年应税销售额在 50 万元以上的工业企业或年应税销售额在 80 万元以上的商业企业都为增值税一般纳税人。否则,为小规模纳税人。

一般纳税人的增值税基本税率为 17%,低税率为 13%,出口货物为零税率,其适用范围如表 3-3 所示。

表 3-3

增值税税率或征收率与适用范围一览表

增值税税率或征收率	适 用 范 围
零税率	出口货物(国务院另有规定的除外)
13%	1. 粮食、食用植物油
13%	2. 自来水、暖气、冷气、热水、煤气、石油液化气、天然气、沼气、居民用煤炭制品
13%	3. 图书、报纸、杂志
13%	4. 饲料、化肥、农药、农机、农膜
13%	5. 国务院规定的其他货物,包括农产品、音像制品、电子出版物、二甲醚
17%	加工、修理修配劳务以及除了零税率、13%税率以外的其他货物销售或进口
3%	小规模纳税人

一般纳税人应纳增值税额的计算公式如下:

当期应纳增值税额=当期销项税额-当期进项税额

其中:当期销项税额=当期销售额×适用税率

当期进项税额=当期购进货物支付的价款×适用税率

小规模纳税人,实行简单的征收办法,即按照 3%的征收率征税。小规模纳税人应纳增值税额的计算公式如下:

应纳增值税额=销售额×3%

2. 销项税额

销项税额是指纳税人销售货物或者应税劳务,按照销售额和增值税税率计算并向货物购买方收取的增值税额。

销项税额计算公式如下:

$$销项税额＝销售额\times 适用税率$$

计算销项税额的销售额是指纳税人销售货物或者应税劳务向购买方收取的全部价款和价外费用,但是不包括收取的销项税额。

纳税人采取折扣方式销售货物,如果销售额和折扣额在同一张发票上分别注明的(是指销售额和折扣额在同一张发票上的"金额"栏内分别注明的),可按折扣后的销售额征收增值税。未在同一张发票"金额"栏注明折扣额,而仅在发票的"备注"栏注明折扣额的,折扣额不得从销售额中减除。

纳税人销售货物或者应税劳务的价格明显偏低并无正当理由的,由主管税务机关核定其销售额。

一般纳税人销售货物或者应税劳务,采用销售额和销项税额合并定价方法的,可按下列公式计算分解其销售额:

$$销售额＝含税销售额\div (1＋适用税率)$$

纳税人销售货物或者应税劳务,应当向索取增值税专用发票的购买方开具增值税专用发票,并在增值税专用发票上分别注明销售额和销项税额。

发票是指在购销商品、提供或者接受服务以及从事其他经营活动中,开具、收取的收付款项凭证。发票既是会计核算的主要依据,也是纳税申报的法定凭证。企业使用发票应当符合《中华人民共和国发票管理办法》和《中华人民共和国发票管理办法实施细则》的有关规定。

一般纳税人销售货物或者应税劳务,开具增值税专用发票后,发生销售货物退回或者折让、开票有误等情形,应按国家税务总局的规定开具红字增值税专用发票。未按规定开具红字增值税专用发票的,增值税额不得从销项税额中扣减。

向消费者个人销售货物或者应税劳务的、销售货物或者应税劳务适用免税规定的、小规模纳税人销售货物或者应税劳务的,不得开具增值税专用发票。

3. 进项税额

进项税额是指纳税人购进货物或者接受应税劳务所支付或者负担的增值税额。

我国目前所采用的增值税计算方法为购进扣税法,即在计算进项税额时,按当期购进商品已纳税额计算。实际征收中,采用凭增值税专用发票或其他合法扣税凭证注明税款进行抵扣的办法计算应纳税款。

进项税额计算公式如下:

$$进项税额 = 买价 \times 扣除率$$

下列是准予从销项税额中抵扣的进项税额:

(1) 从销售方取得的增值税专用发票上注明的增值税额。

(2) 从海关取得的海关进口增值税专用缴款书上注明的增值税额。

(3) 购进农产品,除取得增值税专用发票或者海关进口增值税专用缴款书外,按照农产品收购发票或者销售发票上注明的农产品买价和13%的扣除率计算的进项税额。

(4) 购进或者销售货物以及在生产经营过程中支付运输费用的,按照运输费用结算单据上注明的运输费用金额和7%的扣除率计算的进项税额。

运输费用进项税额计算公式如下:

$$运输费用进项税额 = 运输费用金额 \times 扣除率$$

运输费用金额,是指运输费用结算单据上注明的运输费用(包括铁路临管线及铁路专线运输费用)、建设基金,不包括装卸费、保险费等其他杂费。

自2009年1月1日起,允许全国范围内的所有增值税一般纳税人抵扣其购进(包括接受捐赠、实物投资)或者自制(包括改扩建、安装)固定资产所含的进项税额,未抵扣完的进项税额结转下期继续抵扣。纳税人允许抵扣的固定资产进项税额,是指纳税人2009年1月1日以后实际发生,并取得2009年1月1日以后开具的增值税扣税凭证上注明的或者依据增值税扣税凭证计算的增值税税额。这里所称的增值税扣税凭证是指增值税专用发票、海关进口增值税专用缴款书和运输费用结算单据。

纳税人需要注意的是,固定资产不是全部都能抵扣的。准予抵扣的固定资产范围仅限于现行增值税征税范围内的固定资产,包括机器、机械、运输工具以及其他与生产、经营有关的设备、工具、器具。但不包括容易混淆为个人消费的应征消费税的小汽车、摩托车和游艇。房屋、建筑物等不动产,不得抵扣进项税额。

下列属于不得抵扣的进项税额:

(1)用于非增值税应税项目、免征增值税项目、集体福利或者个人消费的购进货物或者应税劳务。

上述非增值税应税项目,是指提供非增值税应税劳务、转让无形资产、销售不动产和不动产在建工程。其中,不动产是指不能移动或者移动后会引起性质、形状改变的财产,包括建筑物、构筑物和其他土地附着物。纳税人新建、改建、扩建、修缮、装饰不动产,均属于不动产在建工程。上述个人消费包括纳税人的交际应酬消费。例如,企业将购进的材料用于房屋建筑物属于用于非增值税应税项目,因此,用于建造不动产所购进的原材料其进项税不能抵扣;但用于机器设备的物质其进项税可以抵扣。

一般纳税人兼营免税项目或者非增值税应税劳务而无法划分不得抵扣的进项税额的,按下列公式计算不得抵扣的进项税额:

$$\text{不得抵扣的进项税额} = \text{当月无法划分的全部进项税额} \times \frac{\text{当月免税项目销售额、非增值税应税劳务营业额合计}}{\text{当月全部销售额、营业额合计}}$$

(2)非正常损失的购进货物及相关的应税劳务。非正常损失,是指因管理不善造成被盗、丢失、霉烂变质的损失。

(3)非正常损失的在产品、产成品所耗用的购进货物或者应税劳务。

（4）国务院财政、税务主管部门规定的纳税人自用消费品，包括应征消费税的摩托车、汽车、游艇。

（5）上述货物的运输费用和销售免税货物的运输费用。

纳税人购进货物或者应税劳务，取得的增值税扣税凭证不符合法律、行政法规或者国务院税务主管部门有关规定的，其进项税额不得从销项税额中抵扣。

增值税专用发票必须自该专用发票开具之日起90日内到税务机关认证，否则不予抵扣进项税额；增值税一般纳税人认证通过的防伪税控系统开具的增值税专用发票，应在认证通过的当月按照增值税有关规定核算当期进项税额并申报抵扣，否则不予抵扣进项税额。

增值税一般纳税人取得的海关完税凭证，应当在开具之日起90天后的第一个纳税申报期结束以前向主管税务机关申报抵扣，逾期不得抵扣进项税额。

增值税一般纳税人取得的运输发票，应当自开票之日起90天内向主管国税局申报抵扣，超过90天的不得予以抵扣。

纳税人取得所有需抵扣增值税进项税额的运输发票、海关完税凭证，应根据相关发票或抵扣凭证的内容逐票填写《增值税运输发票抵扣清单》、《海关完税凭证抵扣清单》，在进行增值税纳税申报时报送，纳税人除报送清单纸质资料外，还需同时报送相关的电子信息。未单独报送纸质资料及电子信息的，其进项税额不得抵扣。

4. 应纳税额

增值税一般纳税人应纳税额为当期销项税额抵扣当期进项税额后的余额。

一般纳税人应纳税额计算公式如下：

$$应纳税额 = 当期销项税额 - 当期进项税额$$

因当期销项税额小于当期进项税额不足抵扣时，其不足部分可以结转下期继续抵扣。

增值税小规模纳税人销售货物或者应税劳务,按照销售额和规定的征收率计算应纳税额,不得抵扣进项税额。

小规模纳税人应纳税额计算公式如下:

$$应纳税额＝销售额×征收率$$

小规模纳税人的销售额不包括其应纳税额。小规模纳税人销售货物或应税劳务采用销售额和应纳税额合并定价方式的,按下列公式计算销售额。

$$销售额=\frac{含税销售额}{1+征收率}$$

年应税销售额超过小规模纳税人标准的其他个人按小规模纳税人纳税,非企业性单位、不经常发生应税行为的企业可选择按小规模纳税人纳税。

小规模纳税人会计核算健全,能够提供准确税务资料的,可以向主管税务机关申请资格认定,不作为小规模纳税人,而是按照一般纳税人有关规定计算应纳税额。会计核算健全,是指能够按照规定设置账簿,根据合法、有效凭证核算。

5. 应交增值税的主要账务处理

(1) 小企业采购物资等,按照应计入采购成本的金额,借记"在途物资"或"原材料"、"库存商品"等科目;按可抵扣的增值税额,借记"应交税费——应交增值税(进项税额)"科目;按照应付或实际支付的金额,贷记"应付账款"、"银行存款"等科目。购入物资发生退货,作相反的会计分录。

购进免税农业产品,按照购入农业产品的买价和规定的税率计算的进项税额,借记"应交税费——应交增值税(进项税额)"科目;按照买价减去按规定计算的进项税额后的差额,借记"在途物资"等科目;按照应付或实际支付的价款,贷记"应付账款"、"库存现金"、"银行存款"等科目。

(2) 销售商品(提供劳务),按营业收入和应收取的增值税额,借记

"应收账款"、"银行存款"等科目;按照增值税专用发票上注明的增值税额,贷记"应交税费——应交增值税(销项税额)"科目;按确认的营业收入,贷记"主营业务收入"、"其他业务收入"等科目。发生销售退回,作相反的会计分录。

随同商品出售但单独计价的包装物,按规定应交纳的增值税,借记"其他业务成本"科目,贷记"应交税费——应交增值税(销项税额)"科目。

(3) 出口产品按规定退税的,借记"其他应收款"科目,贷记"应交税费——应交增值税(出口退税)"科目。

(4) 小企业购入材料等不能抵扣增值税的,发生的增值税计入材料等的成本,借记"在途物资"等科目,贷记"银行存款"等科目,不通过"应交税费——应交增值税(进项税额)"科目核算。

(5) 将自产的产品用于非应税项目,如用作福利发放给职工等,应视同销售计算应交增值税,借记"管理费用"、"生产成本"、"制造费用"、"销售费用"等科目,贷记"应交税费——应交增值税(销项税额)"科目。

(6) 购进的物资、在产品、产成品发生非正常损失,以及购进物资改变用途等原因,其进项税额应相应转入有关科目,借记"营业外支出"、"在建工程"等科目,贷记"应交税费——应交增值税(进项税额转出)"科目。

属于转作待处理财产损失的部分,应与遭受非正常损失的购进货物、在产品、产成品成本一并处理。

(7) 本月上交本月的应交增值税,借记"应交税费——应交增值税(已交税金)"科目,贷记"银行存款"科目。本月上交上期应交未交的增值税,借记"应交税费——未交增值税"科目,贷记"银行存款"科目。

月度终了,将本月应交未交增值税自"应交税费——应交增值税"科目明细科目转入"应交税费——未交增值税"科目明细科目,借记"应交税费——应交增值税——转出未交增值税"科目,贷记"应交税费——未交增值税"科目;将本月多交的增值税自"应交税费——应交增值税"科目转入"应交税费——未交增值税"科目,借记"应交税费——未交增值税"科目,贷记"应交税费——应交增值税(转出多交增值税)"科目。结转后,"应交税费——应交增值税"科目的期末借方余额,反映企业尚未抵扣的增值税。

(二) 应交营业税

1. 营业税概述

营业税指以提供劳务或经营收入额为课税对象的一种税。营业税的计税依据为各种应税劳务收入的营业额、转让无形资产的转让额、销售不动产的销售额。营业税的税收收入不受成本、费用高低影响,收入比较稳定。

营业税的税率实行行业差别比例税率,一般为 3%～20%,计征方法简便。纳税人只要提供劳务取得经营收入,无论是否有盈利,都必须按规定交纳营业税。作为价内税的营业税,在会计核算上,直接记入"营业税金及附加"科目,列支在小企业的"利润表"内,直接由当期损益负担。其计算公式如下:

$$应纳营业税额 = 营业额 \times 适用税率$$

2. 应交营业税的主要账务处理

(1) 小企业按照营业额和规定的税率,计算应交纳的营业税,借记"营业税金及附加"等科目,贷记"应交税费——应交营业税"科目。

(2) 出售不动产计算应交的营业税,借记"固定资产清理"等科目,贷记"应交税费——应交营业税"科目。

(3) 交纳的营业税,借记"应交税费——应交营业税"科目,贷记"银行存款"科目。

3. 营业税改征增值税试点

2011 年 11 月 16 日,财政部、国家税务总局下发《关于印发〈营业税改征增值税试点方案〉的通知》(财税〔2011〕110 号)及《关于在上海市开展交通运输业和部分现代服务业营业税改征增值税试点的通知》(财税〔2011〕111 号),并公布了《营业税改征增值税试点方案》、《交通运输业和部分现代服务业营业税改征增值税试点实施办法》、《交通运输业和部分现代服务业营业税改征增值税试点有关事项的规定》《交通运输业和部分现代服务业营业税改征增值税试点过渡政策的规定》四个附件,规定上海提供交通运输业和部分现代服务业服务的单位和个人,为增值税试点纳税人,从2012年1月1日起改征增值税,不再征收营业税。纳税人仍然区分一般纳税人和小规模纳税人,其区分暂定标准之一为年销售额500万元。

营业税改征增值税试点方案是增值税从生产型转向消费型的必然趋势,也是加强会计核算与税收管理、严格征税的必然趋势,其行为符合世界性反避税的发展趋势。营业税改征增值税以后,有利于减少营业税重复征税,使市场细化和分工协作不受税制影响,有利于完善和延伸二三产业增值税抵扣链条,促进二三产业融合发展,有利于建立货物和劳务领域的增值税出口退税制度,全面改善我国的出口税收环境。

从税理上分析,营业税改征增值税以后可以减少或避免重复征税,因为增值税只对增值额纳税。增值额是指企业或者其他经营者从事生产经营或者提供劳务,在购入的商品或者取得劳务的价值基础上新增加的价值额。由于增值税是以增值额作为计税依据,只对销售额中本企业新创造的、未征过税的价值征税,纳税企业实际交纳的增值税是销项税额减去进项税额以后的差额,在理论上不存在重复征税的问题。营业税改征增值税的前后变化如图3-1所示。

营业税改征增值税后的适用税率如下所述。

(1) 一般纳税人适用税率:提供有形动产租赁服务,税率为17%;提供交通运输业服务,税率为11%;提供部分现代服务业服务(有形动产租赁服务除外),税率为6%;财政部和国家税务总局规定的应税服务,税率为零。

(2) 小规模纳税人征收率为3%,适用于小规模纳税人以及一般纳税人适用简易方法计税的特定应税项目。

(3) 财政部和国家税务总局规定的应税服务,税率为零。

以上税率详见表3-4说明。

营业税改征增值税之前:

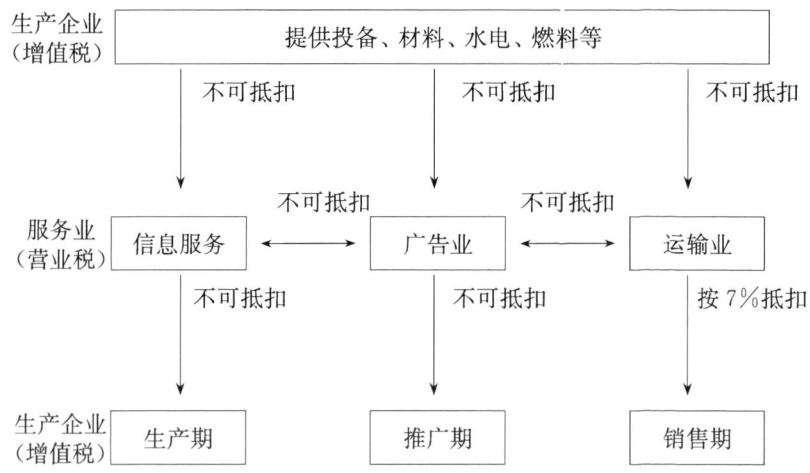

说明:增值税与营业税、营业税与营业税之间的抵扣链断裂,重复征税矛盾突出。

营业税改征增值税之后:

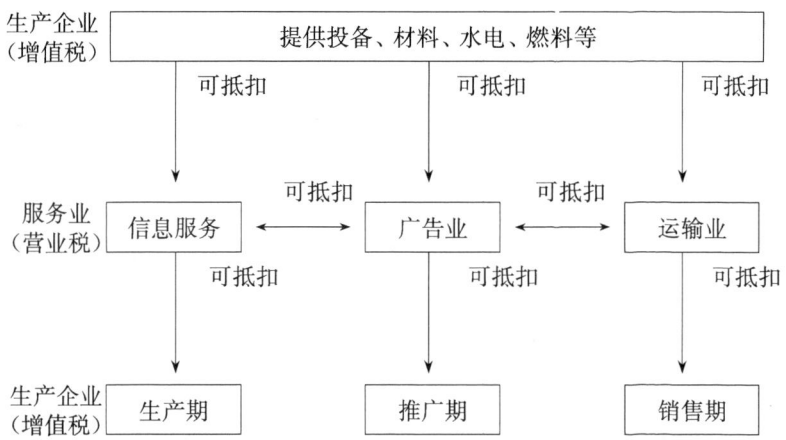

说明:税改使抵扣链完整,基本解决重复征税问题,整体税负下降,税制更加科学合理。

图 3-1　营业税改征增值税比较分析

表 3-4

一般纳税人增值税扩围试点前后分行业税率对比表

应税服务类别	增值税税率（%）	原营业税税率（%）
一、交通运输业		
1. 交通运输——陆路运输	11	3
2. 交通运输——水路运输	11	3
3. 交通运输——航空运输	11	3
4. 交通运输——管道运输	11	3
二、部分现代服务业		
1. 研发和技术服务	6	5
2. 信息技术服务	6	5
3. 文化创意服务	6	5
4. 物流辅助服务	6	5
5. 物流辅助服务	6	3
6. 鉴证咨询服务	6	5
7. 有形动产租赁服务	17	5
财政部和国家税务总局规定的应税服务	0	

小规模纳税人增值税征收率为 3%。

税改以后，从 2012 年 1 月 1 日起增值税起征点幅度调整如下：按期纳税的，为月应税销售额 5 000～20 000 元(含本数)；按次纳税的，为每次(日)销售额 300～500 元(含本数)。

试点纳税人提供应税服务，按照国家有关营业税政策规定差额征收营业税的，允许其以取得的全部价款和价外费用，扣除支付给非试点纳税人(指试点地区不按照试点实施办法交纳增值税的纳税人和非试点地区的纳税人)价款后的余额为销售额。允许扣除价款的项目，应符合国家有关营业税差额征税政策规定。

纳税人计税依据原则上为发生应税交易取得的全部收入。对一些存在大量代收转付或代垫资金的行业,其代收代垫金额可予以合理扣除。对上海市有鉴证职能的会计、税务、资产评估、律师、房地产土地估价、工程造价、专利代理等七类具有鉴证职能事务所(公司)之间开展协作项目,视同代理业务,可按取得的全部收入扣除支付给协作方相关费用后的余额为计税营业额。

【例3-5】 上海市某咨询服务机构(增值税一般纳税人)2012年6月发生业务如下:

(1)取得咨询服务收入,开具增值税专用发票,发票注明金额200万元,税额12万元;与外省某咨询事务所协作开展业务,支付费用25万元,取得服务业普通发票;与本市某会计师事务所协作开展业务,支付费用42.4万元,取得增值税专用发票,发票注明金额40万元,税额2.4万元。

(2)当月外购固定资产、原材料、办公用品等取得增值税专用发票注明的增值税额3.4万元。

分析计算该咨询所当月应纳流转税的情况。

(1)如果交纳营业税:

$$应纳营业税=(212-25-42.4)\times 5\%=144.6\times 5\%=7.23(万元)$$

(2)现在应纳增值税:

$$应纳增值税=\left(\frac{212-25}{1+6\%}\right)\times 6\%-2.4-3.4$$
$$=10.585-5.8=4.785(万元)$$

营业税改征增值税后,试点一般纳税人的收入和成本核算应采取价税分离方法。试点一般纳税人取得的营业收入采用销售额和销项税额合并定价方法的,应按规定换算为不含税销售额确定营业收入并计提销项税额;外购货物和劳务的支出,如果取得符合规定的增值税扣税凭证的,也应该以不含税价格确定存货、固定资产和成本费用等入账价值,同时确定相应的进项税额。

(三) 应交消费税

1. 消费税概述

消费税是指在我国境内对从事生产和进口一些特别消费品所征收的一种税。消费税实行从价定率、从量定额，或者从价定率和从量定额复合计税的办法计算。从价计征采用差额比例税率从 1%～56% 不等，从量计征采用定额税率设置固定税额。其计算公式如下：

实行从价定率办法计算的应纳税额＝销售额×比例税率

实行从量定额办法计算的应纳税额＝销售数量×定额税率

实行复合计税办法计算的应纳税额＝销售额×比例税率＋销售数量×定额税率

2. 应交消费税的主要账务处理

（1）销售需要交纳消费税的物资应交的消费税，借记"营业税金及附加"等科目，贷记"应交税费——应交消费税"科目。退税时，作相反会计分录。

（2）以生产的产品用于在建工程、非生产机构等，按规定应交纳的消费税，借记"在建工程"、"营业外支出"等科目，贷记"应交税费——应交消费税"科目。

随同商品出售但单独计价的包装物，按规定应交纳的消费税，借记"其他业务成本"科目，贷记"应交税费——应交消费税"科目。出租、出借包装物逾期未收回没收的押金应交的消费税，借记"其他业务成本"科目，贷记"应交税费——应交消费税"科目。

（3）需要交纳消费税的委托加工物资，由受托方代收代交税款（除受托加工或翻新改制金银首饰按规定由受托方交纳的消费税外）。受托方按应交税款金额，借记"应收账款"、"银行存款"等科目，贷记"应交税费——应交消费税"科目。委托加工物资收回后，直接用于销售的，将代收代缴的消费税计入委托加工物资的成本，借记"库存商品"等科目，贷记"应付账款"、"银行存款"等科目；委托加工物资收回后用于连续生产的，按规定准予抵扣的，按代收代缴的消费税，借记"应交税费——应交消费税"科目，贷记"应付账款"、"银行存款"等科目。

（4）有金银首饰零售业务的以及采用以旧换新方式销售金银首饰的小企业，在实现营业收入时，按照应交消费税额，借记"营业税金及附加"科目，贷记"应交税费——应交消费税"科目。有金银首饰零售业务的小企业因受托代销金银首饰按规定应交纳的消费税，应当分别不同情况处理：以收取手续费方式代销金银首饰的，其应交的消费税，借记"其他业务成本"科目，贷记"应交税费"科目（应交消费税）；以其他方式代销首饰的，其交纳的消费税，借记"营业税金及附加"科目，贷记"应交税费——应交消费税"科目。

有金银首饰批发、零售业务的小企业将金银首饰用于馈赠、赞助、广告、职工福利、奖励等方面的，应于物资移送时，按照应交的消费税，借记"营业外支出"、"销售费用"、"应付职工薪酬"等科目，贷记"应交税费——应交消费税"科目。

随同金银首饰出售但单独计价的包装物，按规定应交纳的消费税，借记"其他业务成本"科目，贷记"应交税费——应交消费税"科目。

小企业因受托加工或翻新改制金银首饰按规定应交纳的消费税，于向委托方交货时，借记"营业税金及附加"、"其他业务成本"等科目，贷记"应交税费——应交消费税"科目。

（5）需要交纳消费税的进口物资，其交纳的消费税应计入该项物资的成本，借记"固定资产"、"在途物资"、"库存商品"等科目，贷记"银行存款"等科目。

（6）免征消费税的出口物资应当分别以下情况进行处理：

生产性企业直接出口或通过外贸企业出口的物资，按规定直接予以免税的，可不计算应交消费税。

委托外贸企业代理出口物资的生产性小企业，应在计算消费税时，按应交消费税额，借记"其他应收款"科目，贷记"应交税费——应交消费税"科目。收到退回的税金，借记"银行存款"科目，贷记"其他应收款"科目。发生退关、退货而补交已退的消费税，作相反的会计分录。

自营出口物资的外贸小企业，在物资报关出口后申请出口退税时，借记"其他应收款"科目，贷记"主营业务成本"科目。实际收到退回的税金,借记"银行存款"科目,贷记"其他应收款"科目。发生退关或退货而补交已退的消费税,作相反的会计分录。

(7) 交纳的消费税,借记"应交税费——应交消费税"科目,贷记"银行存款"科目。

(四) 应交资源税

1. 资源税概述

资源税是对在我国境内开采应税矿产品和生产盐的单位和个人,就其应税数量征收的一种税。资源税对所有应税资源都实行幅度定额税率。

资源税的应纳税额,按照应税产品的课税数量和规定的单位税额计算。应纳税额计算公式如下:

$$应纳税额 = 课税数量 \times 单位税额$$

现行资源税计税依据是指纳税人应税产品的销售数量和自用数量。

纳税人开采或者生产应税产品销售的,以销售数量为课税数量。

纳税人开采或者生产应税产品自用的,以自用数量为课税数量。

2. 应交资源税的主要账务处理

(1) 小企业销售商品应交纳的资源税,借记"营业税金及附加"科目,贷记"应交税费——应交资源税"科目。

(2) 自产自用的物资应交纳的资源税,借记"生产成本"科目,贷记"应交税费——应交资源税"科目。

(3) 收购未税矿产品,按照实际支付的价款,借记"在途物资"等科目,贷记"银行存款"等科目;按照代扣代缴的资源税,借记"在途物资"等科目,贷记"应交税费——应交资源税"科目。

(4) 外购液体盐加工固体盐:在购入液体盐时,按照所允许抵扣的资源税,借记"应交税费"科目;按照外购价款减去允许抵扣资源税后的金额,借记"在途物资"或"原材料"等科目;按照应支付的全部价款,贷记"银行存款"、"应付账款"等科目。加工成固体盐后,在销售时,按照计算出的销售固体盐应交的资源税,借记"营业税金及附加"科目,贷记"应交税费——应交资源税"科目。将销售固体盐应交资源税扣抵液体盐已交资源税后的差额税上交时,借记"应交税费——应交资源税"科目,贷记"银行存款"科目。

(5)交纳的资源税,借记"应交税费"科目(应交资源税),贷记"银行存款"科目。

(五)应交企业所得税

1. 企业所得税概述

企业所得税是指对一国境内的企业和其他经济组织在一定期间内的生产经营所得和其他所得等收入,在进行法定的生产成本、费用和损失等扣除后的余额(即应纳税所得额)所征收的一个税种。

企业所得税应纳税额＝应纳税所得额×适用税率

按照我国《企业所得税法》的规定,小企业属于依照一国法律、法规在该国境内成立的居民企业。居民企业适用税率具体分为以下三档:

(1)居民企业应当就其来源于中国境内、境外的所得交纳企业所得税。其适用的企业所得税的基本税率为25%。

(2)小型微利企业从事国家非限制和禁止行业的,减按20%的税率征收企业所得税。自2012年1月1日至2015年12月31日,对年应纳税所得额低于6万元(含6万元)的小型微利企业,其所得减按50%计入应纳税所得额,按20%的税率交纳企业所得税[《关于小型微利企业所得税优惠政策有关问题的通知》(财税〔2011〕117号)]。

小型微利的工业企业是指年度应纳税所得额不超过30万元,从业人数不超过100人,资产总额不超过3 000万元的企业。

小型微利的其他企业是指年度应纳税所得额不超过30万元,从业人数不超过80人,资产总额不超过1 000万元的企业。

从业人数是指与企业建立劳动关系的职工人数和企业接受的劳务派遣用工人数之和;从业人数和资产总额指标,可按企业全年月平均值确定。

所得税政策中对于小型微利企业的划分,与《关于印发中小企业划型标准规定的通知》中规定的小型企业与微型企业标准是有区别的。

(3) 国家需要重点扶持的高新技术企业,减按15%的税率征收企业所得税。

2. 应交企业所得税的主要账务处理

小企业按照税法规定计算应交的所得税,借记"所得税费用"科目,贷记"应交税费——应交所得税"科目。

交纳所得税时,借记"应交税费——应交所得税"科目,贷记"银行存款"等科目。

月度(季度)终了,小企业计算出当月(季)应交纳的企业所得税,作为预交数进行预交,年终办理所得税清算。

【例3-6】 2012年,某微型企业利润总额为3 000元,假定没有任何调整因素,按照优惠政策20%税率减半计算应交企业所得税300元。应作会计分录如下:

借:所得税费用　　　　　　　　　　　　　　300.00
　　贷:应交税费——应交所得税　　　　　　　　　　300.00

续[例3-6],该企业在交纳企业所得税300元时,应作会计分录如下:

借:应交税费——应交所得税　　　　　　　　300.00
　　贷:银行存款　　　　　　　　　　　　　　　　　300.00

企业所得税在年终时按规定应当与税务部门办理清算手续。

【例3-7】 某小型企业年终与税务机关清算应交企业所得税,经过应调整项目增减变动后应纳所得税额被确认为100 000元,按税率20%计算,全年应纳企业所得税为20 000元,扣除1～12月已预交税款19 000元,应补交1 000元,当即填制纳税交款书补交。应作会计分录如下:

借:所得税费用　　　　　　　　　　　　　　1 000.00
　　贷:应交税费——应交所得税　　　　　　　　　　1 000.00

借:应交税费——应交所得税　　　　　　　1 000.00
　　贷:银行存款　　　　　　　　　　　　　　　1 000.00

(六)应交土地增值税

1. 土地增值税概述

土地增值税是指对转让土地使用权、地上的建筑物及其附着物并取得收入的单位和个人,就其房地产转让所获得收入的增值部分按照超率累进税率计征的一种税。土地增值税实行4级超率累进税率。其计算公式如表3-4所示。

表3-4

土地增值税超率累进税率表

级次	增值额与扣除项目金额的比率	税率(%)	速算扣除系数(%)
1	不超过50%的部分	30	0
2	超过50%~100%的部分	40	5
3	超过100%~200%的部分	50	15
4	超过200%的部分	60	35

2. 应交土地增值税的主要账务处理

小企业转让土地使用权应交的土地增值税,土地使用权与地上建筑物及其附着物一并在"固定资产"等科目核算的,借记"固定资产清理"等科目,贷记"应交税费——应交土地增值税"科目。

土地使用权在"无形资产"科目核算的,按照实际收到的金额,借记"银行存款"科目;按照应交的土地增值税,贷记"应交税费——应交土地增值税"科目;按照冲销土地使用权的净值,贷记"无形资产"科目;按照其差额,借记"营业外支出"科目或贷记"营业外收入"科目。

交纳的土地增值税,借记"应交税费——应交土地增值税"科目,贷记"银行存款"等科目。

(七)应交城市维护建设税和教育费附加

城市维护建设税以所有交纳营业税、增值税、消费税的单位和个人为对象,以实际交纳的营业税、增值税除以消费税为纳税依据,其计算公式如下：

$$应纳税额 = 实际交纳的消费税、增值税、营业税 \times 适用税率$$

纳税人所在地在城市市区的，税率为 7%。

纳税人所在地在县城、建制镇的，税率为 5%。

纳税人所在地不在城市市区、县城、建制镇的，税率为 1%。

教育费附加为实际交纳的增值税、营业税和消费税税额的 3%。地方教育费附加为实际交纳的增值税、营业税和消费税税额的 2%〔《财政部关于统一地方教育费附加政策有关问题的通知》（财综〔2010〕98 号）〕。

有关应交城市维护建设税和教育费附加的主要账务处理如下所述。

（1）小企业按规定计算应交的城市维护建设税、教育费附加等，借记"营业税金及附加"科目，贷记"应交税费——应交城市维护建设税或应交教育费附加"科目。

（2）交纳的城市维护建设税和教育费附加，借记"应交税费——应交城市维护建设税或应交教育费附加"科目，贷记"银行存款"科目。

【例 3-8】 某公司本月营业收入金额为 400 000 元，适用的税率为 5%，应纳营业税额为 20 000 元。应作会计分录如下：

借：营业税金及附加　　　　　　　　　　20 000.00
　　贷：应交税费——应交营业税　　　　　　20 000.00

根据税法规定，20 000 元的营业税，按 7% 计算应交城市维护建设税，金额为 1 400 元，该公司应作会计分录如下：

借：营业税金及附加　　　　　　　　　　1 400.00
　　贷：应交税费——应交城市维护建设税　　1 400.00

【例 3-9】 某公司本月应交纳增值税、营业税、消费税共计 20 000 元，按税法规定，教育费附加的附加率为 3%，计算本月应负担的教育费附加。

应纳教育费附加＝实际交纳的增值税、营业税、消费税×附加率
＝20 000×3％＝600(元)

月末,应作会计分录如下:

借:营业税金及附加　　　　　　　　　　　　　　　600.00
　贷:应交税费——应交教育费附加　　　　　　　　　　600.00

(八) 应交房产税、城镇土地使用税、车船税

房产税是以房产的价值为课税对象的一种税,纳税人为房产产权所有人。房产税是按房产原值扣除10％～30％后的余值计算交纳的。其计算公式如下:

应纳房产税额＝房产原值×(1－扣除规定比例)×1.2％

或　　　　　　　＝年租金收入×12％

车船税是由拥有并使用车船的单位或个人按照适用税率征收的一种税。按照车船的种类、使用性质、数量、吨位等实行定额征收。

城镇土地使用税是对使用土地的单位或个人,就其使用土地的面积按规定税额征收的一种税。按照土地面积和不同地区、地段的档次及每平方米定额税额计算征收。

有关应交房产税、城镇土地使用税、车船税等主要账务处理如下所述。

(1) 小企业按规定计算应交的房产税、城镇土地使用税、车船税、矿产资源补偿费,借记"营业税金及附加"科目,贷记"应交税费——应交房产税、应交城镇土地使用税、应交车船税、应交矿产资源补偿费"科目。

(2) 交纳的房产税、城镇土地使用税、车船税、矿产资源补偿费,借记"应交税费——应交房产税、应交城镇土地使用税、应交车船税、应交矿产资源补偿费"科目,贷记"银行存款"科目。

【例3-10】 某企业经营用房,应纳税房屋原值1 000 000元,经批准,按扣除20％计征房产税,全年应纳房产税为9 600元[1 000 000×(1－20％)×1.2％]。应作会计分录如下:

借:营业税金及附加 9 600.00
　　贷:应交税费——应交房产税 9 600.00

(九) 应交个人所得税

个人所得税是对个人(自然人)取得的所得为征税对象的一种所得税。个人所得税以所得人为纳税义务人,以支付所得的单位或个人为扣税义务人。企业支付给职工的工资、薪金所得(包括工资、薪金、奖金、年终加薪、劳动分红、津贴、补贴,以及与任职或者受雇有关的其他所得),以每月收入额减去规定费用(2011年9月1日起调整为3 500元)后的余额,为应纳税所得额。计算征收个人所得税为七级超额累进税率,适用于工资、薪金所得的税率为3%～45%,详见表3-5。

表3-5

工资、薪金所得适用税率表

级数	全月应纳税所得额	税率(%)	速算扣除数(元)
1	不超过1 500元的	3	0
2	超过1 500元至4 500元的部分	10	105
3	超过4 500元至9 000元的部分	20	555
4	超过9 000元至35 000元的部分	25	1 005
5	超过35 000元至55 000元的部分	30	2 755
6	超过55 000元至80 000元的部分	35	5 505
7	超过80 000元的部分	45	13 505

注:本表所称的"全月应纳税所得额",是指依照税法的规定,以每月收入额减除费用3 500元后的余额。

适用于个体工商户的生产、经营所得,对企事业单位的承包、承租经营所得,个人独资企业和合伙企业的生产经营所得,采用五级超额累进税率,税率为5%～35%,详见表3-6。

对劳务报酬所得适用20%、30%、40%的三级超额累进税率,详见表3-7。

表 3-6

个体工商户的生产、经营所得和对企事业单位的
承包、承租经营所得适用税率表

级数	全月应纳税所得额	税率(%)	速算扣除数(元)
1	不超过 15 000 元的	5	0
2	超过 15 000 元至 30 000 元的部分	10	750
3	超过 30 000 元至 60 000 元的部分	20	3 750
4	超过 60 000 元至 100 000 元的部分	30	9 750
5	超过 100 000 元的部分	35	14 750

注:本表所称的"全年应纳税所得额",对个体工商户的生产、经营所得来说,是指以每一纳税年度的收入总额,减除成本、费用以及损失后的余额;对企事业单位的承包、承租经营所得来说,是指以每一纳税年度的收入总额,减除必要费用后的余额。

表 3-7

劳务报酬所得适用税率表

级数	全月应纳税所得额	税率(%)	速算扣除数(元)
1	不超过 20 000 元的	20	0
2	超过 20 000 元至 50 000 元的部分	30	2 000
3	超过 50 000 元的部分	40	7 000

注:本表所称的"每次应纳税所得额",是指每次收入额减除费用 800 元(每次收入额不超过 4 000 元时)或者减除 20% 费用(每次收入额超过 4 000 元时)后的余额。

有关应交个人所得税的主要账务处理如下:

(1)小企业按规定计算应代扣代缴的职工个人所得税,借记"应付职工薪酬"科目,贷记"应交税费——应交个人所得税"科目。

(2)交纳的个人所得税,借记"应交税费——应交个人所得税"科目,贷记"银行存款"科目。

(十)印花税、契税

印花税是对经济活动和经济交往中书立、领受的凭证征收的一种

税，如签订合同、营业账簿、权利许可证（营业执照）等。印花税采用定额和比例两种税率，计税标准分数量和金额两种。凡实行定额税率的凭证，都以凭证数为计税依据；凡实行比例税率的凭证，都以凭证所载金额为计税依据。其计算公式如下：

$$应纳税额 = 应税凭证件数 \times 5 元$$

或

$$= 凭证所载应税金额 \times 适用税率$$

适用的比例税率分别为 0.05‰，0.3‰，0.5‰，1‰，3‰。

契税是指国有土地使用权出让、土地使用权转让，包括出售、赠与和交换，房屋买卖，房屋赠与，房屋交换时由承受的单位和个人依法交纳的一种税。契税的税率为 3%～5%。

【例 3-11】 某企业因启用新账簿，购买印花税票计 50 元，贴于账簿。应作会计分录如下：

借：营业税金及附加　　　　　　　　　　　　50.00
　　贷：库存现金/银行存款　　　　　　　　　50.00

（十一）先征后返税务的账务处理

小企业按照规定实行所得税、增值税、消费税、营业税等先征后返的，应当在实际收到返还的所得税、增值税、消费税、营业税等时，借记"银行存款"科目，贷记"营业外收入"科目。

出口产品按规定退税的，借记"其他应收款"科目，贷记"应交税费——应交增值税——出口退税"科目。

第三节　非流动负债

一、长期借款

长期借款是小企业流动负债核算的主要内容。

小企业应当设置"长期借款"科目。该科目核算小企业向银行或其他金融机构借入的期限在 1 年以上的各项借款本金。该科目应按照借款种类、贷款人和币种进行明细核算。小企业借入长期借款,借记"银行存款"科目,贷记"长期借款"科目。在应付利息日(不再要求每一资产负债表日),应当按照借款本金和借款合同利率计提利息费用,借记"财务费用"、"在建工程"等科目,贷记"应付利息"科目。"长期借款"科目期末贷方余额,反映小企业尚未偿还的长期借款本金。

【例 3-12】 某公司为扩大生产规模,于 2012 年 1 月初从银行借入 200 000 元。贷款协议规定该借款于 2013 年年底到期,年利率为单利 10%,每年年末付息一次,到期还本付息。

(1) 在收到借款时,应编制会计分录如下:

借:银行存款   200 000.00
　　贷:长期借款——×银行   200 000.00

(2) 在 2012 年 12 月 31 日付息时,应编制会计分录如下:

借:财务费用   20 000.00
　　贷:银行存款   20 000.00

(3) 在 2013 年 12 月 31 日还本付息时,应编制会计分录如下:

借:长期借款——×银行   200 000.00
　　财务费用   20 000.00
　　贷:银行存款   220 000.00

【例 3-13】 某企业从建设银行借入人民币贷款 500 000 元,3 年到期,年利率 12%,要求每年计息一次,复利计算,到期时本息一次还清。该贷款用于固定资产建设,该工程 2 年完工。

(1) 在借入固定资产贷款时,应编制会计分录如下:

借:银行存款   500 000.00
　　贷:长期借款——建设银行   500 000.00

计算每年年终应付利息:

第 1 年年末应付利息=500 000×12%=60 000(元)
第 2 年年末应付利息=560 000×12%=67 200(元)

第 3 年年末应付利息 = 627 200×12% = 75 264(元)

3 年合计应付利息 = 60 000＋67 200＋75 264 = 202 464(元)

(2) 第 1 年年末在计提利息时,工程尚处在建造期间,应编制会计分录如下:

借:在建工程——自营工程　　　　　　　　60 000.00
　　贷:长期借款　　　　　　　　　　　　　　60 000.00

(3) 第 2 年年末在计提利息时,工程还处于建造期间,应编制会计分录如下:

借:在建工程——自营工程　　　　　　　　67 200.00
　　贷:长期借款　　　　　　　　　　　　　　67 200.00

(4) 由于该工程第 2 年年末已办理竣工决算,经验收合格并交付使用,第 3 年年末在计提利息时,应编制会计分录如下:

借:财务费用　　　　　　　　　　　　　　75 264.00
　　贷:长期借款　　　　　　　　　　　　　　75 264.00

(5) 第 3 年年末,在还本付息时,应编制会计分录如下:

借:长期借款——建设银行　　　　　　　　702 464.00
　　贷:银行存款　　　　　　　　　　　　　　702 464.00

《小企业会计准则》简化了长期借款的借款费用资本化的核算,只要求在竣工决算前按照借款本金和借款合同利率计算资本化的利息费用。而《企业会计准则》则规定,应区分专门借款和一般借款,按实际利率计算确定应予资本化的利息费用等。

二、长期应付款

"长期应付款"科目核算小企业除长期借款以外的其他各种长期应付款项。包括:应付融资租入固定资产的租赁费、以分期付款方式购入固定资产发生的应付款项等。该科目应按照长期应付款的种类和债权人进行明细核算。该科目期末贷方余额,反映小企业应付未付的长期应付款项。

小企业融资租入固定资产,在租赁期开始日,按照租赁合同约定的付款总额和在签订租赁合同过程中发生的相关税费等,借记"固定资产"或"在建工程"科目,贷记"长期应付款"等科目。

以分期付款方式购入固定资产,应当按照实际支付的购买价款和相关税费(不包括按照税法规定可抵扣的增值税进项税额),借记"固定资产"或"在建工程"科目;按照税法规定可抵扣的增值税进项税额,借记"应交税费——应交增值税(进项税额)"科目,贷记"长期应付款"科目。

第四章 小企业所有者权益准则

第一节 所有者权益概述

一、所有者权益的概念与特征

所有者权益是指小企业资产扣除负债后由所有者享有的剩余权益,即归属于股东的净资产。

对于任何企业而言,导致资产形成的资金来源不外乎两个:一个是债权人;一个是所有者。债权人对企业资产的要求权形成企业负债,所有者对企业资产的要求权形成企业的所有者权益。

所有者权益具有以下特征:

(1) 除非发生减资、清算或分派现金股利,企业不需要偿还所有者权益。

(2) 企业清算时,只有在清偿所有的负债后,所有者权益才返还给所有者。

(3) 投资人凭借所有者权益能够参与企业利润的分配。

二、所有者权益的具体分类

所有者权益的来源包括所有者投入的资本、直接计入所有者权益的利得和损失、留存收益等。

小企业的所有者权益包括:实收资本(或股本)、资本公积、盈余公积和未分配利润。

第二节　资本与资本公积

一、资本金制度

小企业从事生产经营活动,必须拥有一定数量的资本金。资本金是指企业在工商行政管理部门注册登记的注册资本。

资本金按投资主体不同,可以分为:国家资本金,即企业接受国家投资形成的资本金;法人资本金,即企业接受其他企业的投资而形成的资本金;个人资本金,即企业接受个人包括企业内部职工的投资而形成的资本金;外商资本金,即企业接受外国及我国港澳台地区的投资而形成的资本金。按照投资者投入资本的形式不同,又分为货币资金出资,实物、知识产权、土地使用权等可以用货币估价并可以依法转让的非货币资产作价出资等。

我国目前实行的还是资本管理制度。小企业接受各方投资者投入的资本金应遵守资本保全制度的要求,除法律、法规有规定者外不得随意抽回。企业扩大规模增资或收缩规模减资都要报有关部门批准,并在工商行政管理部门注册登记。对投资者投入的资本金,一般企业称之为实收资本,在股份有限公司称之为股本。收到投资人投入的超过其在注册资本或股本中所占份额的部分,作为资本溢价或股本溢价,计入资本公积。

二、实收资本

实收资本是指投资者按照合同协议约定或相关规定投入到小企业、构成小企业注册资本的部分。

小企业收到投资者以现金或非货币性资产投入的资本,应当按照其在本企业注册资本中所占的份额计入实收资本,超出的部分,应当计入资本公积。

投资者根据有关规定对小企业进行增资或减资,小企业应当增加或减少实收资本。

小企业应当设置"实收资本"科目。该科目核算小企业收到投资者按照合同协议约定或相关规定投入的、构成注册资本的部分。小企业(股份有限公司)应当将本科目的名称改为"股本"科目。该科目期末贷方余额,反映小企业实收资本总额。

小企业收到投资者的出资,借记"银行存款"、"固定资产"、"无形资产"等科目;按照其在注册资本中所占的份额,贷记该科目;按照其差额,贷记"资本公积"科目。

根据有关规定增加注册资本,借记"银行存款"、"资本公积"、"盈余公积"等科目,贷记"实收资本"科目。

根据有关规定减少注册资本,借记"实收资本"科目、"资本公积"等科目,贷记"库存现金"、"银行存款"等科目。

小企业(中外合作经营)根据合同规定在合作期间归还投资者的投资,应当按照实际归还投资的金额,借记"实收资本"科目(已归还投资),贷记"银行存款"等科目;同时,借记"利润分配——利润归还投资"科目,贷记"盈余公积——利润归还投资"科目。

【例4-1】 2012年3月1日,新进公司收到自然人投资者A以现金投资40 000元,存入银行;收到华为公司投入专利权一项,评估确认价值为60 000元,应编制会计分录如下:

借:银行存款	40 000.00
无形资产——专利权	60 000.00
贷:实收资本——A股东	40 000.00
实收资本——华为公司	60 000.00

三、资本公积

资本公积是指小企业收到的投资者出资额超过其在注册资本或股本中所占份额的部分。小企业用资本公积转增资本,应当冲减资本公积。小企业的资本公积不得用于弥补亏损。

小企业应当设置"资本公积"科目。该科目核算小企业收到投资者出资超出其在注册资本中所占份额的部分。该科目期末贷方余额,反映小企业资本公积总额。

小企业收到投资者的出资,借记"银行存款"、"其他应收款"、"固定资产"、"无形资产"等科目;按照其在注册资本中所占的份额,贷记"实收资本"科目;按照其差额,贷记"资本公积"科目。

根据有关规定用资本公积转增资本,借记"资本公积"科目,贷记"实收资本"科目。

根据有关规定减少注册资本,借记"实收资本"科目、"资本公积"科目,贷记"库存现金"、"银行存款"等科目。

【例4-2】 2012年3月10日,东方公司增加资本,收到W公司投入新设备1台,价值750 000元,货币资金投资400 000元,存入银行。公司章程规定,W公司应出资1 000 000万元,经股东确认,W公司溢价出资额为150 000元。应编制会计分录如下:

借:银行存款　　　　　　　　　　　　　400 000.00
　　固定资产　　　　　　　　　　　　　750 000.00
　贷:实收资本——W公司　　　　　　　1 000 000.00
　　　资本公积——资本溢价　　　　　　 150 000.00

第三节　留存收益

一、盈余公积

小企业的留存收益包括盈余公积和未分配利润。

小企业实现的利润在交纳企业所得税以后,可按规定从税后利润中提取10%的法定盈余公积和一定比例的任意盈余公积,即盈余公积是小企业按照法律规定在税后利润中提取的法定盈余公积和任意盈余公积。

小企业用盈余公积弥补亏损或者转增资本,应当冲减盈余公积。小企业的盈余公积还可以用于扩大生产经营。

小企业应当设置"盈余公积"科目。该科目核算小企业(公司制)按照公司法规定在税后利润中提取的法定盈余公积和任意盈余公积。小企业(外商投资)按照法律规定在税后利润中提取储备基金和企业发展基金也在该科目核算。本科目应当分别"法定盈余公积"、"任意盈余公积"进行明细核算。小企业(外商投资)还应当分别"储备基金"、"企业发展基金"进行明细核算。小企业(中外合作经营)根据合同规定在合作期间归还投资者的投资,应在该科目设置"利润归还投资"明细科目进行核算。

(1) 小企业(公司制)按照公司法规定提取法定盈余公积和任意盈余公积,借记"利润分配——提取法定盈余公积或提取任意盈余公积"科目,贷记"盈余公积"科目(法定盈余公积或任意盈余公积)。

小企业(外商投资)按照规定提取储备基金、企业发展基金、职工奖励及福利基金,借记"利润分配——提取储备基金、提取企业发展基金、提取职工奖励及福利基金"科目,贷记"盈余公积"科目(储备基金、企业发展基金)、"应付职工薪酬"科目。

(2) 用盈余公积弥补亏损或者转增资本,借记"盈余公积"科目,贷记"利润分配——盈余公积补亏"或"实收资本"科目。

小企业(中外合作经营)根据合同规定在合作期间归还投资者的投资,应当按照实际归还投资的金额,借记"实收资本——已归还投资"科目,贷记"银行存款"等科目;同时,借记"利润分配——利润归还投资"科目,贷记"盈余公积"科目(利润归还投资)。

"盈余公积"科目期末贷方余额,反映小企业(公司制)的法定盈余公积和任意盈余公积总额以及小企业(外商投资)的储备基金和企业发展基金总额。

【例 4-3】 某小企业用盈余公积 16 000 元,弥补上年亏损额。应编制会计分录如下:

借:盈余公积　　　　　　　　　　　　　　　16 000.00
　　贷:利润分配——盈余公积补亏　　　　　　16 000.00

【例 4-4】 某企业按照税后利润的 10% 提取法定盈余公积 40 000 元。应编制会计分录如下：

借：利润分配——提取法定盈余公积　　　　　40 000.00
　　贷：盈余公积　　　　　　　　　　　　　　　　40 000.00

【例 4-5】 经董事会决定，年终将盈余公积 20 000 元转增资本。应编制会计分录如下：

借：盈余公积　　　　　　　　　　　　　　　　20 000.00
　　贷：实收资本　　　　　　　　　　　　　　　　20 000.00

二、未分配利润

未分配利润属于企业所有者权益的组成内容之一。经过股东决议以后，小企业出于发展生产等各种客观需要的考虑，其年度利润可以不全部分配；为了谋求长远发展、以丰补歉，保证企业发展后劲，也可以留出部分利润不作分配；或者也可以将上年年末的未分配利润并入本年利润进行分配，或再留余额转入下年度等。

未分配利润，是指小企业实现的净利润，经过弥补亏损、提取法定盈余公积和任意盈余公积、向投资者分配利润后，留存在小企业的历年结存的税后利润。

小企业的未分配利润来源于各年产生的"本年利润"，为此，小企业应当设置"本年利润"和"未分配利润"科目。

1."本年利润"科目核算小企业当期实现的净利润（或发生的净亏损）

期（月）末结转利润时，小企业可以将"主营业务收入"、"其他业务收入"、"营业外收入"科目的余额，转入"本年利润"科目，借记"主营业务收入"、"其他业务收入"、"营业外收入"科目，贷记"本年利润"科目；将"主营业务成本"、"其他业务成本"、"营业税金及附加"、"销售费用"、"管理费用"、"财务费用"、"营业外支出"、"所得税费用"科目的余额，转入"本年利润"科目，借记该科目，贷记"主营业务成本"、"其他业务成本"、"营业税金及附加"、"销售费用"、"管理费用"、"财务费用"、"营业外支出"、"所得税费用"科目。将"投资收益"科目的贷方余额,转入"本年利润"科目,借记"投资收益"科目,贷记该科目;如为借方余额,作相反的会计分录。结转后"本年利润"科目的贷方余额为当期实现的净利润;借方余额为当期发生的净亏损。

年度终了,应当将本年收入和支出相抵后结出的本年实现的净利润,转入"利润分配"科目,借记"本年利润"科目,贷记"利润分配——未分配利润"科目;如为净亏损,作相反的会计分录。结转后该科目应无余额。

2. "利润分配"科目核算小企业利润的分配(或亏损的弥补)的增减变动情况

"利润分配"科目应按照"应付利润"、"未分配利润"等进行明细核算。该科目年末余额,反映小企业的未分配利润(或未弥补亏损)。

小企业根据有关规定分配给投资者的利润,借记"利润分配"科目(应付利润),贷记"应付利润"科目。用盈余公积弥补亏损,借记"盈余公积"科目,贷记"利润分配"科目(盈余公积补亏)。小企业(中外合作经营)根据合同规定在合作期间归还投资者的投资,应按照实际归还投资的金额,借记"实收资本——已归还投资"科目,贷记"银行存款"等科目;同时,借记"利润分配"科目(利润归还投资),贷记"盈余公积——利润归还投资"科目。

年度终了,小企业应当将本年实现的净利润,自"本年利润"科目转入"利润分配"科目,借记"本年利润"科目,贷记"利润分配"科目(未分配利润);为净亏损的,作相反的会计分录。同时,将"利润分配"科目所属明细科目(应付利润、盈余公积补亏)的余额转入"利润分配"科目明细科目(未分配利润)。结转后,"利润分配"科目除"未分配利润"明细科目外,其他明细科目应无余额。

【例4-6】 某小企业2011年发生年度亏损20 000元,年终时应编制会计分录如下:

借:利润分配——未分配利润 20 000.00
  贷:本年利润 20 000.00

【例 4-7】 某公司 2012 年度净利润 800 000 元,"利润分配"科目的各个明细科目的年终余额如下:

提取盈余公积 80 000 元
应付利润 500 000 元

(1)在年终结转全年实现净利润时,应编制会计分录如下:

借:本年利润 800 000.00
  贷:利润分配——未分配利润 800 000.00

(2)在年终结转利润分配各明细科目余额时,应编制会计分录如下:

借:利润分配——未分配利润 580 000.00
  贷:利润分配——提取盈余公积 80 000.00
    利润分配——应付利润 500 000.00

年度终了,在各科目结转以后,"利润分配——未分配利润"科目贷方为 800 000 元,借方为 580 000 元,借贷方相抵以后的差额为 220 000 元,并且为贷方余额,该余额即为"未分配利润"。此余额可结转至下年,与下年度实现利润一并进行分配。如出现借方余额便是未弥补的亏损了。

第五章 小企业收入准则

第一节 收入概述

一、收入的概念与特征

收入是指小企业在日常生产经营活动中形成的、会导致所有者权益增加、与所有者投入资本无关的经济利益的总流入。

小企业的收入一般具有以下主要特征。

1. 收入是企业在日常活动中形成的经济利益的总流入

日常活动,是指企业为完成其经营目标所从事的经常性活动以及与之相关的活动。工业企业销售产品、商业企业销售商品、咨询公司提供咨询服务、软件开发企业为客户开发软件、安装公司提供安装服务、商业银行对外贷款、租赁公司出租资产等活动,均属于企业为完成其经营目标所从事的经常性活动,由此形成的经济利益的总流入构成收入。小企业对外出售不需用的原材料、对外转让无形资产使用权、对外进行权益性投资(取得现金股利)或债权性投资(取得利息)等活动,虽不属于企业的经常性活动,但属于企业为完成其经营目标所从事的与经常性活动相关的活动,由此形成的经济利益的总流入也构成收入。

收入形成于企业日常活动的特征使其与产生于非日常活动的利得相区分。企业所从事或发生的某些活动也能为企业带来经济利益,但不属于企业为完成其经营目标所从事的经常性活动,也不属于与经常性活动相关的活动。例如,小企业处置固定资产、无形资产,因其他企业违约收取罚款等,这些活动形成的经济利益的总流入属于企业的利得而不是收入。利得通常不经过经营过程就能取得或属于企业不曾期望获得的收益。

2. 收入会导致企业所有者权益的增加

收入形成的经济利益总流入的形式多种多样,既可能表现为资产的增加,如增加银行存款、应收账款;也可能表现为负债的减少,如减少预收账款;还可能表现为两者的组合,如销售实现时,部分冲减预收账款,部分增加银行存款。收入形成的经济利益总流入能增加资产或减少负债或两者兼而有之,根据"资产－负债＝所有者权益"的会计等式,收入一定能增加企业的所有者权益。这里所说的收入能增加所有者权益,仅指收入本身的影响,而收入扣除与之相配比的费用后的净额,既可能增加所有者权益,也可能减少所有者权益。

某小企业为第三方或客户代收的款项,如代为收取的增值税等,一方面增加企业的资产,另一方面增加企业的负债,并不增加企业的所有者权益,因此不构成该小企业的收入。

3. 收入与所有者投入资本无关

所有者投入资本主要是为谋求享有企业资产的剩余权益,由此形成的经济利益的总流入不构成收入,而应确认为企业所有者权益的组成部分。

二、收入的具体分类

小企业的收入按企业从事日常活动的性质不同,可分为销售商品收入、提供劳务收入和让渡资产使用权收入。按企业经营业务的主次不同,分为主营业务收入和其他业务收入。

主营业务收入是指企业为完成其经营目标所从事的经常性活动实现的收入,通常包括销售商品收入和提供劳务收入。主营业务收入一般占小企业总收入的较大比重,对企业的经济效益产生较大影响。小企业实现的销售商品收入、提供劳务收入通过"主营业务收入"科目核算,其成本需通过"主营业务成本"科目核算,以配比取得为主营业务收入发生的相关成本。

其他业务收入是指企业为完成其经营目标所从事的与经常性活动相关的活动实现的收入。其他业务收入属于小企业日常活动中次要交易实现的收入，一般占小企业总收入的比重较小。小企业实现的出租固定资产、出租无形资产、销售材料收入等，通过"其他业务收入"科目核算，其成本需通过"其他业务成本"科目核算，以配比取得为其他业务收入发生的相关成本。

第二节 主营业务收入

一、销售商品收入

1. 销售商品收入的确认方法

销售商品收入，是指小企业销售商品取得的收入。通常，小企业应当在发出商品且收到货款或取得收款权利时，确认销售商品收入，小企业应当按照从购买方已收或应收的合同或协议价款，确定销售商品收入金额。

与《企业会计准则》相比，小企业销售商品的收入确认，不再强调风险报酬转移等缺乏可操作性的原则性规定，而是根据结算方式和销售方式规定了以下七种情况下收入确认的时点：

（1）销售商品采用托收承付方式的，在办妥托收手续时确认收入。

（2）销售商品采取预收款方式的，在发出商品时确认收入。

（3）销售商品采用分期收款方式的，在合同约定的收款日期确认收入。

（4）销售商品需要安装和检验的，在购买方接受商品以及安装和检验完毕时确认收入。安装程序比较简单的，可在发出商品时确认收入。

（5）销售商品采用支付手续费方式委托代销的，在收到代销清单时确认收入。

(6)销售商品以旧换新的,销售的商品作为商品销售处理,回收的商品作为购进商品处理。

(7)采取产品分成方式取得的收入,在分得产品之日按照产品的市场价格或评估价值确定销售商品收入金额。

小企业会计核算不涉及"发出商品"科目,而《企业会计准则》则规定,如果售出商品不符合收入确认条件,则不应确认收入;已经发出的商品,应当通过"发出商品"科目进行核算。

2. 现金折扣的处理

现金折扣,是指债权人为鼓励债务人在规定的期限内付款而向债务人提供的债务扣除。

销售商品涉及现金折扣的,应当按照扣除现金折扣前的金额确定销售商品收入金额。现金折扣应当在实际发生时,计入当期财务费用。

3. 商业折扣的处理

商业折扣,是指小企业为促进商品销售而在商品标价上给予的价格扣除。

销售商品涉及商业折扣的,应当按照扣除商业折扣后的金额确定销售商品收入金额。

4. 销售退回的处理

销售退回,是指小企业售出的商品由于质量、品种不符合要求等原因发生的退货。

小企业已经确认销售商品收入的售出商品发生的销售退回(不论属于本年度还是属于以前年度的销售),应当在发生时冲减当期销售商品收入。

5. 销售折让的处理

销售折让,是指小企业因售出商品的质量不合格等原因而在售价上给予的减让。

小企业已经确认销售商品收入的售出商品发生的销售折让,应当在发生时冲减当期销售商品收入。

二、提供劳务收入

1. 劳务收入的核算范围

小企业提供劳务的收入,是指小企业从事建筑安装、修理修配、交通运输、仓储租赁、邮电通信、咨询经纪、文化体育、科学研究、技术服务、教育培训、餐饮住宿、中介代理、卫生保健、社区服务、旅游、娱乐、加工以及其他劳务服务活动取得的收入。

2. 提供劳务收入的确认方法

同一会计年度内开始并完成的劳务,应当在提供劳务交易完成且收到款项或取得收款权利时,确认提供劳务收入。提供劳务收入的金额为从接受劳务方已收或应收的合同或协议价款。

劳务的开始和完成分属不同会计年度的,应当按照完工进度确认提供劳务收入。年度资产负债表日,按照提供劳务收入总额乘以完工进度扣除以前会计年度累计已确认提供劳务收入后的金额,确认本年度的提供劳务收入;同时,按照估计的提供劳务成本总额乘以完工进度扣除以前会计年度累计已确认营业成本后的金额,结转本年度营业成本。

小企业与其他企业签订的合同或协议包含销售商品和提供劳务时,销售商品部分和提供劳务部分能够区分且能够单独计量的,应当将销售商品的部分作为销售商品处理,将提供劳务的部分作为提供劳务处理。

销售商品部分和提供劳务部分不能够区分,或虽能区分但不能够单独计量的,应当作为销售商品处理。

三、主营业务收入核算

小企业应当设置"主营业务收入"科目。该科目核算小企业确认的销售商品或提供劳务等主营业务的收入。该科目应按照主营业务的种类进行明细核算。

小企业销售商品或提供劳务实现的收入,应当按照实际收到或应收的金额,借记"银行存款"、"应收账款"等科目;按照税法规定应交纳的增值税额,贷记"应交税费——应交增值税(销项税额)"科目;按照确认的销售商品收入,贷记"主营业务收入"科目。

发生销货退回(不论属于本年度还是属于以前年度的销售),按照应冲减销售商品收入的金额,借记"主营业务收入"科目;按照实际支付或应退还的金额,贷记"银行存款"、"应收账款"等科目。涉及增值税销项税额的,还应进行相应的账务处理。

月末,可将"主营业务收入"科目的余额转入"本年利润"科目,结转后该科目应无余额。

【例 5-1】 2012 年 4 月 1 日,向 M 公司销售 A 产品 100 件,每件 1 500 元,计 150 000 元,增值税税率为 17%,货已提走,款项已收存银行。应编制会计分录如下:

```
借:银行存款                                     175 500.00
    贷:主营业务收入                              150 000.00
        应交税费——应交增值税(销项税额)          25 500.00
```

【例 5-2】 4 月 10 日,向 N 公司销售 A 产品 100 件,每件 1 500 元,B 产品 200 件,每件 1 000 元,增值税税率为 17%。代垫运输费 500 元,以银行存款付清。已办妥委托银行收款手续,款项尚未收到。应编制会计分录如下:

```
借:应收账款——N 公司                            410 000.00
    贷:主营业务收入                              350 000.00
        应交税费——应交增值税(销项税额)          59 500.00
        银行存款                                     500.00
```

【例 5-3】 4 月 18 日,向 E 公司发出 B 产品 300 件,每件 1 000 元,增值税税率为 17%,代垫运输费 600 元,以存款支付。E 公司上月已预先汇来货款 200 000 元。应编制会计分录如下:

借:预收账款——E公司	351 600.00	
贷:主营业务收入		300 000.00
应交税费——应交增值税(销项税额)		51 000.00
银行存款		600.00

【例 5-4】 4 月 20 日,E 公司通过银行补付货款 151 600 元。应编制会计分录如下:

借:银行存款	151 600.00	
贷:预收账款——E公司		151 600.00

企业在销售过程中销售商品,一方面减少了库存的存货。另一方面又为取得主营业务收入而垫付资金,表明企业发生了费用,我们把这项费用称为主营业务成本(亦称商品销售成本)。将销售发出的商品成本转为主营业务成本,应遵循配比的要求,也就是说,主营业务成本的结转不仅应与主营业务收入在同一会计期间加以确认,而且应与主营业务收入在数量上保持配比。主营业务成本的计算公式如下:

本期应结转的主营业务成本=本期销售商品的数量×单位商品的生产成本

产品销售以后,应随时或定期于月末计算结转已销产品的生产成本,借记"主营业务成本"科目,贷记"库存商品"科目。

【例 5-5】 4 月 30 日,结转 A,B 两种产品的销售成本。全月销售 A 产品 200 件,每件生产成本 1 050 元;销售 B 产品 500 件,每件生产成本 610 元。应编制会计分录如下:

借:主营业务成本	515 000.00	
贷:库存商品——A产品		210 000.00
库存商品——B产品		305 000.00

第三节 其他业务收入

小企业在经营过程中,除了主营业务之外,还会发生一些非经常性的、具有兼营性的其他业务。其他业务收入是指小企业在经营过程中发生的除主营业务以外的其他销售业务,包括出租固定资产、出租无形资产、销售材料等实现的收入。

对于不同的小企业而言,主营业务和其他业务的内容划分并不是绝对的,一个企业的主营业务在另一个企业看来有可能是其他业务。随着企业经营性质或经营范围的改变,一个企业内的主营业务和其他业务的划分也可能会发生变化。但对于某一个会计年度来说,主营业务和其他业务核算内容一经划分,一般不轻易变更。

其他业务收入的确认原则与计量方法,与主营业务收入基本相同。

小企业应当设置"其他业务收入"科目。该科目核算小企业确认的除主营业务活动以外的其他日常生产经营活动实现的收入。该科目应按照其他业务收入种类进行明细核算。

小企业确认的其他业务收入,借记"银行存款"、"其他应收款"等科目,贷记"其他业务收入"科目。涉及增值税销项税额的,还应进行相应的账务处理。

月末,可将"其他业务收入"科目余额转入"本年利润"科目,结转后该科目应无余额。

【例 5-6】 4 月 2 日,销售一批原材料,价款 28 000 元,增值税额 4 760 元,款项收到存入银行。应作会计分录如下:

借:银行存款	32 760.00
贷:其他业务收入	28 000.00
应交税费——应交增值税(销项税额)	4 760.00

【例 5-7】 出租一座仓库,开出增值税专用发票,收到本月租金价税合计 9 360 元,存入银行。应作会计分录如下:

借:银行存款	9 360.00
贷:其他业务收入	8 000.00
应交税费——应交增值税(销项税额)	1 360.00

企业实现其他业务收入的同时,还会发生一些其他业务支出,包括销售材料的成本、出租固定资产的折旧额、出租无形资产的摊销额、出

租包装物的成本或摊销额等。对于其他业务产生的成本,借记"其他业务成本"科目,贷记"原材料""累计折旧"等科目。

【例 5-8】 对[例 5-6]销售的原材料进行成本结转,销售的原材料的成本价 18 000 元。应作会计分录如下:

借:其他业务成本　　　　　　　　　　　　18 000.00
　　贷:原材料　　　　　　　　　　　　　　　　　18 000.00

【例 5-9】 对[例 5-7]出租的仓库计提折旧,经计算,本月折旧额为 3 200 元。应作会计分录如下:

借:其他业务成本　　　　　　　　　　　　3 200.00
　　贷:累计折旧　　　　　　　　　　　　　　　　3 200.00

第六章 小企业费用准则

第一节 费用概述

一、费用的概念与特征

费用是指小企业在日常生产经营活动中发生的、会导致所有者权益减少、与向所有者分配利润无关的经济利益的总流出。

与收入相对应,费用的主要特点表现在以下几个方面。

1. 费用是小企业日常活动中的经济利益流出

小企业在销售商品、提供劳务等日常活动中所发生的费用会导致经济利益流出企业,通常要形成产品或劳务成本。

就工业企业而言,费用是在以货币计量的生产经营过程中发生的、应计入本期产品成本或由本期收益补偿的消耗。企业在生产经营进程中发生的耗费,从构成内容上来说,有原材料、燃料、动力、工资、折旧费、销售费用、管理费用、财务费用及其他支出等。这些消耗在用途上有的直接用于产品生产,构成产品成本中的直接材料、直接人工、其他直接费用等;有的用于组织管理车间生产而构成制造费用;有的服务于销售过程而构成销售费用;有的用于企业行政管理部门而构成管理费用;有的为筹集资金而构成财务费用等。

2. 费用表现为资产的减少或负债的增加

费用可以表现为资产的减少,如耗用存货;也可以引起负债的增加,如负担利息;或者同时表现为资产的减少和负债的增加。因而,费用将引起所有者权益的减少。

二、费用的具体分类

小企业的费用按照功能分类,可以分为营业成本、营业税金及附加、销售费用、管理费用和财务费用等。

1. 营业成本

营业成本是指小企业所销售商品的成本和所提供劳务的成本,包括主营业务成本和其他业务成本。

成本计算的过程是一个费用的汇集和分配(摊)的过程,或者反过来说,费用的核算最终也就是成本的核算。成本计算就是一个对费用进行多步骤处理的过程。要做好成本计算工作,第一步就是要准确反映总共开支了多少费用,开支了一些什么性质的费用。这一步要解决两个问题:

一是本企业在当期到底有哪些开支,开支了哪些费用。这是做好成本计算工作的基础。例如,消耗了多少原材料,采用先进先出法还是加权平均法进行恰当的计量等;又如,由于设备发挥效用而磨损的价值采用什么恰当的方法进行折旧。

二是费用发生后起到什么作用。小企业在产品生产过程中发生的费用主要体现出三个方面的作用:①消耗的相关原材料,构成了产品的实体,这称为直接材料费用。②消耗各有关人工费用,这些生产工人的劳动直接用于产品的制造,这称为直接人工费用。③消耗各种材料、人工及其他费用,这些费用不直接用于产品的生产,只是在生产过程中起辅助作用,或提供必要的生产条件,这种费用就称为制造费用。

2. 营业税金及附加

营业税金及附加是指小企业开展日常生产经营活动应负担的消费税、营业税、城市维护建设税、资源税、土地增值税、城镇土地使用税、房产税、车船税、印花税和教育费附加、矿产资源补偿费、排污费等。

3. 销售费用

销售费用是指小企业在销售商品或提供劳务过程中发生的各种费用,包括:销售人员的职工薪酬、商品维修费、运输费、装卸费、包装费、保险费、广告费、业务宣传费、展览费等费用。

小企业(批发业、零售业)在购买商品过程中发生的费用(包括:运输费、装卸费、包装费、保险费、运输途中的合理损耗和入库前的挑选整理费等)也构成销售费用。

4. 管理费用

管理费用是指小企业为组织和管理生产经营发生的其他费用,包括:小企业在筹建期间内发生的开办费、行政管理部门发生的费用(包括:固定资产折旧费、修理费、办公费、水电费、差旅费、管理人员的职工薪酬等)、业务招待费、研究费用、技术转让费、相关长期待摊费用摊销、财产保险费、聘请中介机构费、咨询费(含顾问费)、诉讼费等费用。

5. 财务费用

财务费用是指小企业为筹集生产经营所需资金发生的筹资费用,包括:利息费用(减利息收入)、汇兑损失、银行相关手续费、小企业给予的现金折扣(减享受的现金折扣)等费用。

第二节 制造业成本

一、小企业费用的归集与分配

小企业(制造业)一定时期的费用通常由产品生产成本和期间费用两部分构成。产品生产成本由直接材料、直接人工和制造费用三个成本项目构成;期间费用包括管理费用、财务费用和销售费用三项。

小企业应当根据生产特点和成本管理的要求,选择适合于本企业的成本核算对象、成本项目和成本计算方法。

小企业发生的各项生产费用,应当按照成本核算对象和成本项目分别归集。

(1) 属于材料费、人工费等直接费用,直接计入基本生产成本和辅助生产成本。

(2) 属于辅助生产车间为生产产品提供的动力等直接费用,可以先作为辅助生产成本进行归集,然后按照合理的方法分配计入基本生产成本;也可以直接计入所生产产品发生的生产成本。

(3)其他间接费用应当作为制造费用进行归集,月度终了,再按一定的分配标准,分配计入有关产品的成本。

二、正确划分各项费用的界限

1. 正确划分计入产品成本与不计入产品成本的界限,确定成本费用的范围

企业发生的费用有很多项目,根据谁受益(或谁消耗)、谁负担的原则,凡生产过程中消耗的各种材料、人工和其他费用都应计入生产成本;否则,就不能计入生产成本。例如,支付的各种滞纳金、赔款、捐赠、赞助款等应计入营业外支出,支付股利应计入利润分配;销售费用、管理费用、财务费用等均不应计入生产成本,而应计入期间费用。

2. 正确划分各个月份的费用界限

根据分期原则,为了及时反映和考核费用开支情况,需要定期分月进行成本计算。根据权责发生制原则,发生的费用应该按受益原则分配到有关的月份。应由本月负担的费用,不管是否已经支付,都应计入本月费用。

3. 正确划分产品成本和期间费用的界限

在企业发生的各种费用支出中,凡应该计入本月由当月负担的费用,应进一步区分产品成本和期间费用的界限。凡在产品生产中发生的费用,属于产品成本,应该记入"生产成本"科目,产品完工后再转入"库存商品(或产成品)"科目。销售后再转入"主营业务成本"科目,期末再结转本年利润。凡在非生产领域中发生的管理费用、销售费用和财务费用都属于期间费用,其处理方法比较简单,在期末一次全部转入"本年利润"科目,一次冲减当期损益。

4. 正确划分不同产品的成本界限

如果企业只是生产一种产品,那么全部生产成本就是这种产品的成本。但一般的企业都不只生产一种产品,这就需要把全部生产成本

在几种产品之间进行分配。凡能分清应由哪种产品负担的费用,应直接计入该种产品的成本;凡由几种产品共同负担的费用,则要采用恰当的标准(根据谁受益、谁负担的原则)进行分配。最终把各种产品的成本计算出来。

5. 正确划分完工产品与在产品成本的界限

通过前一步骤我们已经计算出了每一种产品的总成本。如果这种产品已经全部完工,则其成本全部为产成品成本;如果这种产品全部未完工,则其成本全部为在产品成本。但在通常情况下,往往是既有产成品,又有在产品,这就需要把总的产品成本在产成品和在产品之间进行分配。一般来说,一件在产品应该比一件产成品负担的成本要少,因为在产品尚未完工,消耗的资源比产成品要少,完工产品与在产品之间的成本分配要考虑完工程度,分配的方法有约当产量法、定额法、定额比例法等。

三、成本费用核算方法

为了计算产品的成本,需要设置一个专门的科目,即"生产成本"科目。其借方汇集为生产产品而发生的各种费用,贷方反映产品完工转出的制造成本。

对于一定的成本计算对象来说,发生的费用无非是两种:①直接费用。②间接费用,即共同性的、不是直接为生产这一对象服务的费用。如果企业只生产一种产品,则直接费用和间接费用并没有差别,都应该直接计入产品成本。但是,企业一般都生产多种产品。这样,直接费用仍可以直接计入产品成本,而间接费用就必须先要汇集起来,然后再分配摊入各个不同的成本计算对象。这样,需要先单独设置一个科目,即"制造费用"科目,"制造费用"科目的作用就是汇集各种间接费用,再将其合理地分配到成本计算对象上去。

如果废品和停工的情况比较多,就需要收集有关的废品和停工损失资料,并专门设置"废品损失"和"停工损失"科目,把这些损失汇集到"废品损失"和"停工损失"科目的借方,然后在其贷方作出恰当的处理并转出。如果是正常损失,一般应分配进入产品成本;否则应转入管理费用或营业外支出。

(一)生产成本核算的内容与方法

(1)小企业应当设置"生产成本"科目。该科目核算小企业进行工业性生产发生的各项生产成本,包括:生产各种产品(产成品、自制半成品等)、自制材料、自制工具、自制设备等。该科目可按照基本生产成本和辅助生产成本进行明细核算。小企业如对外提供劳务发生的成本,可将该科目改为"劳务成本"科目进行核算。

(2)小企业发生的各项直接生产成本,借记"生产成本"科目(基本生产成本、辅助生产成本),贷记"原材料"、"库存现金"、"银行存款"、"应付职工薪酬"等科目。

各生产车间应负担的制造费用,借记"生产成本"科目(基本生产成本、辅助生产成本),贷记"制造费用"科目。

(3)辅助生产车间为基本生产车间、管理部门和其他部门提供的劳务和产品,可在月末按照一定的分配标准分配给各受益对象,借记"生产成本"(基本生产成本)、"销售费用"、"管理费用"、"其他业务成本"、"在建工程"等科目,贷记该科目(辅助生产成本);也可在提供相关劳务和产品时,借记"生产成本"、"销售费用"、"管理费用"、"其他业务成本"、"在建工程"等科目,贷记"原材料"、"库存现金"、"银行存款"、"应付职工薪酬"等科目。

(4)小企业已经生产完成并已验收入库的产成品以及入库的自制半成品,可在月末,借记"库存商品"等科目,贷记"生产成本"科目(基本生产成本)。

(5)"生产成本"科目期末借方余额,反映小企业尚未加工完成的在产品成本。

(二)制造费用核算的内容与方法

(1)小企业应当设置"制造费用"科目。该科目核算小企业生产车间(部门)为生产产品和提供劳务而发生的各项间接费用。小企业经过1年期以上的制造才能达到预定可销售状态的产品发生的借款费用,也在该科目核算。小企业行政管理部门为组织和管理生产经营活动而发生的管理费用,在"管理费用"科目核算,不在该科目核算。该科目应按照不同的生产车间、部门和费用项目进行明细核算。

(2) 生产车间发生的机物料消耗和固定资产修理费,借记"制造费用"科目,贷记"原材料"、"银行存款"等科目。

(3) 发生的生产车间管理人员的工资等职工薪酬,借记"制造费用"科目,贷记"应付职工薪酬"科目。

(4) 生产车间计提的固定资产折旧费,借记"制造费用"科目,贷记"累计折旧"科目。

(5) 生产车间支付的办公费、水电费等,借记"制造费用"科目,贷记"银行存款"、"应付利息"等科目。

(6) 发生季节性和修理期间的停工损失,借记"制造费用"科目,贷记"原材料"、"应付职工薪酬"、"银行存款"等科目。

(7) 小企业经过 1 年期以上的制造才能达到预定可销售状态的产品在制造完成之前发生的借款利息,在应付利息日根据借款合同利率计算确定的利息费用,借记"制造费用"科目,贷记"应付利息"科目;制造完成之后发生的利息费用,借记"财务费用"科目,贷记"应付利息"科目。

(8) 将制造费用分配计入有关的成本核算对象,借记"生产成本——基本生产成本"、"生产成本——辅助生产成本"等科目,贷记"制造费用"科目。

(9) 季节性生产小企业制造费用全年实际发生额与分配额的差额,除其中属于为下一年开工生产作准备的可留待下一年分配外,其余部分实际发生额大于分配额的差额,借记"生产成本——基本生产成本"科目,贷记"制造费用"科目;实际发生额小于分配额的差额,作相反的会计分录。

(10) 除季节性的生产性小企业外,"制造费用"科目期末应无余额。

有关制造费用明细账的基本格式如表 6-1 所示。

表 6-1

制造费用明细账

单位：元

2012年		凭证字号	摘要	借方	贷方	借或贷	余额
月	日						
3	31	4-16	耗用材料	7 000		借	7 000
		4-17	管理人员工资	6 000		借	13 000
		4-19	结转公积金	840		借	13 840
		4-20	设备折旧费	50 000		借	63 840
		4-21	水电费	15 360		借	79 200
		4-22	差旅费	1 800		借	81 000
		4-24	分配结转制造费用		81 000	平	0
3	31		合计	81 000	81 000	平	0

由于制造费用是指应计入企业产品生产成本的,但在其发生时还不能够直接计入产品生产成本的有关费用。一般情况下,先要对这些费用进行汇总,然后再按照各受益产品的生产工时、机器工时、生产工人工资等比例在各种产品之间进行分配,分别计入各受益产品的生产成本。

【例6-1】 某车间3月份制造费用81 000元,设A,B产品的生产工时分别为10 000小时和8 000小时,按工时比例分配制造费用。

制造费用分配率 = 81 000 ÷ (10 000 + 8 000) = 4.5(元/小时)

A产品应分配的制造费用 = 4.5 × 10 000 = 45 000(元)

B产品应分配的制造费用 = 4.5 × 8 000 = 36 000(元)

根据分配结果,应编制会计分录如下：

借：生产成本——A产品　　　　　　　　　45 000.00

　　生产成本——B产品　　　　　　　　　36 000.00

　贷：制造费用——某车间　　　　　　　　81 000.00

到了期末,企业生产的某一产品可能会全部完工,也可能只是部分完工,还有可能是全部未完工。完工的产品称为产成品,未完工的产品称为在产品。如果期末某种产品全部完工,那么本月为该产品归集的生产费用总额,即为该种产品的总成本,再将其除以该种产品的总产量即可计算出该种产品的单位成本;如果期末某种产品全部未完工,那么本期为该产品归集的生产费用总额,即为该种产品的期末在产品总成本;如果期末某种产品出现部分完工和部分未完工,那么本月为该产品归集的生产费用总额,应采用适当的分配方法在完工产品和在产品之间进行分配,然后才能计算出完工产品的总成本和单位成本。

完工产品和期末在产品之间的关系可用下列公式表示:

$$\text{期初在产品成本} + \text{本期发生的生产费用} = \text{完工产品成本} + \text{期末在产品成本}$$

【例 6-2】 某公司生产下列两种产品,有关成本数据详见表 6-2 和表 6-3。

A 产品期初在产品成本为 23 000 元(其中材料费 20 000 元,人工费 1 800 元,制造费 1 200 元),期末没有在产品,因此,期初在产品成本加上本期发生费用 498 840 元,全部都是完工产品 500 件的总成本,共计 521 840 元。

B 产品期初在产品成本为 16 000 元(其中材料费 10 000 元,人工费 3 200 元,制造费 2 800 元),本期完工 570 件,期末尚有 30 件未完工的在产品。由于期末在产品的成本为 12 000 元(其中材料费 10 000 元,人工费和制造费各 1 000 元),则期初在产品成本 1 600 元加上本期发生的生产费用 345 800 元,再减去期末在产品成本,得出完工 B 产品成本 349 800 元。

将上述完工产品验收入库,结转其生产成本,应编制会计分录如下:

借:库存商品——A 产品 521 840.00
　　库存商品——B 产品 349 800.00
　贷:生产成本——A 产品 521 840.00
　　生产成本——B 产品 349 800.00

费用分配完毕后,计算出完工产品的总成本之后,还要编制"产品成本计算单",计算出单位成本。

A,B 两种产品的"生产成本明细分类账"、"产品成本计算单"如表 6-2 至表 6-4 所示。

表 6-2

生产成本明细分类账

产品名称:A 产品　　期初在产品 50 件　　本期投产 450 件　　完工产量 500 件

2012 年		凭证字号	摘　　要	直接材料（元）	直接人工（元）	制造费用（元）	合　　计（元）
月	日						
3	1		期初在产品成本	20 000	1 800	1 200	23 000
	31	4-16	材料费用	390 000			390 000
		4-17	分配工资		56 000		56 000
		4-19	结转公积金		7 840		7 840
		4-24	分配制造费用			45 000	45 000
			生产费用合计	410 000	65 640	46 200	521 840
3	31	4-25	结转完工产品成本	410 000	65 640	46 200	521 840

表 6-3

生产成本明细分类账

产品名称:B 产品　　期初在产品 100 件　　本期投产 500 件　　完工产量 570 件

2012 年		凭证字号	摘　　要	直接材料（元）	直接人工（元）	制造费用（元）	合　　计（元）
月	日						
3	1		期初在产品成本	10 000	3 200	2 800	16 000
	31	4-16	材料费用	230 000			230 000
		4-17	分配工资		70 000		70 000
		4-19	结转公积金		9 800		9 800
		4-24	分配制造费用			36 000	36 000
			生产费用合计	240 000	83 000	38 800	361 800
3	31	4-25	结转完工产品成本	230 000	82 000	37 800	349 800
			期末在产品成本	10 000	1 000	1 000	12 000

生产成本明细账的格式都是多栏式,即按成本项目在借方设专栏。表 6-2 和表 6-3 的生产成本明细账只设了专栏的借方,没设贷方和余额栏,这种格式是实际工作中常用的一种格式。登记时要注意的是,贷方发生额只能是以红字在借方进行登记,期末余额也只能在借方栏列示。

表 6-4

产品成本计算单

金额单位:元

成本项目	A 产品 500 件		B 产品 570 件	
	总成本	单位成本	总成本	单位成本
直接材料	410 000	820.00	230 000	403.51
直接人工	65 640	131.28	82 000	143.86
制造费用	46 200	92.40	37 800	66.31
合　　计	521 840	1 043.68	349 800	613.68

四、成本计算方法

小企业在实施成本计算之前,先要确定采用哪一种成本计算方法。

不同的企业,由于生产的工艺过程、生产组织,以及成本管理要求不同,成本计算的方法也不一样。小企业需要根据生产工艺过程和生产组织的特点,同时结合成本管理的要求情况来进行选择恰当的成本计算方法。不同成本计算方法的区别主要表现在三个方面:一是成本计算对象不同;二是成本计算期不同;三是生产费用在产成品和在成品之间的分配情况不同。小企业最基本的成本计算方法主要有品种法、分批法和分步法。

1. 品种法

品种法是以产品品种作为成本计算对象来归集生产费用、计算产品成本的一种方法。由于品种法不需要按批计算成本,也不需要按步骤来计算半成品成本,因而这种成本计算方法比较简单。品种法主要适用于大批量单步骤生产的企业,如发电、采掘等。或者虽属于多步骤生产,但不要求计算半成品成本的小型企业,如小水泥、制砖等。品种法一般按月定期计算产品成本,也不需要把生产费用在产成品和半成品之间进行分配。

2. 分批法

分批法也称订单法。是以产品的批次或定单作为成本计算对象来归集生产费用、计算产品成本的一种方法。分批法主要适用于单件和小批的多步骤生产,如重型机床、船舶、精密仪器和专用设备等。分批法的成本计算期是不固定的,一般把一个生产周期(即从投产到完工的整个时期)作为成本计算期定期计算产品成本。由于在未完工时没有产成品,完工后又没有在产品,产成品和在产品不会同时并存,因而也不需要把生产费用在产成品和在成品之间进行分配。即分批法的主要特点是不按产品的生产步骤而只按产品的批别(分批、不分步)计算成本,通常不涉及完工产品和在产品的成本分配问题,即产品生产周期和成本计算期一致。

3. 分步法

分步法是按产品的生产步骤归集生产费用、计算产品成本的一种方法。分步法适用于大量或大批的多步骤生产,如机械、纺织、造纸等。分步法由于生产的数量大,在某一时间上往往既有已完工的产成品,又有未完工的在产品和半成品,不可能等全部产品完工后再计算成本。因而分步法一般是按月定期计算成本,并且要把生产费用在产成品和半成品之间进行分配。

分步法的主要特点是不按产品的批别计算产品成本,而是按产品的生产步骤计算产品成本。

在实际工作中,分步法根据成本管理对各生产步骤成本资料的不同要求(是否要计算半成品成本和简化核算工作的要求),以及各生产步骤成本的计算和结转,可分别采用逐步结转和平行结转两种方法。

(1)逐步结转分步法是按照产品加工顺序,逐步计算并结转半成品成本,直到最后加工步骤才能计算出产成品成本的一种方法。即它将每一步骤的半成品作为一个成本计算对象并计算成本,因此,这一方法又称为计列半成品成本分步法。逐步结转分步法的成本结转程序与品种法相同。

逐步结转分步法虽然能为产品实物管理和资金管理提供资料,但成本结转工作量大,且最后完工产成品中的成本项目是综合性的,必须进行成本还原,加大了核算的工作量。

(2) 平行结转分步法是指在计算各步骤成本时,不计算各步骤所产半成品成本,也不计算各步骤所耗上一步骤的半成品成本,而只计算本步骤发生的各项其他费用以及这些费用中应计入当期完工产品成本的"份额"。期末,将相同产品的各步骤成本明细账中的这些份额平行结转、汇总,即可计算出该种产品的产成品成本。由于成本结转与实物流转不一致,因此,该法又称为不计列半成品成本分步法。

应当注意的是,平行结转分步法下的在产品是广义在产品,即没有最终完工的产品都称为在产品,它不仅包括本步骤没有完工的产品,还包括本步骤已完工但没有最终完工的产品。

与逐步结转分步法相比,平行结转分步法减少了核算工作量,能加速成本计算工作,但因其与半成品实物流转不一致,因此,不能提供各个步骤的半成品资料,不利于半成品的实物管理,也难以全面反映各步骤的生产耗费水平。

第三节 建造业成本

一、建造业的特点

建造业是专门从事土木工程、房屋建设和设备安装以及工程勘察设计工作的生产部门,其产品是各种工厂、矿井、铁路、桥梁、港口、道路、管线、住宅以及公共设施的建筑物、构筑物和设施。

建造业生产是指由劳动者利用机械设备与工具,按设计要求对劳动对象进行加工制作,从而生产出一定产品的生产,这使它具有工业生产的特征。但建造业产品又有许多不同于一般工业生产的技术经济特点,如固着地上,不能移动;复杂多样,彼此各异;形体庞大,整体难分;经久耐用,使用期长;安全性和风险性都比较高等。建造业是一个独立的物质生产部门,其产品生产与成本计算具有以下主要特点。

1. 生产的单件性

由于建筑物或构筑物的功能要求不同,所处的自然条件和社会经济条件各异,每个工程都各有独特的工程设计和施工组织设计,产品价格也必须个别确定并单独进行成本核算。

2. 生产的流动性

一方面,生产人员和机具,甚至整个施工机构,都要随施工对象坐落位置的变化而迁徙流动,转移区域或地点。另一方面,在一个产品的生产过程中,施工人员和机具又要随施工部位的不同而沿着施工对象上、下、左、右流动,不断地变换操作场所。为了适应施工条件的经常变化,施工机具多是比较小型或便于移动的,手工操作也较多。

3. 生产周期较长

较大工程的工期常以年计,施工准备也需要较长时间。因此,在生产中往往要长期占用大量的人力、物力和资金,一般不在短期内提供有用的产品。

二、建造业成本核算应当设置的会计科目

《小企业会计准则》考虑到建造业在成本费用核算时的特殊性,设置下列会计科目进行会计核算。

1. 工程施工

小企业应当设置"工程施工"科目。该科目核算小企业(建造业)实际发生的各种工程成本。该科目应按照建造合同项目分别"合同成本"和"间接费用"进行明细核算。该科目期末借方余额,反映小企业尚未完工的建造合同成本和合同毛利。

(1) 小企业进行合同建造时发生的人工费、材料费、机械使用费以及施工现场材料的二次搬运费、生产工具和用具使用费、检验试验费、临时设施折旧费等其他直接费用,借记"工程施工"科目(合同成本),贷

记"应付职工薪酬"、"原材料"等科目。

发生的施工、生产单位管理人员职工薪酬、财产保险费、工程保修费、固定资产折旧费等间接费用,借记该科目(间接费用),贷记"累计折旧"、"银行存款"等科目。

期(月)末,将间接费用分配计入有关合同成本,借记"工程施工"科目(合同成本),贷记该科目(间接费用)。

(2)确认合同收入和合同费用时,借记"应收账款"、"预收账款"等科目,贷记"主营业务收入"科目;按照应结转的合同成本,借记"主营业务成本"科目,贷记"工程施工"科目(合同成本)。

2. 机械作业

小企业应当设置"机械作业"科目。该科目核算小企业(建造业)及其内部独立核算的施工单位、机械站和运输队使用自有施工机械和运输设备进行机械作业(含机械化施工和运输作业等)所发生的各项费用。该科目应按照施工机械或运输设备的种类等进行明细核算。

小企业内部独立核算的机械施工、运输单位使用自有施工机械或运输设备进行机械作业所发生的各项费用,应按照成本核算对象和成本项目进行归集。

成本项目一般分为:职工薪酬、燃料及动力费、折旧及修理费、其他直接费用、间接费用(为组织和管理机械作业生产所发生的费用)。

(1)小企业发生的机械作业支出,借记"机械作业"科目,贷记"原材料"、"应付职工薪酬"、"累计折旧"等科目。

(2)期(月)末,小企业及其内部独立核算的施工单位、机械站和运输队为本企业承包的工程进行机械化施工和运输作业的成本,应转入承包工程的成本,借记"工程施工"科目,贷记"机械作业"科目。结转后该科目期末应无余额。

对外单位、专项工程等提供机械作业(含运输设备)的成本,借记"生产成本(或劳务成本)"科目,贷记"机械作业"科目。

小企业及其内部独立核算的施工单位,从外单位或本企业其他内部独立核算的机械站租入施工机械发生的机械租赁费,在"工程施工"

科目核算,不在"机械作业"科目核算。

三、工程施工成本费用归集和分配

由于建造业往往是根据建造合同为客户建造工程的企业,所以,其工程施工过程所发生的直接成本费用通过"工程施工——合同成本"科目进行核算的,该科目可根据施工项目确定成本核算对象,按照成本项目进行明细核算。通常是以独立的工程合同所确定的项目为成本核算对象;在同一施工现场、同一项目部管理,工程开始、竣工时间相差不大的条件下,也可将两个或多个工程项目合并确定为成本核算对象。成本项目主要包括:人工费、材料费、机械使用费、其他直接费、间接费用、分包工程费用等。

(1) 工程施工过程领用的自购材料,根据领料单或出库单等单据,计入合同成本中的材料费。应作会计分录如下:

借:工程施工——合同成本(材料费)
　　贷:原材料

(2) 根据工资清单,所发生的工资等费用计入合同成本中的人工费。应作会计分录如下:

借:工程施工——合同成本(人工费)
　　贷:应付职工薪酬

(3) 结算分包工程费用,可根据与分包企业确认的结算通知单,确认应付的工程款。应作会计分录如下:

借:工程施工——合同成本(分包工程费用)
　　贷:应付账款——应付分包款

(4) 使用自有施工机械和运输设备为承包工程进行机械作业所发生的人工费、燃料及动力费、折旧及修理费,其他直接费、间接费用等各项费用,记入"机械作业——××工程"明细科目。应作会计分录如下:

借:机械作业——××工程
　　贷:银行存款/应付账款/应付职工薪酬等

月份终了,分配至工程施工科目:

借:工程施工——合同成本(机械使用费)
　　贷:机械作业——××工程

如上述对本单位承包工程所发生的各项机械作业费用金额较小,也可以直接记入"工程施工"科目中的"机械使用费"明细科目。应作会计分录如下:

借:工程施工——合同成本(机械使用费)
　　贷:银行存款/应付账款/应付职工薪酬等

(5)其他直接费。例如,设计和技术援助费用、施工现场材料的二次搬运费、生产工具和用具使用费、临时设施折旧费、检验试验费、工程定位复测费、工程点交费用、场地清理费用、水电费等,记入"其他直接费"明细科目。应作会计分录如下:

借:工程施工——合同成本(其他直接费)
　　贷:银行存款

(6)施工间接费用。例如,项目部的管理人员工资、奖金、津贴、劳动保护费、固定资产折旧费及修理费、物料消耗、低值易耗品摊销、取暖费、办公费、差旅费、财产保险费、工程保修费、排污费等费用,应记入"间接费用"明细科目。应作会计分录如下:

借:工程施工——间接费用
　　贷:银行存款/应付账款/应付职工薪酬等

期(月)末,将间接费用分配计入有关合同成本时:

借:工程施工——合同成本
　　贷:工程施工——间接费用

(7)结算应当确认的收入、成本费用和各期应交纳的税金及附加。

应作会计分录如下：

借：应收账款
    贷：主营业务收入
借：主营业务成本
    贷：工程施工——合同成本
借：营业税金及附加
    贷：应交税费——应交营业税等

四、合同成本中的直接费用与间接费用

合同成本是指为建造某项合同而发生的相关费用，包括从合同签订开始至合同完成止所发生的、与执行合同有关的直接费用和间接费用。

1. 直接费用

直接费用是指为完成合同所发生的、可以直接计入合同成本核算对象的各项费用支出。直接费用包括：耗用的材料费用、耗用的人工费用、耗用的机械使用费和其他直接费用。由于直接费用在发生时能够分清受益对象，所以直接费用在发生时直接计入合同成本。

2. 间接费用

间接费用是指为完成合同所发生的、不宜直接归属于合同成本核算对象而应分配计入有关合同成本核算对象的各项费用支出。间接费用主要包括临时设施摊销费用和企业下属的施工、生产单位组织和管理施工生产活动所发生的费用，如管理人员薪酬、劳动保护费、固定资产折旧费及修理费、物料消耗、取暖费、水电费、办公费、差旅费、财产保险费、工程保修费、排污费等。

间接费用虽然也构成了合同成本的组成内容，但是间接费用在发生时一般不宜直接归属于受益对象，而应在资产负债表日按照系统、合理的方法分摊计入合同成本。间接费用的分配方法主要有人工费用比例法、直接费用比例法等。

（1）人工费用比例法。人工费用比例法是以各合同实际发生的人工费为基数分配间接费用的一种方法。计算公式如下：

$$\frac{间接费用}{分配率} = \frac{当期发生的}{全部间接费用} \div \frac{当期各合同发生的}{人工费之和}$$

某合同应负担的间接费用＝该合同实际发生的人工费×间接费用分配率

【例 6-3】 某建筑公司第一工区同时承建 A，B，C 三项合同工程，已知 A 合同发生的人工费 14 万元，B 合同发生的人工费 16 万元，C 合同发生的人工费 20 万元。第一工区当期共发生间接费用 5 万元。

间接费用分配率＝5÷(14＋16＋20)＝10％
A 合同应负担的间接费用＝14×10％＝1.4(万元)
B 合同应负担的间接费用＝16×10％＝1.6(万元)
C 合同应负担的间接费用＝20×10％＝2.0(万元)

实际发生间接费用时，应作会计分录如下：

借：工程施工——间接费用　　　　　　　　50 000.00
　　贷：银行存款等　　　　　　　　　　　　50 000.00

期末将间接费用分配计入各合同成本时，应作会计分录如下：

借：工程施工——合同成本(A)　　　　　　14 000.00
　　工程施工——合同成本(B)　　　　　　16 000.00
　　工程施工——合同成本(C)　　　　　　20 000.00
　　贷：工程施工——间接费用　　　　　　50 000.00

(2) 直接费用比例法。直接费用比例法是以各成本对象发生的直接费用为基数，分配间接费用的一种方法。计算公式如下：

$$\frac{间接费用}{分配率} = \frac{当期实际发生的}{全部间接费用} \div \frac{当期各合同发生的}{直接费用之和}$$

$$\frac{某合同当期应负担}{的间接费用} = \frac{该合同当期实际}{发生的直接费用} \times \frac{间接费用}{分配率}$$

【例 6-4】 某建筑公司第二工区同时承建甲、乙、丙三项合同工程，已知甲合同发生的直接费用 15 万元，乙合同发生的直接费用 20 万元，丙合同发生的直接费用 25 万元。第二工区当期共发生间接费用 1.5 万元。

间接费用分配率＝1.5÷(15＋20＋25)＝2.5%
甲合同应负担的间接费用＝15×2.5%＝0.375(万元)
乙合同应负担的间接费用＝20×2.5%＝0.5(万元)
丙合同应负担的间接费用＝25×2.5%＝0.625(万元)

实际发生间接费用时,应作会计分录如下:

借:工程施工——间接费用　　　　　　　　15 000.00
　　贷:银行存款等　　　　　　　　　　　　　　15 000.00

期末将间接费用分配计入各合同成本时,应作会计分录如下:

借:工程施工——合同成本(甲)　　　　　　3 750.00
　　工程施工——合同成本(乙)　　　　　　5 000.00
　　工程施工——合同成本(丙)　　　　　　6 250.00
　　贷:工程施工——间接费用　　　　　　　　15 000.00

建造承包商为客户建造资产,通常是客户筹集资金,并根据合同约定,定期向建造承包商支付工程进度款。但是,建造承包商也可能在合同建造过程中因资金周转等原因向银行借入款项,发生借款费用。对于建造承包商在合同建造期间发生的借款费用,《小企业会计准则》没有作出具体规定。按照《企业会计准则第17号——借款费用》要求,符合规定的资本化条件的,应当计入合同成本;合同完成后发生的借款费用,应计入当期损益,不再计入合同成本。

五、建造合同中的合同收入与合同费用

建造合同是指为建造一项资产或者在设计、技术、功能、最终用途等方面密切相关的数项资产而订立的合同。建造合同分为固定造价合同和成本加成合同。

固定造价合同,是指按照固定的合同价或固定单价确定工程价款的建造合同。

成本加成合同,是指以合同约定或其他方式议定的成本为基础,加上该成本的一定比例或定额费用确定工程价款的建造合同。

以上两类合同最大的区别,在于它们所包含的风险的承担者不同。固定造价合同的风险主要由建造承包方承担,而成本加成合同的风险则主要由发包方承担。

通常,在一个会计年度内完成的建造合同,应在完成时确认合同收入和合同费用。例如,某建造合同于2011年1月5日开工,2011年12月20日完工。企业应于2011年12月20日确认该项合同的收入和费用。

由于建造合同的施工期较长,通常要跨越一个会计年度;或由于建造合同的开工日期与完工日期通常分属于不同的会计年度,在这种情况下,如何将合同收入与合同成本进行配比,分配计入实施工程的各个会计年度,就成为一个非常重要的问题。

工程价款收入应于其实现时及时入账,具体可分为以下几种情况。

(1)实行合同完成后一次结算工程价款办法的工程合同,应于合同完成,施工企业与发包单位进行工程合同价款结算时,确认为收入实现,实现的收入额为承、发包双方结算的合同价款总额。

(2)实行旬末或月中预支、月终结算,竣工后清算办法的工程合同,应分期确认合同价款收入的实现,即:各月份终了,与发包单位进行已完工程价款结算时,确认为承包合同已完工部分的工程收入实现,本期收入额为月终结算的已完工程价款金额。

(3)实行按工程形象进度划分不同阶段、分段结算工程价款办法的工程合同,应按合同规定的形象进度分次确认已完工阶段工程收益实现。即:应于完成合同规定的工程形象进度中工程阶段,与发包单位进行工程价款结算时,确认为工程收入的实现。本期实现的收入,为本期已结算的分段工程价款金额。实行其他结算方式的工程合同,其合同收益应按合同规定的结算方式和结算时间,在发包单位结算工程价款时一次或分次确认收入实现。

为了及时反映各年度的经营成果和财务状况,一般不能等到合同工程完工时才确认收入和相应的费用,而应按照权责发生制的要求,遵循配比原则,在合同实施过程中,按照一定的方法,合理确认各年的收入和费用。即：当建造合同的开工日期与完工日期分属于不同的会计年度时，应当将合同收入和合同成本分配计入实施工程的各个会计年度。

如果建造合同的结果能够可靠地估计，应根据完工百分比法在资产负债表日确认合同收入和合同费用。完工百分比法是根据合同完工进度确认合同收入和费用的方法。运用这种方法确认合同收入和费用，能为报表使用者提供有关合同进度及本期业绩的有用信息，体现了权责发生制的精神。

$$当期确认的合同收入 = \left(合同总收入 \times 完工进度\right) - 以前会计年度累计已确认的收入$$

$$当期确认的合同毛利 = \left(合同总收入 - 合同预计总成本\right) \times 完工进度 - 以前会计年度累计已确认的毛利$$

$$当期确认的合同费用 = 当期确认的合同收入 - 当期确认的合同毛利 - 以前会计年度预计损失准备$$

【例 6-5】 某建筑公司签订了一项合同总金额为 100 万元的固定造价合同。合同规定的工期为 3 年。假定经计算第 1 年完工进度为 30%，第 2 年完工进度已达 80%。经测定，前 2 年的合同预计总成本均为 80 万元。第 3 年工程全部完成，累计实际发生合同成本 75 万元。根据上述资料计算各期确认的合同收入和费用如下：

第 1 年确认的合同收入 = 100×30% = 30(万元)

第 1 年确认的合同毛利 = (100-80)×30% = 6(万元)

第 1 年确认的合同费用 = 30-6 = 24(万元)

第 2 年确认的合同收入 = (100×80%)-30 = 50(万元)

第 2 年确认的合同毛利 = (100-80)×80%-6 = 10(万元)

第 2 年确认的合同费用 = 50-10 = 40(万元)

第 3 年确认的合同收入 = 100-(30+50) = 20(万元)

第 3 年确认的合同毛利 = (100-75)-(6+10) = 9(万元)

第 3 年确认的合同费用 = 20-9 = 11(万元)

至于与合同有关的零星收益，是指在合同执行过程中取得的，但不计入合同收入而应冲减合同成本的非经常性的收益。例如,完成合同后处置残余物资(指在施工过程中产生的一些材料物资的下脚料等)取得的收益。由于工程领用材料时已将领用材料的价值直接计入了工程成本,材料物资的下脚料已包括在合同成本中,因此,处置这些残余物资取得的收益应冲减合同成本。

第四节 营业成本

一、主营业务成本核算

小企业应当设置"主营业务成本"科目。该科目核算小企业确认销售商品或提供劳务等主营业务收入应结转的成本。该科目应按照主营业务的种类进行明细核算。

(1)月末,小企业可根据本月销售各种商品或提供各种劳务实际成本,计算应结转的主营业务成本,借记"主营业务成本"科目,贷记"库存商品"、"生产成本"、"工程施工"等科目。

(2)本月发生的销售退回,可以直接从本月的销售数量中减去,得出本月销售的净数量,然后计算应结转的主营业务成本,也可以单独计算本月销售退回成本,借记"库存商品"等科目,贷记"主营业务成本"科目。

(3)月末,可将"主营业务成本"科目的余额转入"本年利润"科目,结转后"主营业务成本"科目应无余额。

二、其他业务成本核算

小企业应当设置"其他业务成本"科目。该科目核算小企业确认的除主营业务活动以外的其他日常生产经营活动所发生的支出,包括:销售材料的成本、出租固定资产的折旧费、出租无形资产的摊销额等。该科目应按照其他业务成本的种类进行明细核算。

(1)小企业发生的其他业务成本,借记"其他业务成本"科目,贷记

"原材料"、"周转材料"、"累计折旧"、"累计摊销"、"银行存款"等科目。

(2) 月末,可将"其他业务成本"科目余额转入"本年利润"科目,结转后"其他业务成本"科目应无余额。

第五节 期间费用

一、销售费用

小企业应当设置"销售费用"科目。该科目核算小企业在销售商品或提供劳务过程中发生的各种费用,包括:销售人员的职工薪酬、商品维修费、运输费、装卸费、包装费、保险费、广告费和业务宣传费、展览费等费用。小企业(批发业、零售业)在购买商品过程中发生的费用(包括:运输费、装卸费、包装费、保险费、运输途中的合理损耗和入库前的挑选整理费等),也在"销售费用"科目核算。该科目应按照费用项目进行明细核算。

(1) 小企业在销售商品或提供劳务过程中发生的销售人员的职工薪酬、商品维修费、运输费、装卸费、包装费、保险费、广告费、业务宣传费、展览费等费用,借记"销售费用"科目,贷记"库存现金"、"银行存款"等科目。

(2) 小企业(批发业、零售业)在购买商品过程中发生的运输费、装卸费、包装费、保险费、运输途中的合理损耗和入库前的挑选整理费等,借记"销售费用"科目,贷记"库存现金"、"银行存款"、"应付账款"等科目。

(3) 月末,可将"销售费用"科目余额转入"本年利润"科目,结转后"销售费用"科目应无余额。

二、管理费用

小企业应当设置"管理费用"科目。该科目核算小企业为组织和管理生产经营发生的其他费用,包括:小企业在筹建期间内发生的开办费、行政管理部门发生的费用(包括:固定资产折旧费、修理费、办公费、水电费、差旅费、管理人员的职工薪酬等)、业务招待费、研究费用、技术转让费、相关长期待摊费用摊销、财产保险费、聘请中介机构费、咨询费(含顾问费)、诉讼费等费用。该科目应按照费用项目进行明细核算。

(1) 小企业在筹建期间内发生的开办费(包括:相关人员的职工薪酬、办公费、培训费、差旅费、印刷费、注册登记费以及不计入固定资产成本的借款费用等费用),在实际发生时,借记"管理费用"科目,贷记"银行存款"等科目。

(2) 行政管理部门人员的职工薪酬,借记"管理费用"科目,贷记"应付职工薪酬"科目。

(3) 行政管理部门计提的固定资产折旧费和发生的修理费,借记"管理费用"科目,贷记"累计折旧"、"银行存款"等科目。

(4) 行政管理部门发生的办公费、水电费、差旅费,借记"管理费用"科目,贷记"银行存款"等科目。

(5) 小企业发生的业务招待费、相关长期待摊费用摊销、技术转让费、财产保险费、聘请中介机构费、咨询费(含顾问费)、诉讼费等,借记"管理费用"科目,贷记"银行存款"、"长期待摊费用"等科目。

(6) 小企业自行研究无形资产发生的研究费用,借记"管理费用"科目,贷记"研发支出"科目。

(7) 月末,可将"管理费用"科目的余额转入"本年利润"科目,结转后"管理费用"科目应无余额。

小企业(批发业、零售业)管理费用不多的,可不设置"管理费用"科目,"管理费用"科目的核算内容也可并入"销售费用"科目核算。

三、财务费用

小企业应当设置"财务费用"科目。该科目核算小企业为筹集生产经营所需资金发生的筹资费用,包括:利息费用(减利息收入)、汇兑损失、银行相关手续费、小企业给予的现金折扣(减享受的现金折扣)等费用。该科目应按照费用项目进行明细核算。请注意,小企业发生的汇兑收益,在"营业外收入"科目核算,不在"财务费用"科目核算。

小企业为购建固定资产、无形资产和经过1年期以上的制造才能达到预定可销售状态的存货发生的借款费用,在"在建工程"、"研发支出"、"制造费用"等科目核算,不在"财务费用"科目核算。

(1) 小企业发生的利息费用、汇兑损失、银行相关手续费、给予的现金折扣等,借记"财务费用"科目,贷记"应付利息"、"银行存款"等科目。

(2) 持未到期的商业汇票向银行贴现,应当按照实际收到的金额(即减去贴现息后的净额),借记"银行存款"科目;按照贴现息,借记"财务费用"科目;按照商业汇票的票面金额,贷记"应收票据"科目(银行无追索权情况下)或"短期借款"科目(银行有追索权情况下)。

(3) 发生的应冲减财务费用的利息收入、享受的现金折扣等,借记"银行存款"等科目,贷记"财务费用"科目。

(4) 月末,可将"财务费用"科目余额转入"本年利润"科目,结转后"财务费用"科目应无余额。

第七章 小企业利润准则

第一节 利润概述

一、利润的概念与特征

利润是指企业一定时期内的经营成果。小企业生产经营的目标之一应当是利润最大化,利润当然是越多越好。但从小企业可持续发展的角度来说,利润还应当有现金流量支撑。要利润,更要现金流量。

对于利润的含义,人们有着不同的理解。一种观点认为利润即营业利润,只有那些由本期生产经营活动所带来的利润才属于本期利润,至于由非经营活动(如投资活动等)所带来的收益和前期的调整项目则单独列示,这是一种狭义的理解。另一种观点认为利润即全部利润,它是指根据企业在某一特定期间的经济交易所确认的企业资产净变动额作为该期间的利润额,它既包括企业由经营活动所带来的利润,也包括企业由非经营活动带来的利润和前期的调整项目,这是对利润概念广义的理解。

《小企业会计准则》和目前会计实务中对利润的理解都偏向广义的,即利润是企业在一定时期内的全部收入抵减全部支出后的差额,它反映了企业经营管理的综合成果,是企业经济效益的最终体现。

二、利润的形成

由于小企业利润是企业在一定时期内的全部收入抵减全部支出后的结果,那么利润的确认必然与收入、费用的确认密切相关,直接受到收入和费用的影响。因此,严格遵循权责发生制的要求,合理确认收入和费用,是正确确认利润的前提条件。根据配比原则的要求,企业一定时期内的收入必须与相关的费用相配比,形成一定时期的经营成果。利润的确认时间与收入、费用的确认时间应该是一致的,即在有了耗费并取得收入时确认利润的实现。在实际工作中,小企业一定时期所确认的利润,通常是在期末(月末、季末、年末)时进行的。

期末,小企业应将本期各损益类账户的余额转入"本年利润"账户,结平各损益类账户。

"本年利润"账户,属所有者权益类账户,用来核算企业当期实现的净利润(或发生的净亏损)。期末结转各收入账户时,记入贷方;结转各支出账户时,记入借方,结转后该账户的贷方余额为当期实现的净利润,借方余额为当期繁盛的净亏损。年度终了,应将该账户余额转入"利润分配——未分配利润"账户,结转后本账户无余额。

【例 7-1】 某年 12 月,某小企业各损益类账户期末结账前的余额如下,要求结转本年利润。

主营业务收入	2 274 000.00(贷)
主营业务成本	1 526 400.00(借)
营业税金及附加	60 000.00(借)
其他业务收入	134 000.00(贷)
其他业务成本	20 680.00(借)
销售费用	46 810.00(借)
管理费用	395 690.00(借)
财务费用	2 500.00(借)
投资收益	79 280.00(贷)
营业外收入	84 800.00(贷)
营业外支出	20 000.00(借)

期末转账业务需要将各项收入和各项支出分别结转。

(1) 将各项收入转入"本年利润"账户的贷方,应编制会计分录如下:

借：主营业务收入 2 274 000.00
　　其他业务收入 134 000.00
　　投资收益 79 280.00
　　营业外收入 84 800.00
　　贷：本年利润 2 572 080.00

（2）将各项支出转入"本年利润"账户的借方，应编制会计分录如下：

借：本年利润 2 072 080.00
　　贷：主营业务成本 1 526 400.00
　　　　营业税金及附加 60 000.00
　　　　其他业务成本 20 680.00
　　　　销售费用 46 810.00
　　　　管理费用 395 690.00
　　　　财务费用 2 500.00
　　　　营业外支出 20 000.00

三、利润的分类

小企业的利润主要包括营业利润、利润总额和净利润三个口径。

（1）营业利润，是指营业收入减去营业成本、营业税金及附加、销售费用、管理费用、财务费用，加上投资收益（或减去投资损失）后的金额，是生产经营活动所获得的收益。

$$\begin{aligned}
\text{营业利润} &= \text{营业收入} - \text{营业成本} - \text{营业税金及附加} \\
&\quad - \text{销售费用} - \text{管理费用} - \text{财务费用} + \text{投资收益} \\
&= (2\,274\,000 + 134\,000) - (1\,526\,400 + 20\,680) \\
&\quad - 60\,000 - 46\,810 - 395\,690 - 2\,500 + 79\,280 \\
&= 435\,200(\text{元})
\end{aligned}$$

上述计算式中的营业收入，是指小企业销售商品和提供劳务实现的收入总额。投资收益，由小企业股权投资取得的现金股利（或利润）、债券投资取得的利息收入和处置股权投资和债券投资取得的处置价款扣除成本或账面余额、相关税费后的净额三部分构成。

(2) 利润总额,是指营业利润加上营业外收入,减去营业外支出后的金额。

$$利润总额=营业利润+营业外收入-营业外支出$$
$$=435\,200+84\,800-20\,000$$
$$=500\,000(元)$$

即:该小企业本月利润总额=2 572 080(全部各项收入)
　　　　　　　　　　　－2 072 080[全部各项支出(费用)]
　　　　　　　　　　＝500 000(元)

(3) 净利润,是指利润总额减去所得税费用后的净额。

$$净利润=利润总额-所得税费用=500\,000-(1\times 25\%)$$
$$=500\,000-125\,000$$
$$=375\,000(元)$$

第二节　营业外收支

一、营业外收支的概念与特点

营业外收支包括营业外收入和营业外支出,是指企业发生的与其生产经营活动无直接关系的各项收入和各项支出。营业外收支一般具有以下主要特点。

(1) 营业外收入和营业外支出一般彼此相互独立,不具有因果关系。

(2) 营业外收支通常是意外出现的,小企业难以控制。

(3) 营业外收支通常是偶然发生的,一般不会重复出现,小企业难以预见。

与原《小企业会计制度》相比,《小企业会计准则》对营业外收入与营业外支出的内容作出了较大的调整,更加符合简化小企业核算的实际情况,便于操作。

二、营业外收入核算

营业外收入,是指小企业非日常生产经营活动形成的、应当计入当期损益、会导致所有者权益增加、与所有者投入资本无关的经济利益的净流入。通常,小企业的营业外收入应当在实现时按照其实现金额计入当期损益。

小企业的营业外收入包括:非流动资产处置净收益、政府补助、捐赠收益、盘盈收益、汇兑收益、出租包装物和商品的租金收入、逾期未退包装物押金收益、确实无法偿付的应付款项、已作坏账损失处理后又收回的应收款项、违约金收益等。

小企业应当设置"营业外收入"科目。该科目核算小企业实现的各项营业外收入。小企业收到出口产品或商品按照规定退回的增值税款,在"其他应收款"科目核算,不在"营业外收入"科目核算。该科目应按照营业外收入项目进行明细核算。

(1) 小企业确认非流动资产处置净收益,比照"固定资产清理"、"无形资产"等科目的相关规定进行账务处理。

(2) 确认的政府补助收入,借记"银行存款"或"递延收益"科目,贷记"营业外收入"科目。

(3) 小企业按照规定实行企业所得税、增值税(不含出口退税)、消费税、营业税等先征后返的,应当在实际收到返还的企业所得税、增值税、消费税、营业税等时,借记"银行存款"科目,贷记"营业外收入"科目。

(4) 确认的捐赠收益,借记"银行存款"、"固定资产"等科目,贷记该科目。

(5) 确认的盘盈收益,借记"待处理财产损溢"科目(待处理流动资产损溢或待处理非流动资产损溢),贷记"营业外收入"科目。

(6) 确认的汇兑收益,借记有关科目,贷记"营业外收入"科目。

(7) 确认的出租包装物和商品的租金收入、逾期未退包装物押金收益、确实无法偿付的应付款项、违约金收益等,借记"其他应收款"、"应付账款""其他应付款"等科目,贷记"营业外收入"科目。

(8) 确认的已作坏账损失处理后又收回的应收款项,借记"银行存款"等科目,贷记"营业外收入"科目。

(9) 月末,可将"营业外收入"科目余额转入"本年利润"科目,结转后该科目应无余额。

对于营业外收入核算的内容,《小企业会计准则》与《企业会计准则》处理有所不同,现举例说明如下。

其一,存货盘盈的处理不同。《小企业会计准则》中,存货盘盈应计入营业外收入;《企业会计准则》中,则冲减管理费用。

其二,固定资产盘盈的处理不同。《小企业会计准则》中,固定资产盘盈应计入营业外收入;《企业会计准则》中,则作为前期差错处理,通过"以前年度损益调整"科目核算,最终转入年初留存收益。

其三,汇兑收益的处理不同。《小企业会计准则》中,汇兑收益应计入营业外收入;《企业会计准则》中,则应冲减财务费用。

其四,出租包装物和商品的租金收入处理不同。《小企业会计准则》中,该租金收入应计入营业外收入;《企业会计准则》中,则应计入其他业务收入。

其五,逾期未退包装物押金收益的处理不同。《小企业会计准则》中,该押金收益应计入营业外收入;《企业会计准则》中,则区分情况处理:逾期未退包装物没收的押金计入其他业务收入,逾期未退包装物没收的加收的押金计入营业外收入。

其六,已作坏账损失处理后又收回的应收款项处理不同。《小企业会计准则》中,该应收款项应计入营业外收入;《企业会计准则》中,则认为其不影响损益,借记"应收账款"科目,贷记"坏账准备"科目,再借记"银行存款"科目,贷记"应收账款"科目。

三、营业外支出核算

营业外支出,是指在小企业非日常生产经营活动中发生的、应当计入当期损益、会导致所有者权益减少、与向所有者分配利润无关的经济利益的净流出。通常,小企业的营业外支出应当在发生时按照其发生额计入当期损益。

小企业的营业外支出包括:存货的盘亏、毁损、报废损失,非流动资产处置净损失,坏账损失,无法收回的长期债券投资损失,无法收回的长期股权投资损失,自然灾害等不可抗力因素造成的损失,税收滞纳金、罚金、罚款,被没收财物的损失,捐赠支出,赞助支出等。

小企业应当设置"营业外支出"科目。该科目核算小企业发生的各项营业外支出。该科目应按照支出项目进行明细核算。

(1) 小企业确认存货的盘亏、毁损、报废损失,非流动资产处置净损失,自然灾害等不可抗力因素造成的损失,借记"营业外支出"科目、"生产性生物资产累计折旧"、"累计摊销"等科目,贷记"待处理财产损溢('待处理流动资产损溢'或'待处理非流动资产损溢')"、"固定资产清理"、"生产性生物资产"、"无形资产"等科目。

(2) 根据《小企业会计准则》规定确认实际发生的坏账损失、长期债券投资损失,应当按照可收回的金额,借记"银行存款"等科目;按照应收账款、预付账款、其他应收款、长期债券投资的账面余额,贷记"应收账款"、"预付账款"、"其他应收款"、"长期债券投资"等科目;按照其差额,借记"营业外支出"科目。

(3) 根据《小企业会计准则》规定确认实际发生的长期股权投资损失,按照可收回的金额,借记"银行存款"等科目;按照长期股权投资的账面余额,贷记"长期股权投资"科目;按照其差额,借记"营业外支出"科目。

(4) 支付的税收滞纳金、罚金、罚款,借记"营业外支出"科目,贷记"银行存款"等科目。

(5) 确认被没收财物的损失、捐赠支出、赞助支出,借记"营业外支出"科目,贷记"银行存款"等科目。

(6) 月末,可将"营业外支出"科目余额转入"本年利润"科目,结转后该科目应无余额。

对于营业外支出的内容,《小企业会计准则》与《企业会计准则》处理有所不同,现举例说明如下。

其一,存货的盘亏、毁损、报废损失处理不完全相同。《小企业会计准则》中,该损失应计入营业外支出;《企业会计准则》中,则区分情况处理:因管理不善等原因造成的净损失计入管理费用,因自然灾害等非常原因造成的净损失计入营业外支出。

其二,坏账损失的处理不同。《小企业会计准则》中,坏账损失应计入营业外支出;《企业会计准则》中,应收款项实际发生坏账损失时,借记"坏账准备"科目,贷记"应收账款"等科目。

其三,无法收回的长期债券投资损失处理不同。《小企业会计准则》中,该损失应计入营业外支出;《企业会计准则》中,则应对债券投资进行减值测试,若预计未来现金流量现值低于账面价值,应计提减值准备,计入资产减值损失。

其四,无法收回的长期股权投资损失处理不同。《小企业会计准则》中,该损失应计入营业外支出;《企业会计准则》中,则应对股权投资进行减值测试,若可收回金额低于账面价值,应计提减值准备,计入资产减值损失。

第三节 政府补助

一、政府补助的概念与特征

政府补助是指小企业从政府无偿取得货币性资产或非货币性资产,但不含政府作为小企业所有者投入的资本。

我国政府对企业的经济支持主要集中在关系国计民生的农业、环境保护以及科学技术研究等领域。比如,对粮、棉、油等生产或储备的企业给予的定额补助,这些生活必需品其价格往往不能随行就市,售价低于成本造成的损失需由政府来弥补;又如,为了环境保护,政府对符合条件的企业实行增值税先征后返政策,返还的税款专项用于环保支出等。

政府补助一般可分为与资产相关的政府补助和与收益相关的政府补助。与资产相关的政府补助,是指企业取得的、用于购建或以其他方式形成长期资产的政府补助;与收益相关的政府补助,是指除了与资产相关的政府补助之外的政府补助。

政府补助主要有以下特征。

1. 无偿性

无偿性是政府补助的基本特征。政府并不因此享有小企业的所有权,小企业将来也不需要偿还。但政府补助通常附有一定的条件,小企业经法定程序申请取得政府补助后,应当按照政府规定的用途使用该项补助。

2. 直接取得资产

政府补助是小企业从政府直接取得资产,包括货币性资产和非货币性资产,形成企业的收益。比如,小企业取得政府拨付的补助,先征后返(退)、即征即退等办法返还的税款,行政划拨的土地使用权,天然起源的天然林等。

二、政府补助的核算方法

政府补助有两种会计处理方法:收益法与资本法。收益法是将政府补助计入当期收益或递延收益。资本法是将政府补助计入所有者权益。

《小企业会计准则》要求采用收益法核算政府补助。小企业取得与收益相关的政府补助应当在其补偿的相关费用或损失发生的期间计入当期损益,即:用于补偿企业以后期间费用或损失的,在取得时先确认为递延收益,然后在确认相关费用的期间计入当期营业外收入;用于补偿企业已发生费用或损失的,取得时直接计入当期营业外收入。

小企业应当设置"递延收益"科目。该科目核算小企业已经收到、应在以后期间计入损益的政府补助。该科目应按照相关项目进行明细核算。该科目期末贷方余额,反映小企业已经收到,但应在以后期间计入损益的政府补助。

小企业收到与资产相关的政府补助,借记"银行存款"等科目,贷记"递延收益"科目。在相关资产的使用寿命内平均分配递延收益,借记"递延收益"科目,贷记"营业外收入"科目。

小企业收到的其他政府补助,用于补偿本企业以后期间的相关费用或亏损的,应当按照收到的金额,借记"银行存款"等科目,贷记"递延收益"科目。在发生相关费用或亏损的未来期间,应当按照应补偿的金额,借记"递延收益"科目,贷记"营业外收入"科目。

小企业用于补偿本企业已发生的相关费用或亏损的,应当按照收到的金额,借记"银行存款"等科目,贷记"营业外收入"科目。

【例7-2】 某公司2011年12月申请某国家级研发补贴。申报书中有关内容如下:本公司2011年1月启动数字印刷技术开发项目,预计总投资360万元,为期3年,已投入资金120万元。项目还需新增投资240万元(其中,购置固定资产80万元、场地租赁费40万元、人员费100万元、市场营销20万元),计划自筹资金120万元,申请财政拨款120万元。

2011年12月31日,主管部门批准了该公司的申报,签订补贴协议规定:批准某公司补贴申请,共补贴款项120万元,分两次拨付。合同签订日拨付60万元,结项验收时支付60万元。

该公司的账务处理如下所列。

(1) 2011年12月31日,实际收到拨款60万元时:

借:银行存款　　　　　　　　　　600 000.00
　　贷:递延收益　　　　　　　　　　　600 000.00

(2) 每个资产负债表日分配递延收益(假设按4年分配)时:

借:递延收益　　　　　　　　　　300 000.00
　　贷:营业外收入　　　　　　　　　　300 000.00

(3) 2014年项目完工并通过验收,于5月1日实际收到拨付60万元时:

借:银行存款　　　　　　　　　　600 000.00
　　贷:营业外收入　　　　　　　　　　600 000.00

【例 7-3】 2011 年 2 月,甲企业需购置一台环保设备,预计价款为 500 万元,因资金不足,按相关规定向有关部门提出补助 210 万元的申请。2011 年 3 月 1 日,政府批准了甲企业的申请并拨付甲企业 210 万元财政拨款(同日到账)。2011 年 4 月 30 日,甲企业购入不需安装的环保设备,实际成本为 480 万元,使用寿命 10 年,采用直线法计提折旧(假设无残值)。2019 年 4 月,甲企业出售了这台设备,取得价款 120 万元(不考虑其他因素)。

甲企业的账务处理如下所列。

(1) 2011 年 3 月 1 日,实际收到财政拨款,确认政府补助时:

借:银行存款　　　　　　　　　　　　　　2 100 000.00
　　贷:递延收益　　　　　　　　　　　　　　2 100 000.00

小企业取得与资产相关的政府补助,不能全额确认为当期收益,应当随着相关资产的使用逐渐计入以后各期的收益。也就是说,这类补助应当先确认为递延收益,然后自相关资产可供使用时起,在该项资产使用寿命内平均分配,计入当期营业外收入。

(2) 2011 年 4 月 30 日购入设备时:

借:固定资产　　　　　　　　　　　　　　4 800 000.00
　　贷:银行存款　　　　　　　　　　　　　　4 800 000.00

(3) 自 2011 年 5 月起每个资产负债表日(月末)计提折旧(假定不考虑净残值),同时分摊递延收益时:

月计提折旧额=4 800 000÷10÷12=40 000(元)

借:管理费用　　　　　　　　　　　　　　40 000.00
　　贷:累计折旧　　　　　　　　　　　　　　40 000.00

月摊递延收益额=2 100 000÷10÷12=17 500(元)

借:递延收益　　　　　　　　　　　　　　17 500.00
　　贷:营业外收入　　　　　　　　　　　　　17 500.00

(4) 2019 年 4 月出售设备,同时转销递延收益余额时:
出售设备:

借:固定资产清理 960 000.00
　累计折旧 3 840 000.00
　贷:固定资产 4 800 000.00
借:银行存款 1 200 000.00
　贷:固定资产清理 1 200 000.00
借:固定资产清理 240 000.00
　贷:营业外收入 240 000.00

转销递延收益余额:

借:递延收益 420 000.00
　贷:营业外收入 420 000.00

政府补助为货币性资产的,应当按照收到的金额计量。政府补助如为非货币性资产的,政府提供了有关凭据的,应当按照凭据上标明的金额计量;政府没有提供有关凭据的,应当按照同类或类似资产的市场价格或评估价值计量。

第四节　所得税费用

小企业应当在利润总额的基础上,按照《企业所得税法》规定进行纳税调整,计算出当期应纳税所得额;按照《企业所得税法》规定的应纳税所得额与适用所得税税率为基础计算确定当期应纳税额。即《小企业会计准则》只要求小企业采用应付税款法核算,可以将本期税前会计利润与纳税所得额之间的差异所造成的影响纳税的金额直接计入当期损益,而不递延到以后各期。

小企业会计的目的之一是为了真实、完整地反映企业的财务状况和业绩情况,更好地为管理者提供有用的信息。而税法主要考虑的是国家的财政收入,从而依据自身的强制性、无偿性、固定性进行征收。

由于两者目的的差异,致使会计与税法之间的差异是不可避免的,现摘要分析如下。

一、所得与收入差异分析

"所得"是税法上的专有名词之一,它与会计上的"收入"既有联系又有区别,但不是同一概念。

所得在我国《所得税法》中具有特定的内涵与外延。所得的内涵为应税收入,包括以货币形式和非货币形式取得的收入。所得的外延包括销售货物所得、提供劳务所得、转让财产所得、股息红利等权益性投资所得、利息所得、租金所得、特许权使用费所得、接受捐赠所得和其他所得。其中,其他所得又包括企业资产溢余所得、逾期未退包装物押金所得、确实无法偿付的应付款项、已作坏账损失处理后又收回的应收款项、债务重组所得、补贴所得、违约金所得、汇兑收益等。所以,所得的概念并不等于会计核算上收入的概念。

所得也不是企业的全部收入,因为还存在着不征税收入和免税收入等。例如,财政部门发行的国债利息收入,符合条件的居民企业之间的股息、红利等权益性投资收益为免税收入。

【例7-4】 某公司2012年全年利润总额(税前会计利润)为23万元,本年收益中列有居民企业股利收入为3万元,所得税税率为20%,假设本年内无其他纳税调整因素。

由于居民企业的利润已经交纳过企业所得税,所以,但投资企业收到被投资企业(居民企业)的股利收入应当免交企业所得税,即在计算纳税所得额时,可将其扣除。即,居民企业股利作为投资收益已计入了利润总额中(税前会计利润),但企业在计算纳税所得额时,应进行相应的调整。有关的会计处理如下所述。

纳税调整数为已计入税前会计利润但应从纳税所得额中扣除的居民企业股利3万元,即:

$$应纳税所得额 = 23 - 3 = 20(万元)$$
$$应纳税额 = 20 \times 20\% = 4(万元)$$

(1) 核算应交所得税,应编制会计分录如下:

借:所得税费用　　　　　　　　　　　　　　40 000.00
　　贷:应交税费——应交所得税　　　　　　　　　　40 000.00

(2) 实际上交所得税时,应编制会计分录如下:

借:应交税费——应交所得税　　　　　　　　40 000.00
　　贷:银行存款　　　　　　　　　　　　　　　　　40 000.00

(3) 期末,将"所得税费用"科目的余额转入"本年利润"科目,应编制会计分录如下:

借:本年利润　　　　　　　　　　　　　　　40 000.00
　　贷:所得税费用　　　　　　　　　　　　　　　　40 000.00

二、税前扣除费用与成本费用差异分析

小企业的应税收入总额进行法定扣除之后的余额才依法予以征税。小企业应当提供用于扣除事项的有效凭证。关于有效凭证的时间问题,按现行税法规定,企业当年度实际发生的相关成本、费用,由于各种原因未能及时取得该成本、费用的有效凭证的,企业在预交季度所得税时,可暂按账面发生金额进行核算;但在汇算清缴时,应补充提供该成本、费用的有效凭证。详见《国家税务总局关于企业所得税若干问题的公告》(国家税务总局公告2011年第34号)。

必须提请注意的是,不是会计凭证与会计账簿中记录的已经发生的所有的成本费用都是可以税前扣除的。应纳税所得额准予扣除项目的具体内容如下所列。

1. 成本

成本是指企业在生产经营活动中发生的销售成本、销货成本、业务支出以及其他耗费。

2. 费用

费用是指企业在生产经营活动中发生的销售费用、管理费用和财

务费用,已经计入成本的有关费用除外。

3. 税金

税金是指企业发生的除企业所得税和允许抵扣的增值税以外的各项税金及其附加。在我国目前的税收体系中,允许税前扣除的税收种类主要有消费税、营业税、资源税和城市维护建设税、教育费附加,以及房产税、车船税、耕地占用税、城镇土地使用税、车辆购置税、印花税等。企业所得税、允许抵扣的增值税,是不允许税前扣除的。

4. 损失

损失是指企业在生产经营活动中发生的固定资产和存货的盘亏、毁损、报废损失,转让财产损失,呆账损失,坏账损失,自然灾害等不可抗力因素造成的损失以及其他损失。企业发生的损失,应按照减除责任人赔偿和保险赔款后的余额扣除。

5. 其他支出

其他支出是指除成本、费用、税金、损失外,企业在生产经营活动中发生的与生产经营活动有关的、合理的支出。

上述企业发生的、准予税前扣除的支出,必须是与取得收入有关的、合理的支出,并且在税前扣除的确认上应遵循权责发生制原则、配比原则、相关性原则、确定性原则、合理性原则等。

又由于企业所发生的有关的、合理的支出,一般也会给企业带来相应经济利益的流入,所以,考虑真实性、相关性和合理性是企业所得税税前扣除的基本条件。

小企业部分费用税前扣除标准如表 7-1 所示。

表 7-1

部分费用税前扣除标准

费用项目	扣 除 标 准	备 注
职工福利费	不超过工资薪金总额 14% 的部分准予扣除	超过部分当年及以后期间不得扣除
工会经费	不超过工资薪金总额 2% 的部分准予扣除	

(续表)

费用项目	扣除标准	备注
职工教育经费	不超过工资薪金总额 2.5%的部分准予扣除	超过部分当年不得扣除,准予结转以后纳税年度扣除
利息费用	不超过金融企业同期、同类贷款利率计算的部分可据实扣除	超过部分当年及以后期间不得扣除
业务招待费	按照发生额的 60%扣除,但最高不得超过当年销售(营业)收入的 5‰	
广告费和业务宣传费	不超过当年销售(营业)收入 15%以内的部分,准予扣除	超过部分当年不得扣除,准予结转以后纳税年度扣除
	化妆品制造、医药制造、饮料制造(不含酒类制造)不超过当年销售(营业)收入 30%以内的部分,准予扣除	
手续费及佣金	财产保险企业按当年全部保费收入扣除退保金等后余额的 15%;人身保险企业按当年全部保费收入扣除退保金等后余额的 10%计算限额	超过部分当年及以后期间不得扣除
	其他企业:按与具有合法经营资格的中介服务机构或个人所签订服务协议或合同确认的收入金额的 5%计算限额	

【例 7-5】 某公司 2012 年实现销售收入 2 000 万元,假定发生的与企业生产经营活动有关的业务招待费 8 万元,应如何计算税前扣除的数额? 如果发生的业务招待费为 20 万元,税前扣除的数额又是多少呢?

现行税法规定,企业发生的与生产经营活动有关的业务招待费支出,只能按照发生额的 60%扣除,但最高不得超过当年销售(营业)收入的 5‰。如果当年的业务招待费为 8 万元时,可以产生以下两种计算标准:

(1) 2 000×5‰=10(万元)

(2) 8×60%=4.8(万元)

因为 10 万元大于 4.8 万元,所以只能在税前扣除 4.8 万元。

如果当年的业务招待费为 20 万元,也可以产生以下两种计算标准:

(1) 2 000×5‰=10(万元)

(2) 20×60%=12(万元)

因为 10 万元小于 12 万元,所以只能在税前扣除 10 万元。

三、应纳税所得额与利润总额分析

应纳税所得额与会计上的"利润总额"既有联系又有区别,不是同一概念。

应纳税所得额是企业所得税的计税依据。企业每一纳税年度的收入总额,减除不征税收入、免税收入、各项扣除以及允许弥补的以前年度亏损后的余额,为应纳税所得额。

应纳税所得额可以采用"直接计算法"和"间接计算法"求得。

1. 直接计算法

采用"直接计算法"计算的应纳税所得额的计算公式如下:

$$应纳税所得额=收入总额-不征税收入-免税收入\\-各项扣除-允许弥补的以前年度亏损$$

【例7-6】 A 公司 2011 年年底,经审计后认定的经营亏损挂账金额为 80 000 元。2012 年营业收入为 1 500 000 元,年度报表决算时,公司财务账面上已经列支的成本、费用、损失合计数为 1 300 000 元,并计算出当年实现利润总额为 200 000 元。该公司适用的所得税税率为 25%,2012 年当年已累计交纳企业所得税为 40 000 元。

经核对发现,A 公司 2012 年度有关支出数分别有以下调整事项: 2012 年度营业外支出中直接列支税收滞纳金 5 000 元;管理费用中列支赞助某歌星演出 25 000 元,业务招待费经计算超过税法规定标准应调整数为 20 000 元。

根据上述资料,分别计算 A 公司 2012 年度应纳税所得额和应上(或补)交的企业所得税。

(1) 计算全年应纳税所得额:

应纳税所得额 = 收入总额 − 不征税收入 − 免税收入 − 各项扣除 − 允许弥补的以前年度亏损

　　= 1 500 000 − 0 − 0 − (1 300 000 − 5 000 − 25 000 − 20 000) − 80 000
　　= 1 500 000 − 1 250 000 − 80 000 = 170 000(元)

(2) 计算全年应纳所得税额:

应纳所得税税额 = 应纳税所得额 × 适用税率 − 减免税额 − 抵免税额
　　　　　　= 170 000 × 25% − 0 − 0 = 42 500(元)

(3) 应上交(或补交)企业所得税额:

应补交企业所得税额 = 42 500 − 40 000 = 2 500(元)

2. 间接计算法

采用"间接计算法"计算应纳税所得额,是在会计利润总额的基础上加减按照税法规定应当调整的金额,如调整税前不予扣除项目、超标项目、不能计入收入的项目、未计入收入的项目等,从而计算出应纳税所得额。其计算公式如下:

应纳税所得额 = 会计利润总额 + 纳税调增金额 − 纳税调减金额

上述纳税调整金额可以归纳为两方面内容:一是企业财务会计处理与税收政策不一致的应予调整的金额;二是企业按税法规定准予扣除的金额。

在一个盈利的小企业中,应纳税所得额大部分可能来源于该企业的利润,当税收政策与会计规定差异不大的情况下,应纳税所得额与利润总额之间的差异也不会很大;但是,当税收政策与会计规定差异很大的情况下,应纳税所得额与利润总额差异可能很大,甚至可以出现利润总额为负数的企业,其应纳税所得额为正数的情况,这也需要交纳企业所得税。

从目前税收政策与会计规定差异不断出现的情况来看,应纳税所得额与利润总额相等的情况是偶然的,而不相等可能是必然的。从理论上分析,应纳税所得额与利润总额肯定不是同一概念。

四、应纳税额分析

如果说应纳税所得额是企业所得税的计算依据,那么,应纳税额就是企业所得税的计算结果(标的)。

应纳税所得额乘以适用的所得税税率,减除依照税收优惠的规定减免和抵免的税额后的余额就是应纳税额,即:

应纳税额＝应纳税所得额×适用税率－减免税额－抵免税额

应纳税额应当包括企业以应纳税所得额为基础计算的各种境内和境外税额。

目前,大多数企业采用"间接计算法"计算应纳税所得额和应纳税额,其计算与调整过程大致如图 7-1 所示。

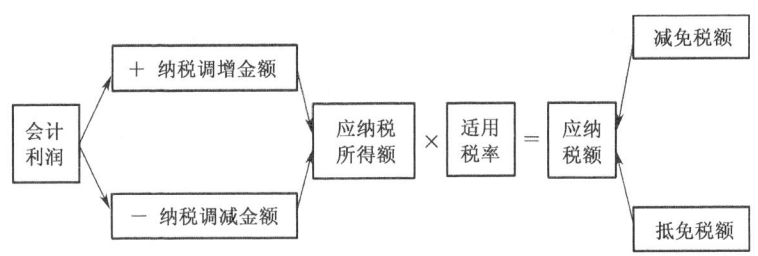

图 7-1 应纳税额的调整过程

上述公式中的减免税额和抵免税额,是指依照《企业所得税法》和国务院的税收优惠规定减征、免征和抵免的应纳税额。

例如,企业购置用于环境保护、节能节水、安全生产等专用设备的投资额,可以按一定比例实行税额抵免。税额抵免是指企业购置并实际使用《环境保护专用设备企业所得税优惠目录》、《节能节水专用设备企业所得税优惠目录》和《安全生产专用设备企业所得税优惠目录》规定的环境保护、节能节水、安全生产等专用设备的,该专用设备的投资额的 10% 可以从企业当年的应纳税额中抵免;当年抵免不足的,可以在以后 5 个纳税年度结转抵免。

在经济领域中,会计和税收是两个不同的分支。同一企业在同一会计期间按照会计方法计算的收益和按照税法规定计算的纳税所得额之间会产生差异。于是,就要求小企业按照税法规定对某一会计期间的会计收益进行调整和反映,调整的对象是因为会计收益和纳税所得额之间的差异而产生的。

五、所得税核算

小企业应当设置"所得税费用"科目。该科目核算小企业根据《企业所得税法》确定的应从当期利润总额中扣除的所得税费用。

小企业根据《企业所得税法》规定补交的所得税,也通过"所得税费用"科目核算。

小企业按照规定实行企业所得税先征后返的,实际收到返还的企业所得税,在"营业外收入"科目核算,不在"所得税费用"科目核算。

年度终了,小企业按照《企业所得税法》规定计算确定的当期应纳税额,借记"所得税费用"科目,贷记"应交税费——应交所得税"科目。

年度终了,应将"所得税费用"科目的余额转入"本年利润"科目,结转后该科目应无余额。

第五节 净利润与利润分配

一、利润分配概述

小企业实现的净利润,按照国家的规定和投资者的决议进行合理的分配。净利润的分配涉及各个方面的利益关系,包括投资人、企业以及企业内部职工的经济利益,所以必须遵循兼顾投资人利益、企业利益以及企业职工利益的原则对净利润进行分配。利润按照下列顺序进行分配。

1. 弥补以前年度的亏损

按我国财务和税务制度的规定,企业的年度亏损,可以由下一年度的税前利润弥补,下一年度税前利润尚不足于弥补的,可以由以后年度的利润继续弥补,但用税前利润弥补以前年度亏损的期限连续不超过5年。5年内不足弥补的,用本年税后利润弥补。本年净利润加上年初未分配利润和其他转入(一般为盈余公积补亏转入的部分)为企业可供分配的利润,只有可供分配的利润大于零时,企业才能进行后续分配。

2. 提取法定盈余公积

小企业(公司制)在分配当年税后利润时,应当按照我国《公司法》的规定提取法定盈余公积金和任意盈余公积金。其中,法定盈余公积金应按照本年实现净利润的一定比例提取。我国《公司法》规定,公司制企业按净利润的10%提取,其他企业可以根据需要确定提取比例,但不得低于10%。企业提取的法定盈余公积金累计额超过注册资本50%以上的,可以不再提取。

3. 提取任意盈余公积

根据我国《公司法》的规定,公司从税后利润中提取法定盈余公积金后,经股东会或者股东大会决议,还可以从税后利润中提取任意盈余公积金。

4. 向投资者分配利润

向投资者分配利润或股利。企业实现的净利润在扣除上述项目后,再加上年初未分配利润,形成可供投资者分配的利润,用公式表示如下:

$$\text{可供投资者分配的利润} = \text{净利润} - \text{弥补以前年度的亏损} - \text{提取法定盈余公积} + \text{以前年度未分配利润}$$

有限责任公司股东按照实缴的出资比例分取红利,全体股东约定不按照出资比例分取红利的除外;股份有限公司按照股东持有的股份比例分配,但股份有限公司章程规定不按持股比例分配的除外。

根据我国《公司法》的规定,股东会、股东大会或者董事会违反相关规定,在公司弥补亏损和提取法定盈余公积金之前向股东分配利润的,股东必须将违反规定分配的利润退还公司。

由于未分配利润是企业留待以后年度进行分配的利润或等待分配的利润,它也是所有者权益的一个重要组成部分。

二、利润分配核算

利润分配的核算需要设置"利润分配"、"盈余公积"和"应付利润"等科目进行。小企业进行利润分配时,按提取的盈余公积数额,借记"利润分配——提取法定盈余公积"和"利润分配——提取任意盈余公积"科目,贷记"盈余公积——法定盈余公积"和"盈余公积——任意盈余公积"科目;按应分配给投资者的现金股利或利润数额,借记"利润分配——应付利润"科目,贷记"应付利润"科目。

【例7-7】 某公司2011年12月31日经核算全年实现净利润2 200 000元,根据分配方案,提取10%的法定盈余公积和30%的任意盈余公积,向股东派发现金股利800 000元。应编制会计分录如下:

```
借:利润分配——提取法定盈余公积        220 000.00
   利润分配——提取任意盈余公积        660 000.00
   利润分配——应付利润              800 000.00
 贷:盈余公积——法定盈余公积          220 000.00
     盈余公积——任意盈余公积          660 000.00
     应付利润                      800 000.00
```

第八章 外币业务准则

第一节 外币业务概述

一、外币与外汇的含义

1. 外币

外币是"外国货币"的简称,是指本国货币以外的其他国家或地区的货币。它常用于企业因贸易、投资等经济活动引起的对外结算业务。中华人民共和国境内禁止外币流通,并不得以外币计价结算,但国家另有规定的除外。

外币有广义和狭义之分。狭义的外币一般是指本国货币以外的其他国家和地区的货币,包括各种纸币和铸币等。广义的外币是指所有以外币表示的、能够用于国际结算的支付手段,它除了包括国外的纸币和铸币外,还包括企业所拥有的外国的有价证券,如以外币表示的政府公债、公司债券等;也包括外币支付凭证,如以外币表示的票据等。对会计而言,外币是指记账本位币以外的货币。

2. 外汇

外汇是以外币表示的用于国际结算的支付凭证。所有的非人民币都是外币,但国际上承认的具有国际流通功能的才称为外汇。外汇也有狭义和广义之分。

狭义的外汇指的是以外国货币表示的,为各国普遍接受的,可用于国际间债权、债务结算的各种支付手段。它必须具备三个特点:可支付性(必须以外国货币表示的资产)、可获得性(必须是在国外能够得到补偿的债权)和可换性(必须是可以自由兑换为其他支付手段的外币资产)。

广义的外汇指的是一国拥有的一切以外币表示的资产。国际货币基金组织(IMF)对此的定义是:外汇是货币行政当局(中央银行、货币管理机构、外汇平准基金及财政部)以银行存款、财政部库券、长短期政府证券等形式保有的在国际收支逆差时可以使用的债权。

《中华人民共和国外汇管理条例》(中华人民共和国国务院令第532号)规定:"外汇,是指下列以外币表示的可以用作国际清偿的支付手段和资产:(一)外币现钞,包括纸币、铸币;(二)外币支付凭证或者支付工具,包括票据、银行存款凭证、银行卡等;(三)外币有价证券,包括债券、股票等;(四)特别提款权;(五)其他外汇资产。"

二、外汇分类与外汇管理

(一)中国外汇按外汇管制程度分现汇和额度外汇

1. 现汇

现汇是可以立即作为国际结算的支付手段,即由国外汇入或从国外携入的外币票据,通过转账的形式,进到个人或企业在银行的账户中。而现钞是指外币现金或以外币现金存入银行的款项。现汇与现钞的区别主要有以下几点。

(1)现汇以外币表示的可以用作国际清偿的支付手段。现钞指外国货币,包括纸币和铸币。

(2)现汇账户的收入是各种汇入或转入的现汇款项,现钞的收入一般是返纳的外币现钞;如果单位交纳外币现钞进其单位的现汇账户,需经过现钞折现汇的计算;同样,如果单位从其现汇账户上提取现钞,要经过现汇折现钞的计算。

(3)一般情况下,现汇账户按照规定的利率计算,但单位现钞账户不计息。

2. 额度外汇

额度外汇是指国家批准的可以使用的外汇指标。如果想把指标换成现汇,额度外汇是指必须按照国家外汇管理局公布的汇率牌价,用人民币在指标限额内向指定银行买进现汇,按规定用途使用。

(二)中国外汇按交易性质还可以分贸易外汇和非贸易外汇

1. 贸易外汇

贸易外汇来源于出口和支付进口的货款以及与进出口贸易有关的从属费用,如运费、保险费、样品、宣传、推销费用等所用的外汇。

2. 非贸易外汇

非贸易外汇是指进出口贸易以外收支的外汇,如侨汇、旅游、港口、民航、保险、银行、对外承包工程等外汇收入和支出。

我国实行国际收支统计申报制度。对外汇实施管理也称外汇管制,是指对外汇的收支、买卖、借贷、转移以及国际间结算、外汇汇率和外汇市场所实施的一种限制性的政策措施。目前,我国外汇管理体制基本上属于部分外汇管制,国家对经常性国际支付和转移不予限制,但对资本项目的外汇交易进行一定的限制。外汇体制改革的目标是:在经常项目可兑换的基础上,创造条件,逐步放开,推进资本项目可兑换,从而实施人民币的完全可兑换。

经常项目可兑换是指对属于经常项目下的各类交易,包括进出口货物、支付运输费、保险费、劳务服务、出境旅游、投资利润、借债利息、股息、红利等,在向银行购汇或从外汇账户上支付时不受限制。

三、外币交易与汇率变动

外币业务是指公司以外国的各种货币进行款项收付、往来结算和计价等业务。国内企业之间的交易,只要以记账本位币以外的货币计价结算,也是外币业务。

进出口业务与外币业务存在着一定的联系,但并非所有进出口业务均是外币业务。例如,中国的企业以人民币为记账本位币,向美国进口一批商品,若按美元计价结算,则是外币业务;但若以人民币计价结算,则不属于外币业务。

外汇交易是以一种外币兑换另一种外币。小企业外币交易是指以记账本位币以外的货币(即外币)进行的款项收付、往来结算、接受投资以及筹资等交易(即以外币计价或者结算的交易),包括:买入或者卖出以外币计价的商品或者劳务、借入或者借出外币资金和其他以外币计价或者结算的交易等。

买入或者卖出以外币计价的商品或者劳务,通常情况下指以外币买卖商品,或者以外币结算的劳务合同。这里所说的商品,可以是有实物形态的存货、固定资产等,也可以是无实物形态的无形资产、债权或股权等。例如,以人民币为记账本位币的国内甲公司向国外乙公司出口商品,以美元结算货款;小企业与银行发生货币兑换业务,都属于外币交易。

借入或者借出外币资金,是指小企业向银行或非银行金融机构借入以记账本位币以外的货币表示的资金,或者银行或非银行金融机构向中国人民银行、其他银行或非银行金融机构借贷以记账本位币以外的货币表示的资金,以及发行以外币计价或结算的债券等。

其他以外币计价或者结算的交易,是指以记账本位币以外的货币计价或结算的其他交易。例如,接受外币现金捐赠等。

外汇交易与汇率相关。汇率通常用两种货币之间的兑换比例来表示,即:是第一种货币(作为基础货币)以第二种货币(作为计价货币)来表示价格。例如,USD/JPY 的汇率为 120.10,即:表示 1 美元兑换120.10 日元。汇率亦称"外汇行市或汇价"。一国货币兑换另一国货币的比率,是以一种货币表示的另一种货币的价格。由于世界各国货币的名称不同,币值不一,所以一国货币对其他国家的货币要规定一个兑换率,即汇率。

汇率标价方法有直接标价法和间接标价法两种。

直接标价法是用一定单位的外国货币为标准来计算应折合若干单位的本国货币的方法,如 1 美元可以兑换 6 元人民币($1=¥6)。

间接标价法是以一定单位的本国货币来计算应折合若干单位的外国货币的方法,如 1 元人民币可兑换 0.166 7 美元(¥1= $0.166 7)。

汇率是国际贸易中最重要的调节杠杆。因为一个国家生产的商品都是按本国货币来计算成本的,要在国际市场上竞争,其商品成本一定会与汇率相关,汇率的高低也就直接影响该商品在国际市场上的成本和价格,直接影响商品的国际竞争力。例如,一件价值100元人民币的商品,如果美元对人民币汇率为6.25,则这件商品在国际市场上的价格就是16美元;如果美元汇率涨到6.00,也就是说美元贬值,人民币升值,则该商品在国际市场上的价格就是16.67美元。汇率的高低波动会影响商品的销路,会给进出口贸易带来波动,因此很多国家和地区都实行相对稳定的货币汇率政策。

《小企业会计准则》单列一章规范外币业务,主要是适应我国小企业开拓国际市场、对外出口大幅增加的现实需要,并从简化外币业务核算的要求出发,主要规范了记账本位币、外币金额折算汇率选择以及在资产负债表日对外币货币性项目和外币非货币性项目分别采用不同的汇率进行折算等内容。外币交易折算的会计处理主要涉及两个环节:一是在交易日对外币交易进行初始确认,将外币金额折算为记账本位币金额;二是在资产负债表日对相关项目进行折算,将因汇率变动产生的差额计入当期损益。

第二节 外币记账方法

一、记账本位币

小企业应当选择人民币作为记账本位币。业务收支以人民币以外的货币为主的小企业,可以选定其中一种货币作为记账本位币,但编报的财务报表应当折算为人民币财务报表。

会计上的外币概念是指记账本位币(或功能性货币)以外的货币。以小企业为例。小企业以人民币作为记账本位币,那么各种外国货币均为外币,包括中国港、澳、台地区的货币。所以,会计学上的外币概念通常以非记账本位币来替代。也就是说,在小企业中,外币是指小企业记账本位币以外的货币。记账本位币,是指小企业经营所处的主要经济环境中的货币。

小企业记账本位币一经确定,不得随意变更,但小企业经营所处的主要经济环境发生重大变化的除外。

小企业因经营所处的主要经济环境发生重大变化,确需变更记账本位币的,应当采用变更当日的即期汇率将所有项目折算为变更后的记账本位币。

即期汇率,是指中国人民银行公布的当日人民币外汇牌价的中间价。

小企业外币业务采用复币记账,即每一笔外币业务,除了要将其按一定汇率折合为记账本位币记账之外,还要对原币的收付情况进行记录。也有企业采用分账记录的方法,即平时将外币业务分开记录,到会计期末再按一定汇率折算为记账本位币金额入账。

二、设置外币账户

小企业对外币业务进行会计处理,可以单独设立各项外币账户,包括外币现金、外币银行存款、以外币结算的各类债权、债务账户(如外币性应收账款、外币性应收票据、外币性长期投资等),以及外币性应付账款、外币性应付票据、外币性应付职工薪酬、外币性应付利润等,外币账户要与非外币性的各相同类别账户分别设置,分别进行会计处理。

(1) 外币资金账户,如外币现金、外币银行存款。

(2) 以外币结算的债权、账户,如应收票据、应收账款、预付账款等。

(3) 以外币结算的债务账户,如短期借款、应付票据、应付账款、预付账款、应付职工薪酬、应付利润、长期借款等。

三、外币金额折算

(1) 小企业对于发生的外币交易,应当将外币金额折算为记账本位币金额。

(2) 外币交易在初始确认时,采用交易发生日的即期汇率将外币金额折算为记账本位币金额;也可以采用交易当期平均汇率(而不是《企业会计准则》要求的交易发生日即期汇率近似的汇率)折算。

(3)小企业收到投资者以外币投入的资本,应当采用交易发生日即期汇率折算,不得采用合同约定汇率和交易当期平均汇率折算,因而外币资本投资不再产生折算差额,这与《企业会计准则》趋同。

四、汇兑损益处理

由于外汇市场供求以及外汇币值的经常变动,汇率也在不断上下波动。不同外币之间进行折算以及将外币折合为人民币时,由于时间不同,汇率不一致,就会产生汇兑差额即汇兑损益,其计算公式如下:

某业务产生的汇兑损益＝某业务发生额×汇率差异

汇兑损益是指企业各外币账户、外币报表的各项目由于记账时间和汇率不同而产生的折合为记账本位币的差额。汇兑损益按其产生的原因分为外币交易汇兑损益和外币报表折算汇兑损益两种。

《小企业会计准则》简化了汇兑损益的会计处理。对于各种外币账户的外币金额,按规定于期末时应当按照期末汇率折合为记账本位币的,按照期末汇率折合的记账本位币金额与账面记账本位币金额之间的差额,作为汇兑损益,计入当期损益。其中:汇兑损失计入财务费用,汇兑收益计入营业外收入。

小企业在资产负债表日,应当按照下列规定对外币货币性项目和外币非货币性项目进行会计处理。

(1)外币货币性项目,采用资产负债表日的即期汇率折算。因资产负债表日即期汇率与初始确认时或者前一资产负债表日即期汇率不同而产生的汇兑差额,计入当期损益。

货币性项目,是指小企业持有的货币资金和将以固定或可确定的金额收取的资产或者偿付的负债。货币性项目分为货币性资产和货币性负债。货币性资产包括:库存现金、银行存款、应收账款、其他应收款等;货币性负债包括:短期借款、应付账款、其他应付款、长期借款、长期应付款等。

(2) 以历史成本计量的外币非货币性项目,仍采用交易发生日的即期汇率折算,不改变其记账本位币金额。

非货币性项目,是指货币性项目以外的项目,包括:存货、长期股权投资、固定资产、无形资产等。

第三节 外币财务报表折算

随着我国改革开放的深入,国际贸易的发展、国际资本的流动及全球经济一体化的推进,会给本国企业带来外币交易。如要综合反映企业整体的财务状况和经营成果,向外国股东和其他使用者提供本企业的财务报表,在外国证券市场上发行股票和债券而提供财务报表等,就必然涉及外币财务报表折算问题。

外币折算和外币兑换是有区别的。

外币兑换是指把外币换成本国货币,把本国货币换成外币,或不同外币之间互换。外币兑换一般由外汇经纪银行办理。

外币折算是指对外币交易以及以外币编制的财务报表在按原来使用的外币计量和记录的同时,将其外币金额换算为本国货币,这一换算过程成为外币折算。具体差异见表8-1说明。

表8-1

外币折算和外币兑换的区别

外币兑换	外币折算
是一种货币与另一种货币的实际转换	是在会计上对原来的外币金额的重新表述
发生实际的货币交换	没有发生实际的货币交换
买入外币和卖出外币	外币交易折算和外币报表折算

外币财务报表是指以外国货币为记账本位币编制的财务报表。广义的外币财务报表还包括把以本国货币表示的财务报表折算成以外国货币表示的财务报表。小企业向有关部门报送的报表要用人民币编

制。因而任何以非人民币编制的财务报表都可称为外币财务报表。外币财务报表的折算至少涉及两个问题：一是选用何种汇率对外币财务报表项目折算；二是对由于外币财务报表中各项目采用什么折算汇率而产生的外币报表折算差额如何处理。

小企业对外币财务报表进行折算时，应当采用资产负债表日的即期汇率对外币资产负债表、利润表和现金流量表的所有项目进行折算，而不是对不同财务报表及不同项目采用不同的汇率进行折算。相对于《企业会计准则》规定对外币财务报表的折算，《小企业会计准则》简化了不少，不要求对不同财务报表及不同项目采用不同的汇率进行折算。而《企业会计准则第 19 号——外币折算》则要求资产负债表中的资产和负债项目，采用资产负债表日的即期汇率折算，所有者权益项目除"未分配利润"项目外，其他项目采用发生时的即期汇率折算。利润表中的收入和费用项目，采用交易发生日的即期汇率折算；也可以采用按照系统合理的方法确定的、与交易发生日即期汇率近似的汇率折算。

对外币财务报表折算损益（折算差额）的处理有四种观点：① 折算损益全部计入当期损益，其理由是在进行外币报表折算时，如果某项资产或负债现在的折算价值不同于原先的折算价值，则其差额自然应计入当年的利润表。② 折算损益全部递延，也就是将折算损益按照人为的标准在若干个会计期间分摊。③ 折算损失计入当期损益，折算利得作递延项目处理，这是一种基于稳健性考虑的介于前两种方法之间的方法。④ 将折算损益列入资产负债表中的所有者权益部分，这称为"折算调整额"。《企业会计准则》对于外币财务报表折算差额，要求在资产负债表中"所有者权益"项目下单独列示。

需要提请注意的是，外币财务报表折算是指为了特定目的将以某一货币表示的财务报表换为用另一种货币表述。一般来讲，外币报表折算只是改变表述的货币单位，并不改变报表项目之间的关系。

第九章 小企业财务报表准则

第一节 财务报表概述

一、小企业财务报表的概念与种类

财务报表,是指对小企业财务状况、经营成果和现金流量的结构性表述。小企业的财务报表应当包括资产负债表、利润表、现金流量表和附注。其中:

(1)资产负债表,是指反映小企业在某一特定日期的财务状况的报表。

(2)利润表,是指反映小企业在一定会计期间的经营成果的报表。

(3)现金流量表,是指反映小企业在一定会计期间现金流入和流出情况的报表。

(4)附注,是指对在资产负债表、利润表和现金流量表等报表中列示项目的文字描述或明细资料,以及对未能在这些报表中列示项目的说明等。

小企业应当根据实际发生的交易和事项,按照《小企业会计准则》的规定进行确认和计量,在此基础上按月、按季或按年编制财务报表。

小企业财务报表种类如下表9-1所示。

此外,小企业还应当编制应付职工薪酬明细表(会小企01表附表1)、应交税费明细表(会小企01表附表2)、利润分配表(会小企01表附表3)等附表,其具体内容反映在财务报表的附注中。

表 9-1

小企业财务报表种类

编　号	报表名称	编报期
会小企 01 表	资产负债表	月报、年报
会小企 02 表	利润表	月报、年报
会小企 03 表	现金流量表	月报、年报

二、小企业财务报表的设计思路

1. 遵循了基本准则的基本要求

由于《企业会计准则——基本准则》(下称基本准则)是纲,适用于在中华人民共和国和境内设立的所有企业;而 38 项具体的企业会计准则和《小企业会计准则》是基本准则框架下的两个子系统,分别适用于大中型企业和小型、微型企业。因此,小企业财务报表在遵循基本准则的基础上,其报表要素与基本格式与《企业会计准则》大致趋同。财务报表通常应当包括资产负债表、利润表、现金流量表和附注。《小企业会计准则》不要求小企业编制所有者权益(或股东权益)变动表,但必须编制现金流量表,而不是根据需要有选择性地编制,这改变了原《小企业会计制度》的规定。

2. 简化了财务报表的内容与编制方法

由于《小企业会计准则》比《企业会计准则》简化了许多,因而小企业财务报表从列示的内容到报表的项目都作出了相应的简化。考虑到小企业会计信息使用者的需求,《小企业会计准则》对现金流量表的内容简化了许多,并只要求采用直接法编制,无需披露将净利润调节为经营活动现金流量、当期取得或处置子公司及其他营业单位等信息。小企业财务报表附注的披露内容大为减少,披露要求也有所降低。《小企业会计准则》还列明了相关报表的勾稽关系,用以核对项目数据,方便检查报表编制的正确性。

小企业对于会计政策变更、会计估计变更和会计差错更正,均要求采用未来适用法进行会计处理,不涉及追溯调整。会计政策,是指小企业在会计确认、计量和报告中所采用的原则、基础和会计处理方法。会计估计变更,是指由于资产和负债的当前状况及预期经济利益和义务发生了变化,从而对资产或负债的账面价值或者资产的定期消耗金额进行调整。前期差错包括:计算错误、应用会计政策错误、应用会计估计错误等。未来适用法,是指将变更后的会计政策和会计估计应用于变更日及以后发生的交易或者事项,或者在会计差错发生或发现的当期更正差错的方法。

3. 考虑到税务和银行的要求

由于小企业财务报表的外部使用者主要是税务和银行,所以,《小企业会计准则》不仅着眼于会计与税法的充分协调,有利于降低企业的纳税成本和遵从成本,而且要求提供的财务报表能更简明扼要地反映小企业的财务状况、经营成果和现金流量,从而有利于税务和银行读懂报表。例如,在资产负债表的"存货"项目下分项列示了其中"原材料,在产品,库存商品,周转材料"的信息;在利润表的"营业税金及附加"项目下分项列示了其中"消费税,营业税,城市维护建设税,资源税,土地增值税,城镇土地使用税、房产税、车船税、印花税,教育费附加、矿产资源补偿费、排污费"的信息;在"销售费用"项目下分项列示了其中"商品维修费,广告费和业务宣传费"的信息;在"管理费用"项目下分项列示了其中"开办费,业务招待费,研究费用"的信息;在"营业外支出"项目下分项列示了其中"坏账损失,无法收回的长期债券投资损失,无法收回的长期股权投资损失,自然灾害等不可抗力因素造成的损失,税收滞纳金"的信息。

《小企业会计准则》将有关财务报表附表的内容增加到附注之中,一方面丰富和扩展了附注的内容,另一方面也简化了附注的编制方法。例如,对短期投资、应收账款、存货、固定资产、应付职工薪酬、应交税费以及利润分配均要求以表格形式予以说明,直观、简捷、明了。至于对外担保等或有负债、严重亏损、纳税调整过程等,还是需要采用文字逐一加以说明。与原《小企业会计制度》相比,《小企业会计准则》扩展附注内容，便于税务和银行读懂报表的需求。

三、财务报表的编制要求

为了保证财务报表的质量和发挥财务报表的作用，财务报表要根据登记完整、核对无误的账簿记录和其他有关资料编制，做到数字真实、计算准确、内容完整、编报及时。

1. 数字真实

客观上要求财务报表中所反映的各项指标数字必须真实正确，如实反映企业财务状况和经济活动情况，严禁弄虚作假、估计数字、提前结账。这是财务报表编制的基本要求之一，也是充分发挥财务报表作用的前提条件。只有保证财务报表指标的真实可靠，才能为报表使用者提供正确的信息，从而作出正确的决策。

2. 计算准确

财务报表中的各个项目数据与各项指标，必须按照我国《会计法》、《企业财务通则》和《小企业会计准则》中规定的口径计算和填列。在财务报表编制前，必须做到按期结账，不得为赶制财务报表而提前结账，也不得先编制财务报表，然后结账。在本期所有已发生的经济业务和转账业务全部登记入账的基础上，结清各个账户的本期发生额和期末余额，认真对账和清查财产，做到账证、账账、账实、账表、表表相符，以确保财务报表数字的准确性。

3. 内容完整

财务报表必须按统一规定的报表种类、格式、内容填报齐全，报表中所列项目和补充资料必须全部填列。汇总报表必须全部汇齐，不得漏汇，以提供完整的数据资料。

4. 编制及时

小企业的各种财务报表必须按照规定时间及时编制，不得拖延。为此，财会部门应当科学地组织好日常会计核算工作，认真做好记账、算账、对账工作，同时，在编制财务报表时，会计人员之间应当密切配合，加强协作。

第二节 资产负债表

一、小企业资产负债表的主要特点

1. 资产负债表是静态报表

由于资产负债表是反映企业在某一特定日期财务状况的报表,具体反映的是一个时点的情况,如1年中最后1天的情况,所以属于静态报表。具体来说,它反映的是某一企业某一特定时点全部资产、负债、所有者权益的总体规模,以及资产、负债和所有者权益的结构,即资产有多少,负债有多少,所有者权益有多少;在资产中,库存现金有多少,银行存款有多少,存货有多少,如此等等。

2. 资产负债表是比较报表

一张完整的资产负债表应当包括表头和表身两个部分。其中,表头包括报表名称、编制单位、编制日期、报表编号、货币单位等几个元素。表身一般分为左右两方,左方列示资产项目,右方列示负债和所有者权益项目。

资产负债表除了提供期末数外,还应当包括年初数,以便进行期初、期末的对比。提供两个以上时点或期间数据的报表,称为比较财务报表,其目的是通过不同时点或时期数字的对比,掌握企业某一方面的发展趋势。例如,"存货"一般在流动资产中所占比重较大,与经营效率和资产质量休戚相关,打开"存货"项目,分项列示了"原材料,在产品,库存商品,周转材料"的期末数和期初数,可以对比分析存货增减变动情况,进一步结合附注资料,还有助于把握存货变动趋势。

利用资产负债表确实可以概括了解企业的财务状况和偿债能力,了解企业的资产、负债、资本的结构是否合理,了解企业的财务实力如何以及了解企业资本的权益有多少等。所以,资产负债表有助于了解企业财务状况、财务发展趋势,并为企业进行决策和制定财务政策提供所需的资料。

3. 资产负债表采用账户式结构编排

资产负债表通常采用账户式结构的形式,左方反映各类资产的数额及其总计;右方反映各类负债、所有者权益的数额及其总计。其中:

资产按其流动性的大小排列,流动性大的排在前,小的排在后,分别为流动资产、长期投资、固定资产、无形资产及长期待摊费用等。

负债按其到期日的远近排列,近的排在前,远的排在后,分别为和流动负债和非流动负债(长期负债)等。

所有者权益按其金额的稳定性程度排列,稳定程度高的排在前,低的排在后,包括实收资本(或股本)、资本公积、盈余公积和未分配利润。

上述会计要素中,资产、负债、所有者权益三个要素构成一组,是企业财务状况的静态反映,被称为资产负债表的要素,并由此形成了反映特定日期财务状况的平衡公式,即资产 = 负债 + 所有者权益。这是一个会计恒等式,也是复式记账的理论基础和会计学的理论基石。

资产负债表各要素之间的平衡关系如图 9-1 所示。

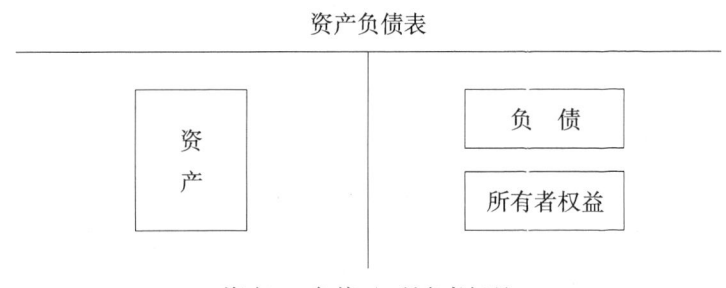

资产 = 负债 + 所有者权益

图 9-1 资产负债表要素关系示意图

二、资产负债表的重要作用

小企业编制与分析资产负债表,至少有以下几个方面的重要作用。

(1) 可以提供某一日期资产的总额及其结构,表明企业拥有或控制的资源及其分布情况,使用者可以一目了然地从资产负债表上了解企业在某一特定日期所拥有的资产总量及其结构。

（2）可以提供某一日期的负债总额及其结构，表明企业未来需要用多少资产或劳务清偿债务以及清偿的时间。

（3）可以反映所有者所拥有的权益，了解企业现有的投资者在企业资产总额中所占的份额，据以判断资本保值、增值的情况以及对负债的保障程度。

（4）可以提供进行财务分析的基本资料，如将流动资产与流动负债进行比较，计算出流动比率；将货币性资产与流动负债进行比较，计算出现金比率等。可以表明企业的变现能力、偿债能力和资金周转能力，从而有助于报表使用者作出经济决策等。

三、资产负债表的编制方法

资产负债表的编制主要是指对日常会计核算中各科目记录的数据加以归集、整理，使之成为有用的财务信息。资产负债表的编制方法主要有以下几种。

1. 根据总账科目余额直接填列

资产负债表的大部分项目的数据来源，主要是根据总账科目期末余额直接填列，如"短期投资"项目，根据"短期投资"总账科目的期末余额直接填列；"短期借款"项目，根据"短期借款"总账科目的期末余额直接填列等等。

2. 根据总账科目余额计算填列

资产负债表某些项目需要根据若干个总账科目的期末余额计算填列，如"货币资金"项目，根据"库存现金"、"银行存款"、"其他货币资金"科目的期末余额的合计数填列；"存货"项目，根据"原材料"、"库存商品"、"周转材料"等科目的期末余额的合计数填列。

3. 根据明细科目余额计算填列

资产负债表某些项目不能根据总账科目的期末余额，或若干个总账科目的期末余额计算填列，而是需要根据有关科目所属的相关明细科目的期末余额计算填列。例如，"应收账款"项目，根据"应收账款"、

"预付账款"等科目的所属相关明细科目的期末借方余额计算填列;"应付账款"项目,根据"应付账款"、"预收账款"等科目的所属相关明细科目的期末贷方余额计算填列。

4. 根据报表各项目数字抵销计算填列

抵销计算填列的目的是用以反映某项目的净额。例如,"固定资产原价"项目减去"累计折旧"项目后,便得到"固定资产账面价值"项目的数据。

5. 资产负债表的"年初余额"栏内的各项目数字,应根据上年年末资产负债表"期末余额"栏内所列数字填列

如果本年度资产负债表规定的各项目的名称和内容与上年度不相一致,应对上年年末资产负债表各项目的名称和数字按照本年度的规定进行调整,填入报表中"年初余额"栏内。资产负债表的"期末余额"栏各项目主要是根据有关科目按下述编制方法编制而成的。

(1)"货币资金"项目,反映小企业库存现金、银行存款、其他货币资金的合计数。本项目应根据"库存现金"、"银行存款"和"其他货币资金"科目的期末余额合计填列。

(2)"短期投资"项目,反映小企业购入的能随时变现并且持有时间不准备超过1年的股票、债券和基金投资的余额。本项目应根据"短期投资"科目的期末余额填列。

(3)"应收票据"项目,反映小企业收到的未到期收款也未向银行贴现的应收票据(银行承兑汇票和商业承兑汇票)。本项目应根据"应收票据"科目的期末余额填列。

(4)"应收账款"项目,反映小企业因销售商品、提供劳务等日常生产经营活动应收取的款项。本项目应根据"应收账款"的期末余额分析填列;如"应收账款"科目期末为贷方余额,应当在"预收账款"项目列示。

(5)"预付账款"项目,反映小企业按照合同规定预付的款项,包括:根据合同规定预付的购货款、租金、工程款等。本项目应根据"预付账款"科目的期末借方余额填列;如"预付账款"科目期末为贷方余额,

应当在"应付账款"项目列示。

属于超过1年期以上的"预付账款"的借方余额应当在"其他非流动资产"项目列示。

(6)"应收股利"项目,反映小企业应收取的现金股利或利润。本项目应根据"应收股利"科目的期末余额填列。

(7)"应收利息"项目,反映小企业债券投资应收取的利息。小企业购入一次还本付息债券应收的利息,不包括在本项目内。本项目应根据"应收利息"科目的期末余额填列。

(8)"其他应收款"项目,反映小企业除应收票据、应收账款、预付账款、应收股利、应收利息等以外的其他各种应收及暂付款项,包括:各种应收的赔款、应向职工收取的各种垫付款项等。本项目应根据"其他应收款"科目的期末余额填列。

(9)"存货"项目,反映小企业期末在库、在途和在加工中的各项存货的成本,包括:各种原材料、在产品、半成品、产成品、商品、周转材料(包装物、低值易耗品等)、消耗性生物资产等。本项目应根据"材料采购"、"在途物资"、"原材料"、"材料成本差异"、"生产成本"、"库存商品"、"商品进销差价"、"委托加工物资"、"周转材料"、"消耗性生物资产"等科目的期末余额分析填列。

(10)"其他流动资产"项目,反映小企业除以上流动资产项目外的其他流动资产(含1年内到期的非流动资产)。本项目应根据有关科目的期末余额分析填列。

(11)"长期债券投资"项目,反映小企业准备长期持有的债券投资的本息。本项目应根据"长期债券投资"科目的期末余额分析填列。

(12)"长期股权投资"项目,反映小企业准备长期持有的权益性投资的成本。本项目应根据"长期股权投资"科目的期末余额填列。

(13)"固定资产原价"和"累计折旧"项目,反映小企业固定资产的原价(成本)及累计折旧。这两个项目应根据"固定资产"科目和"累计折旧"科目的期末余额填列。

(14)"固定资产账面价值"项目,反映小企业固定资产原价扣除累计折旧后的余额。本项目应根据"固定资产"科目的期末余额减去"累计折旧"科目的期末余额后的金额填列。

（15）"在建工程"项目，反映小企业尚未完工或虽已完工，但尚未办理竣工决算的工程成本。本项目应根据"在建工程"科目的期末余额填列。

（16）"工程物资"项目，反映小企业为在建工程准备的各种物资的成本。本项目应根据"工程物资"科目的期末余额填列。

（17）"固定资产清理"项目，反映小企业因出售、报废、毁损、对外投资等原因处置固定资产所转出的固定资产账面价值以及在清理过程中发生的费用等。本项目应根据"固定资产清理"科目的期末借方余额填列；如"固定资产清理"科目期末为贷方余额，以"一"号填列。

（18）"生产性生物资产"项目，反映小企业生产性生物资产的账面价值。本项目应根据"生产性生物资产"科目的期末余额减去"生产性生物资产累计折旧"科目的期末余额后的金额填列。

（19）"无形资产"项目，反映小企业无形资产的账面价值。本项目应根据"无形资产"科目的期末余额减去"累计摊销"科目的期末余额后的金额填列。

（20）"开发支出"项目，反映小企业正在进行的无形资产研究开发项目满足资本化条件的支出。本项目应根据"研发支出"科目的期末余额填列。

（21）"长期待摊费用"项目，反映小企业尚未摊销完毕的已提足折旧的固定资产的改建支出、经营租入固定资产的改建支出、固定资产的大修理支出和其他长期待摊费用。本项目应根据"长期待摊费用"科目的期末余额分析填列。

（22）"其他非流动资产"项目，反映小企业除以上非流动资产以外的其他非流动资产。本项目应根据有关科目的期末余额分析填列。

（23）"短期借款"项目，反映小企业向银行或其他金融机构等借入的期限在1年内的、尚未偿还的各种借款本金。本项目应根据"短期借款"科目的期末余额填列。

(24)"应付票据"项目,反映小企业因购买材料、商品和接受劳务等日常生产经营活动开出、承兑的商业汇票(银行承兑汇票和商业承兑汇票)尚未到期的票面金额。本项目应根据"应付票据"科目的期末余额填列。

(25)"应付账款"项目,反映小企业因购买材料、商品和接受劳务等日常生产经营活动尚未支付的款项。本项目应根据"应付账款"科目的期末余额填列;如"应付账款"科目期末为借方余额,应当在"预付账款"项目列示。

(26)"预收账款"项目,反映小企业根据合同规定预收的款项,包括:预收的购货款、工程款等。本项目应根据"预收账款"科目的期末贷方余额填列;如"预收账款"科目期末为借方余额,应当在"应收账款"项目列示。

属于超过1年期以上的预收账款的贷方余额应当在"其他非流动负债"项目列示。

(27)"应付职工薪酬"项目,反映小企业应付未付的职工薪酬。本项目应根据"应付职工薪酬"科目期末余额填列。

(28)"应交税费"项目,反映小企业期末未交、多交或尚未抵扣的各种税费。本项目应根据"应交税费"科目的期末贷方余额填列;如"应交税费"科目期末为借方余额,以"一"号填列。

(29)"应付利息"项目,反映小企业尚未支付的利息费用。本项目应根据"应付利息"科目的期末余额填列。

(30)"应付利润"项目,反映小企业尚未向投资者支付的利润。本项目应根据"应付利润"科目的期末余额填列。

(31)"其他应付款"项目,反映小企业除应付账款、预收账款、应付职工薪酬、应交税费、应付利息、应付利润等以外的其他各项应付、暂收的款项,包括:应付租入固定资产和包装物的租金、存入保证金等。本项目应根据"其他应付款"科目的期末余额填列。

(32)"其他流动负债"项目,反映小企业除以上流动负债以外的其他流动负债(含1年内到期的非流动负债)。本项目应根据有关科目的期末余额填列。

(33)"长期借款"项目,反映小企业向银行或其他金融机构借入的期限在1年以上的、尚未偿还的各项借款本金。本项目应根据"长期借款"科目的期末余额分析填列。

(34)"长期应付款"项目,反映小企业除长期借款以外的其他各种应付未付的长期应付款项,包括:应付融资租入固定资产的租赁费、以分期付款方式购入固定资产发生的应付款项等。本项目应根据"长期应付款"科目的期末余额分析填列。

(35)"递延收益"项目,反映小企业收到的、应在以后期间计入损益的政府补助。本项目应根据"递延收益"科目的期末余额分析填列。

(36)"其他非流动负债"项目,反映小企业除以上非流动负债项目以外的其他非流动负债。本项目应根据有关科目的期末余额分析填列。

(37)"实收资本(或股本)"项目,反映小企业收到投资者按照合同协议约定或相关规定投入的、构成小企业注册资本的部分。本项目应根据"实收资本(或股本)"科目的期末余额分析填列。

(38)"资本公积"项目,反映小企业收到投资者投入资本超出其在注册资本中所占份额的部分。本项目应根据"资本公积"科目的期末余额填列。

(39)"盈余公积"项目,反映小企业(公司制)的法定盈余公积金和任意盈余公积金、小企业(外商投资)的储备基金和企业发展基金。本项目应根据"盈余公积"科目的期末余额填列。

(40)"未分配利润"项目,反映小企业尚未分配的历年结存的利润。本项目应根据"利润分配"科目的期末余额填列。未弥补的亏损,在本项目内以"一"号填列。

现列示立志贸易有限公司××××年12月31日资产负债表,见表9-2。

第九章 小企业财务报表准则

表 9-2

资产负债表

×××× 年 12 月 31 日

编制单位：立志贸易有限公司
会小企 01 表
单位：元

资产	行次	期末余额	年初余额	负债和所有者权益（或股东权益）	行次	期末余额	年初余额
流动资产：				流动负债：			
货币资金	1	883 239.04	921 068.63	短期借款	31		
短期投资	2			应付票据	32		
应收票据	3			应付账款	33	61 370.58	114 964.61
应收账款	4	4 500.00	13 750.00	预收账款	34		
预付账款	5			应付职工薪酬	35		
应收股利	6			应交税费	36	664.54	3 338.09
应收利息	7			应付利息	37		
其他应收款	8			应付利润	38		
存货	9	48 813.16	69 971.32	其他应付款	39	13 333.00	16 333.00
其中：原材料	10	26 075.39	25 233.55	其他流动负债	40		
在产品	11			流动负债合计	41	75 368.12	134 635.70
库存商品	12	20 000.00	40 000.00	非流动负债：			
周转材料	13	2 737.77	4 737.77	长期借款	42		
其他流动资产	14			长期应付款	43		
流动资产合计	15	936 552.20	1 004 789.95	递延收益	44		

(续表)

资　　产	行次	期末余额	年初余额	负债和所有者权益（或股东权益）	行次	期末余额	年初余额
非流动资产：				其他非流动负债	45		
长期债券投资	16			非流动负债合计	46		
长期股权投资	17			负债合计	47	75 368.12	134 635.70
固定资产原价	18	531 222.30	507 560.33				
减：累计折旧	19	429 528.78	368 797.91				
固定资产账面价值	20	101 693.52	138 762.42				
在建工程	21			所有者权益（或股东权益）：			
工程物资	22			实收资本（或股本）	48	1 000 000.00	1 000 000.00
固定资产清理	23			资本公积	49		
生产性生物资产	24			盈余公积	50	4 928.67	4 581.67
无形资产	25			未分配利润	51	13 457.99	28 335.00
开发支出	26			所有者权益（或股东权益）合计	52	1 018 386.66	1 032 916.67
长期待摊费用	27	55 509.06	24 000.00				
其他非流动资产	28						
非流动资产合计	29	157 202.58	162 762.42				
资产总计	30	1 093 754.78	1 167 552.37	负债和所有者权益（或股东权益）总计	53	1 093 754.78	1 167 552.37

小企业（中外合作经营）根据合同规定在合作期间归还投资者的投资，应在"实收资本（或股本）"项目下增加"减：已归还投资"项目单独列示。

四、资产负债表的勾稽关系

资产负债表中各项目之间数量上的内在联系是一种可以稽核的勾稽关系①,主要表现在以下几个方面：

行 15＝行 1＋行 2＋行 3＋行 4＋行 5＋行 6＋行 7＋行 8＋行 9＋行 14

行 9≥行 10＋行 11＋行 12＋行 13

行 29＝行 16＋行 17＋行 20＋行 21＋行 22＋行 23＋行 24＋行 25＋行 26＋行 27＋行 28

行 20＝行 18－行 19

行 30＝行 15＋行 29

行 41＝行 31＋行 32＋行 33＋行 34＋行 35＋行 36＋行 37＋行 38＋行 39＋行 40

行 46＝行 42＋行 43＋行 44＋行 45

行 47＝行 41＋行 46

行 52＝行 48＋行 49＋行 50＋行 51

行 53＝行 47＋行 52＝行 30

第三节 利 润 表

一、小企业利润表的主要特点

1. 利润表是动态报表

由于利润表是反映企业在一定会计期间经营成果的报表,即自年初起至报告期末止全部收支及其盈亏的增减变动情况,又被称为损益

---

① 勾稽关系是编制财务报表时常用的一个专业术语,它是指某个财务报表和另一个财务报表之间以及本财务报表项目的内在逻辑对应关系,包括平衡勾稽关系、对应勾稽关系、和差勾稽关系、积商勾稽关系、动静勾稽关系、补充勾稽关系等。

表(收益表)。例如,利润表中的"本年累计金额"栏反映了各项目该年内从年初开始到年末为止的累计实际发生额。

从分项来看,利润表分项列示了企业在一定期间里因销售商品、提供劳务、对外投资等所取得的各种收入,以及与各种收入相对应的费用、损失,并将收入与费用、损失加以对比,结出当期的净利润。收入项目主要有营业收入(包括主营业务收入和其他业务收入)、投资收益、营业外收入等;费用和损失项目主要有营业成本(包括主营业务成本和其他业务成本)、营业税金及附加、销售费用、管理费用、财务费用、营业外支出、所得税费用等。

2. 利润表是配比报表

利润表是比较报表,分别有"本年累计金额"栏和"上年金额"栏;它还是配比报表,小企业只有将收入与相关的费用、损失进行对比,才能算出净利润,这在会计上称为配比,目的是为了衡量企业在特定时期或特定业务中所取得的成果,以及为取得这些成果所付出的代价,为考核经营效益和效果提供数据。利润表分项列示营业收入和营业成本并加以对比,得出营业利润,从而掌握一个企业营业活动的成果;又分别列出营业外收入和营业外支出并加以对比,从而掌握营业外收支情况;将一个时期的所有收入与所有费用和损失加以对比,得出净利润,从而掌握企业在这个期间经营成果的总体情况。配比是一项重要的会计原则,在利润表中得到了充分体现。

利润表提供的会计信息对企业的财务收支和盈利水平分析是特别重要的,尤其是将该表提供的相关信息联系起来以及与资产负债表提供的信息结合起来进行分析,将会使利润表在评价企业经营成果、营运能力及其变化趋势方面发挥重要作用。

3. 利润表的明细项目有助于税务分析

利用"营业税金及附加"项目下分项列示的"消费税,营业税,城市维护建设税,资源税,土地增值税,城镇土地使用税、房产税、车船税、印花税,教育费附加、矿产资源补偿费、排污费"的信息;"销售费用"项目下分项列示的"商品维修费,广告费和业务宣传费"的信息;"管理费用"项目下分项列示的"开办费,业务招待费,研究费用"的信息;"营业外支出"项目下分项列示的"坏账损失,无法收回的长期债券投资损失,无法收回的长期股权投资损失,自然灾害等不可抗力因素造成的损失,税收滞纳金"等信息,并结合附注资料,不仅有助于经营者掌握企业的支出情况,分析其增减变动的原因,还特别有助于税务部门计算调整小企业的应纳税所得额,有利于税务清算等事项。

4. 利润表采用多步式结构编排

利润表的结构有多步式和单步式两种结构形式。我国一般采用多步式结构的利润表,分步骤计算利润。

小企业利润表的编制从企业的营业收入开始,采用多步式结构,从而可以得出一些中间性的利润数据,便于使用者理解企业经营成果的不同来源。《企业会计准则》将原来的主营业务利润、营业利润、利润总额和净利润四个层次调整为三个层次,即营业利润、利润总额和净利润。

与《企业会计准则》趋同,小企业可以分如下三个步骤编制利润表。

第一步,以营业收入为基础,减去营业成本、营业税金及附加、销售费用、管理费用、财务费用,加上投资收益(或减去投资损失),计算出营业利润。

第二步,以营业利润为基础,加上营业外收入,减去营业外支出,计算出利润总额。

第三步,以利润总额为基础,减去所得税费用,计算出净利润(或净亏损)。

从总体上分析,收入、费用、利润三个要素构成一组,是从动态方面来反映企业的经营成果,被称为利润表的要素,并由此形成了反映一定期间经营成果状况的基本公式,即:收入－费用＝利润。

利润表要素示意图如图 9-2 所示。

资产负债表作为财务状况表,反映的是企业在一个时点上的情况,如年报反映的是企业在年末的资产、负债和所有者权益;月报反映的是企业在月末的资产、负债和所有者权益情况。而利润表作为反映经营

图 9-2 利润表要素示意图

成果的报表,是动态报表,反映的是一个时期的经营成果情况。资产负债表中各项目金额的变化,有许多是与利润表相联系的;利润表中各项目变化同时也会引起资产负债表中资产的增加,或者负债的减少。比如,企业销售商品,引起主营业务收入的增加,企业同时也会增加一笔货币资金,或者应收账款;利润表中费用或损失的发生,一般都会同时引起资产负债表中资产的减少或者负债的增加,比如,企业发生一笔办公费支出,在利润表中表现为管理费用增加,企业如果支付了这笔办公费,则引起资产负债表中货币资金的减少,即资产减少,企业如果暂时没有支付这笔办公费,则在资产负债表中负债类别下增加了一笔应付款项。所以说,利润表与资产负债表也有着密切的联系,应联系起来看问题。

资产负债表中所反映的资产、负债和所有者权益,与利润表中所反映的收入、费用、利润都是财务报表所要反映的对象和内容,称为会计要素。资产、负债、所有者权益被称为反映企业财务状况的要素,反映的是一个企业某一特定日期资产、负债、所有者权益的分布与结构状况。收入、费用和利润被称为反映经营成果的要素,反映的是一个企业经过一段时间的经营活动,取得了多少收入,发生了多少费用,最终成果如何。可以说,整个会计核算工作都是围绕如何真实、客观地反映这些会计要素而展开的,所有者以及其他方面所关心的也是一个企业这六个方面要素增减变动的情况。

二、利润表的重要作用

小企业编制与分析利润表,至少有以下几个方面的重要作用。

(1) 通过利润表可以了解企业收入、成本和费用、净利润(或亏损)的实现及构成情况;同时,分析利润表所提供的不同时期的比较数字(本月数、本年累计数、上年数,可以掌握小企业的获利能力及未来发展趋势,了解投资者投入资本的保值增值情况,并为企业分析、预测在未来一定期间内企业的盈利趋势提供依据。

(2) 分析利润表的明细项目,有助于掌握企业的支出情况,分析其增减变动的原因,有利于调整应纳税所得额,便于税务清算等。

(3) 将实际收支情况与预算(或计划)相比较,可以考核有关指标的完成情况,评价完成进度,找出存在的不足,促进企业经营目标不断完善。

三、利润表的编制方法

编制利润表主要是根据相关的损益类科目,采用计算填列法编制。

利润表的"本月金额"反映各项目的本月实际发生额,应根据损益类总分类账户净发生额填列。在编报年度报表时,填列上年全年累计实际发生额,并将"本月金额"栏改成"上年金额"栏。如果上年度利润表与本年度利润表的项目名称和内容不相一致时,应对上年度报表项目的名称和数字按本年度的规定进行调整,填入本表"上年金额"栏内。

利润表的"本年累计金额"栏反映各项目自年初起至报告期末止的累计实际发生额,应根据各损益类总分类账户的累计净发生额填列,或者根据上月本表的"本年累计金额"加上本月本表的"本月金额"填列。

利润表各项目的内容及其填列方法如下所述。

(1) "营业收入"项目,反映小企业销售商品和提供劳务所实现的收入总额。本项目应根据"主营业务收入"科目和"其他业务收入"科目的发生额合计填列。

（2）"营业成本"项目，反映小企业所销售商品的成本和所提供劳务的成本。本项目应根据"主营业务成本"科目和"其他业务成本"科目的发生额合计填列。

（3）"营业税金及附加"项目，反映小企业开展日常生产活动应负担的消费税、营业税、城市维护建设税、资源税、土地增值税、城镇土地使用税、房产税、车船税、印花税和教育费附加、矿产资源补偿费、排污费等。本项目应根据"营业税金及附加"科目的发生额填列。

（4）"销售费用"项目，反映小企业销售商品或提供劳务过程中发生的费用。本项目应根据"销售费用"科目的发生额填列。

（5）"管理费用"项目，反映小企业为组织和管理生产经营发生的其他费用。本项目应根据"管理费用"科目的发生额填列。

（6）"财务费用"项目，反映小企业为筹集生产经营所需资金发生的筹资费用。本项目应根据"财务费用"科目的发生额填列。

（7）"投资收益"项目，反映小企业股权投资取得的现金股利（或利润）、债券投资取得的利息收入和处置股权投资和债券投资取得的处置价款扣除成本或账面余额、相关税费后的净额。本项目应根据"投资收益"科目的发生额填列；如为投资损失，以"一"号填列。

（8）"营业利润"项目，反映小企业当期开展日常生产经营活动实现的利润。本项目应根据营业收入扣除营业成本、营业税金及附加、销售费用、管理费用和财务费用，加上投资收益后的金额填列；如为亏损，以"一"号填列。

（9）"营业外收入"项目，反映小企业实现的各项营业外收入金额，包括：非流动资产处置净收益、政府补助、捐赠收益、盘盈收益、汇兑收益、出租包装物和商品的租金收入、逾期未退包装物押金收益、确实无法偿付的应付款项、已作坏账损失处理后又收回的应收款项、违约金收益等。本项目应根据"营业外收入"科目的发生额填列。

（10）"营业外支出"项目，反映小企业发生的各项营业外支出金额，包括：存货的盘亏、毁损、报废损失，非流动资产处置净损失，坏账损失,无法收回的长期债券投资损失,无法收回的长期股权投资损失,自然灾害等不可抗力因素造成的损失,税收滞纳金,罚金,罚款,被没收财物的损失,捐赠支出,赞助支出等。本项目应根据"营业外支出"科目的发生额填列。

(11)"利润总额"项目,反映小企业当期实现的利润总额。本项目应根据营业利润加上营业外收入减去营业外支出后的金额填列;如为亏损总额,以"一"号填列。

(12)"所得税费用"项目,反映小企业根据《企业所得税法》确定的应从当期利润总额中扣除的所得税费用。本项目应根据"所得税费用"科目的发生额填列。

(13)"净利润"项目,反映小企业当期实现的净利润。本项目应根据利润总额扣除所得税费用后的金额填列;如为净亏损,以"一"号填列。

现列示立志贸易有限公司××××12年利润表,见表9-3。

表 9-3

利 润 表

会小企 02 表

编制单位:立志贸易有限公司　　××××年　　　　　　单位:元

项　　　目	行次	本年累计金额	上年金额
一、营业收入	1	2 085 455.62	2 063 741.68
减:营业成本	2	1 212 508.44	1 415 620.53
营业税金及附加	3	51 945.40	60 659.20
其中:消费税	4		
营业税	5	41 745.40	48 459.20
城市维护建设税	6	9 000.00	10 800.00
资源税	7		
土地增值税	8		

(续表)

项目	行次	本年累计金额	上年金额
城镇土地使用税、房产税、车船税、印花税	9	200.00	200.00
教育费附加、矿产资源补偿费、排污费	10	1 000.00	1 200.00
销售费用	11		
其中:商品维修费	12		
广告费和业务宣传费	13		
管理费用	14	837 799.81	594 259.54
其中:开办费	15		
业务招待费	16	17 567.93	69 597.50
研究费用	17		
财务费用	18	－1 524.31	－724.19
其中:利息费用(收入以"－"号填列)	19	－2 663.31	－2 839.61
加:投资收益(损失以"－"号填列)	20		
二、营业利润(亏损以"－"号填列)	21	－15 273.72	－6 073.40
加:营业外收入	22	21 568.00	27 367.00
其中:政府补助	23		
减:营业外支出	24	200.00	
其中:坏账损失	25		
无法收回的长期债券投资损失	26		
无法收回的长期股权投资损失	27		
自然灾害等不可抗力因素造成的损失	28		
税收滞纳金	29		
三、利润总额(亏损总额以"－"号填列)	30	6 094.28	21 293.60
减:所得税费用	31	2 624.29	9 826.52
四、净利润(净亏损以"－"号填列)	32	3 469.99	11 467.08

四、利润表的勾稽关系

上述利润表中各项目之间的主要勾稽关系如下：

行 21＝行 1－行 2－行 3－行 11－行 14－行 18＋行 20

行 3≥行 4＋行 5＋行 6＋行 7＋行 8＋行 9＋行 10

行 11≥行 12＋行 13

行 14≥行 15＋行 16＋行 17

行 18≥行 19

行 30＝行 21＋行 22－行 24

行 22≥行 23

行 24≥行 25＋行 26＋行 27＋行 28＋行 29

行 32＝行 30－行 31

第四节　现金流量表

一、小企业现金流量表的主要特点

1. 现金流量表是动态报表

小企业现金流量表中的现金是个广义的概念，它不仅包括库存现金，还包括可以随时用于支付的存款、其他货币资金以及现金等价物。《企业会计准则》中的现金，除了企业库存现金以及可以随时用于支付的存款外，还包括期限短、流动性强、易于转换为已知金额的投资。

现金流量是指某一期间内企业现金流入和流出的数量。影响现金流量的因素有经营活动、投资活动和筹资活动，如购买和销售商品、提供或接受劳务、购建或出售固定资产、投资或收回投资、借入资金或偿还债务等。衡量企业经营状况是否良好、是否有足够的现金偿还债务、资产变现能力等，现金流量是个非常重要的指标。

现金净流量是指一定会计期间内企业全部现金流入量与全部现金流出量的差额，即现金及现金等价物的净增加额。

由于现金流量表是反映小企业在一定会计期间现金流入和流出情况的报表,所以也是动态报表。

2. 现金流量表采用三段式结构

现金流量表应当分别经营活动、投资活动和筹资活动列报现金流量。现金流量应当分别按照现金流入和现金流出总额列报。

1)经营活动是指小企业投资活动和筹资活动以外的所有交易和事项。小企业经营活动产生的现金流量应当单独列示反映下列信息的项目:

(1)销售产成品、商品、提供劳务收到的现金。

(2)购买原材料、商品、接受劳务支付的现金。

(3)支付的职工薪酬。

(4)支付的税费。

2)投资活动是指小企业固定资产、无形资产、其他非流动资产的购建和短期投资、长期债券投资、长期股权投资及其处置活动。小企业投资活动产生的现金流量应当单独列示反映下列信息的项目:

(1)收回短期投资、长期债券投资和长期股权投资收到的现金。

(2)取得投资收益收到的现金。

(3)处置固定资产、无形资产和其他非流动资产收回的现金净额。

(4)短期投资、长期债券投资和长期股权投资支付的现金。

(5)购建固定资产、无形资产和其他非流动资产支付的现金。

3)筹资活动是导致小企业资本及债务规模和构成发生变化的活动。小企业筹资活动产生的现金流量应当单独列示反映下列信息的项目:

(1)取得借款收到的现金。

(2)吸收投资者投资收到的现金。

(3)偿还借款本金支付的现金。

(4)偿还借款利息支付的现金。

3. 采用直接法编制简化格式的现金流量表

按照《企业会计准则第31号——现金流量表》的规范要求,编制的现金流量表分两个部分,正表采用直接法编制,附注中从"净利润"开始到"经营活动产生的现金流量净额"为止,采用间接法编制。小企业从简化核算要求出发,只要求采用直接法编制简化格式的现金流量表。

二、现金流量表的重要作用

小企业编制与分析现金流量表,至少有以下几个方面的重要作用。

1. 说明企业一定期间内现金流入和流出的增减变动情况及其原因

现金流量表将现金流量划分为经营活动、投资活动和筹资活动所产生的现金流量,并按照流入现金和流出现金项目分别反映,能够反映企业现金流入和流出的原因,即现金从哪里来,又流到哪里去。

2. 说明企业的偿债能力和支付股利的能力

现金流量表完全以现金的收支为基础,消除了由于会计估计等所产生的获利能力和支付能力。通过现金流量分析,能够了解企业现金流入的构成,使投资者和债权人掌握小企业获取现金的能力和现金偿付的能力,为投资融资活动提供有用的信息,促使有限的社会资源流向最能产生效益的地方。

3. 分析企业未来获取现金的能力

由于商业信用的大量存在,营业收入与现金流入会有较大的差异,能否真正实现收益,还取决于企业的收现能力。分析企业的现金流量状况,有助于掌控企业的收现能力,从而评价企业的资金运用的效绩。

4. 是沟通资产负债表和利润表的桥梁

资产负债表能够提供企业特定日期的财务状况,它所提供的是静态的财务信息,并不能反映财务状况变动的原因,也不能表明这些资产、负债给企业带来多少现金,又用去多少现金;利润表虽然反映企业一定期间的经营成果,提供动态的财务信息,但利润表只反映利润的构成,也不能反映经营活动、投资活动和筹资活动给企业带来多少现金,又支付多少现金,而且利润表不能反映投资和筹资活动的全部事项;现金流量表提供一定时期现金流入和流出的动态财务信息,表明企业在报告期内由经营活动、投资活动和筹资活动获得多少现金,企业获得的这些现金是如何运用的,能够说明资产、负债、净资产的变动的原因,对资产负债表和利润表起到补充说明的作用,所以说,现金流量表是连接或沟通资产负债表和利润表的桥梁。

三、现金流量表的编制方法

现金流量表"本年累计金额"栏反映各项目自年初起至报告期末止的累计实际发生额。该表"本月金额"栏反映各项目的本月实际发生额;在编报年度财务报表时,应将"本月金额"栏改为"上年金额"栏,填列上年全年实际发生额。

现金流量表各项目的内容及填列方法如下所述。

1. 经营活动产生的现金流量

(1)"销售产成品、商品、提供劳务收到的现金"项目,反映小企业本期销售产成品、商品、提供劳务收到的现金。本项目可以根据"库存现金"、"银行存款"和"主营业务收入"等科目的本期发生额分析填列。

(2)"收到其他与经营活动有关的现金"项目,反映小企业本期收到的其他与经营活动有关的现金。本项目可以根据"库存现金"和"银行存款"等科目的本期发生额分析填列。

(3)"购买原材料、商品、接受劳务支付的现金"项目,反映小企业本期购买原材料、商品、接受劳务支付的现金。本项目可以根据"库存现金"、"银行存款"、"其他货币资金"、"原材料"、"库存商品"等科目的本期发生额分析填列。

(4)"支付的职工薪酬"项目,反映小企业本期向职工支付的薪酬。本项目可以根据"库存现金"、"银行存款"、"应付职工薪酬"科目的本期发生额填列。

(5)"支付的税费"项目,反映小企业本期支付的税费。本项目可以根据"库存现金"、"银行存款"、"应交税费"等科目的本期发生额填列。

(6)"支付其他与经营活动有关的现金"项目,反映小企业本期支付的其他与经营活动有关的现金。本项目可以根据"库存现金"、"银行存款"等科目的本期发生额分析填列。

2. 投资活动产生的现金流量

(1) "收回短期投资、长期债券投资和长期股权投资收到的现金"项目,反映小企业出售、转让或到期收回短期投资、长期股权投资而收到的现金,以及收回长期债券投资本金而收到的现金,不包括长期债券投资收回的利息。本项目可以根据"库存现金"、"银行存款"、"短期投资"、"长期股权投资"、"长期债券投资"等科目的本期发生额分析填列。

(2) "取得投资收益收到的现金"项目,反映小企业因权益性投资和债权性投资取得的现金股利或利润和利息收入。本项目可以根据"库存现金"、"银行存款"、"投资收益"等科目的本期发生额分析填列。

(3) "处置固定资产、无形资产和其他非流动资产收回的现金净额"项目,反映小企业处置固定资产、无形资产和其他非流动资产取得的现金,减去为处置这些资产而支付的有关税费等后的净额。本项目可以根据"库存现金"、"银行存款"、"固定资产清理"、"无形资产"、"生产性生物资产"等科目的本期发生额分析填列。

(4) "短期投资、长期债券投资和长期股权投资支付的现金"项目,反映小企业进行权益性投资和债权性投资支付的现金。包括:企业取得短期股票投资、短期债券投资、短期基金投资、长期债券投资、长期股权投资支付的现金。本项目可以根据"库存现金"、"银行存款"、"短期投资"、"长期债券投资"、"长期股权投资"等科目的本期发生额分析填列。

(5) "购建固定资产、无形资产和其他非流动资产支付的现金"项目,反映小企业购建固定资产、无形资产和其他非流动资产支付的现金,包括:购买机器设备、无形资产、生产性生物资产支付的现金,建造工程支付的现金等现金支出;不包括为购建固定资产、无形资产和其他非流动资产而发生的借款费用资本化部分和支付给在建工程和无形资产开发项目人员的薪酬。为购建固定资产、无形资产和其他非流动资产而发生借款费用资本化部分,在"偿还借款利息支付的现金"项目反映;支付给在建工程和无形资产开发项目人员的薪酬,在"支付的职工薪酬"项目反映。本项目可以根据"库存现金"、"银行存款"、"固定资产"、"在建工程"、"无形资产"、"研发支出"、"生产性生物资产"、"应付职工薪酬"等科目的本期发生额分析填列。

3. 筹资活动产生的现金流量

(1)"取得借款收到的现金"项目,反映小企业举借各种短期、长期借款收到的现金。本项目可以根据"库存现金"、"银行存款"、"短期借款"、"长期借款"等科目的本期发生额分析填列。

(2)"吸收投资者投资收到的现金"项目,反映小企业收到的投资者作为资本投入的现金。本项目可以根据"库存现金"、"银行存款"、"实收资本"、"资本公积"等科目的本期发生额分析填列。

(3)"偿还借款本金支付的现金"项目,反映小企业以现金偿还各种短期、长期借款的本金。本项目可以根据"库存现金"、"银行存款"、"短期借款"、"长期借款"等科目的本期发生额分析填列。

(4)"偿还借款利息支付的现金"项目,反映小企业以现金偿还各种短期、长期借款的利息。本项目可以根据"库存现金"、"银行存款"、"应付利息"等科目的本期发生额分析填列。

(5)"分配利润支付的现金"项目,反映小企业向投资者实际支付的利润。本项目可以根据"库存现金"、"银行存款"、"应付利润"等科目的本期发生额分析填列。

现列示立志贸易有限公司××××年现金流量表,见表9-4。

表 9-4

现 金 流 量 表　　　　　　　　　　会小企03表

编制单位:立志贸易有限公司　　××××年　　　　　单位:元

项　　　目	行次	本年累计金额	上年金额
一、经营活动产生的现金流量:			
销售产成品、商品、提供劳务收到的现金	1	2 094 705.62	2 238 328.30
收到其他与经营活动有关的现金	2	221 079.59	34 806.69

(续表)

项　　　目	行次	本年累计金额	上年金额
购买原材料、商品、接受劳务支付的现金	3	1 266 102.47	1 370 627.24
支付的职工薪酬	4	699 886.36	474 147.80
支付的税费	5	110 985.52	96 206.48
支付其他与经营活动有关的现金	6	184 287.98	296 801.99
经营活动产生的现金流量净额	7	54 522.88	35 351.48
二、投资活动产生的现金流量：			
收回短期投资、长期债券投资和长期股权投资收到的现金	8		
取得投资收益收到的现金	9		
处置固定资产、无形资产和其他非流动资产收回的现金净额	10		
短期投资、长期债券投资和长期股权投资支付的现金	11		
购建固定资产、无形资产和其他非流动资产支付的现金	12	74 352.47	
投资活动产生的现金流量净额	13	−74 352.47	
三、筹资活动产生的现金流量：			
取得借款收到的现金	14		
吸收投资者投资收到的现金	15		
偿还借款本金支付的现金	16		
偿还借款利息支付的现金	17		
分配利润支付的现金	18	18 000.00	
筹资活动产生的现金流量净额	19	−18 000.00	
四、现金净增加额	20	−37 829.59	35 351.48
加：期初现金余额	21	921 068.63	885 717.15
五、期末现金余额	22	883 239.04	921 068.63

四、现金流量表的勾稽关系

上述现金流量表中各项目之间的主要勾稽关系如下：

行 7＝行 1＋行 2－行 3－行 4－行 5－行 6

行 13＝行 8＋行 9＋行 10－行 11－行 12

行 19＝行 14＋行 15－行 16－行 17－行 18

行 20＝行 7＋行 13＋行 19

行 22＝行 20＋行 21

综上所述，勾稽关系是指相互间存在一种可检查验证的关系。财务报表的勾稽关系是通过设置报表项目间的比较公式，来核对项目数据、检查报表编制的正确性，它可以用于表内或表间审核，也可以用于项目差异审核等。

第五节 财务报表附注

一、附注的主要作用

附注是对财务报表的必要补充和具体说明。财务报表是由数字形成的，受很多因素影响，数字本身不能充分表达具体的内容和项目，须以另一种形式（如脚注说明、括号旁注说明等文字形式或表格形式）作进一步的补充说明和详细解释，用以说明财务报表的编制基础、编制依据、编制原则、编制方法以及主要报表项目的增减变动情况等。在实际工作中，财务报表附注是财务报表的重要组成部分，是使用者阅读和分析财务报表的重要基础之一。

《小企业会计准则》对财务报表附注的内容既有适当的扩展，也有必要的简化，这不仅是会计标准改革的一个趋势，也是让报表使用人读懂报表的需要。由于小企业财务报表的外部使用者主要是税务和银行，附注的内容应当有利于税务和银行的报表使用者读懂报表。

小企业通过编制财务报表附注，将有助于税务和银行的报表使用者、投资者或债权人更简洁明了地了解企业的财务状况、经营成果和现金流量状况,并有利于报表使用者作出快捷而正确的决策。

二、附注的主要内容

小企业应当按照《小企业会计准则》的规定披露附注信息,主要包括但不限于下列内容。

1. 遵循《小企业会计准则》的声明

小企业应当声明编制的财务报表符合《小企业会计准则》的要求,真实、完整地反映了小企业的财务状况、经营成果和现金流量等有关信息。

2. 短期投资、应收账款、存货、固定资产项目的说明

(1) 短期投资的披露格式如表9-5所示。

表9-5

短期投资明细表　　　　　　　　　　　　单位:元

项目	期末账面余额	期末市价	期末账面余额与市价的差额
1. 股票			
2. 债券			
3. 基金			
4. 其他			
合计			

(2) 应收账款按账龄结构披露的格式如表9-6所示。

表9-6

应收账款明细表

账龄结构	期末账面余额	年初账面余额
1年以内(含1年)		
1年至2年(含2年)		
2年至3年(含3年)		
3年以上		
合计		

(3) 存货的披露格式如表 9-7 所示。

表 9-7

存货明细表

存货种类	期末账面余额	期末市价	期末账面余额与市价的差额
1. 原材料			
2. 在产品			
3. 库存商品			
4. 周转材料			
5. 消耗性生物资产			
……			
合　计			

(4) 固定资产的披露格式如表 9-8 所示。

表 9-8

固定资产明细表

项　　目	原　　价	累计折旧	期末账面价值
1. 房屋、建筑物			
2. 机器			
3. 机械			
4. 运输工具			
5. 设备			
6. 器具			
7. 工具			
……			
合　计			

3. 应付职工薪酬、应交税费项目的说明

(1) 应付职工薪酬的披露格式如表 9-9 所示。

表 9-9

应付职工薪酬明细表　　　　会小企 01 表附表 1

编制单位：　　　　　　　　年　　月　　　　　　单位：元

项　目	期末账面余额	年初账面余额
1. 职工工资		
2. 奖金、津贴和补贴		
3. 职工福利费		
4. 社会保险费		
5. 住房公积金		
6. 工会经费		
7. 职工教育经费		
8. 非货币性福利		
9. 辞退福利		
10. 其他		
合　计		

（2）应交税费的披露格式如表 9-10 所示。

表 9-10

应交税费明细表　　　　会小企 01 表附表 2

编制单位：　　　　　　　　年　　月　　　　　　单位：元

项　目	期末账面余额	年初账面余额
1. 增值税		
2. 消费税		
3. 营业税		
4. 城市维护建设税		
5. 企业所得税		
6. 资源税		
7. 土地增值税		

(续表)

项　目	期末账面余额	年初账面余额
8. 城镇土地使用税		
9. 房产税		
10. 车船税		
11. 教育费附加		
12. 矿产资源补偿费		
13. 排污费		
14. 代扣代缴的个人所得税		
……		
合　计		

4. 利润分配的说明

利润分配的披露格式如表 9-11 所示。

表 9-11

利润分配表　　　　　　会小企 01 表附表 3

编制单位：　　　　　　年度　　　　　　单位：元

项　目	行次	本年金额	上年金额
一、净利润	1		
加：年初未分配利润	2		
其他转入	3		
二、可供分配的利润	4		
减：提取法定盈余公积	5		
提取任意盈余公积	6		
提取职工奖励及福利基金	7		
提取储备基金	8		
提取企业发展基金	9		
利润归还投资	10		
三、可供投资者分配的利润	11		

(续表)

项　目	行次	本年金额	上年金额
减:应付利润	12		
四、未分配利润	13		

注:① 提取职工奖励及福利基金、提取储备基金、提取企业发展基金这三个项目仅适用于小企业(外商投资)按照相关法律规定提取的三项基金。

② 利润归还投资这个项目仅适用于小企业(中外合作经营)根据合同规定在合作期间归还投资者的投资。

5. 或有事项的说明

用于对外担保的资产名称、账面余额及形成的原因;未决诉讼、未决仲裁以及对外提供担保所涉及的金额。

6. 亏损情况的说明

发生严重亏损的,应当披露持续经营的计划、未来经营的方案。

7. 纳税调整情况的说明

对已在资产负债表和利润表中列示项目与《企业所得税法》规定存在差异的纳税调整过程

具体调整内容与要求可参见《中华人民共和国企业所得税年度纳税申报表》

8. 其他需要说明的事项

有关企业所得税年度纳税申报表中纳税调整项目明细表的参考格式如表 9-12 所示。

表 9-12

纳税调整项目明细表

填报时间:　　年　　月　　日　　　　金额单位:元(列至角分)

行次	项　目	账载金额	税收金额	调增金额	调减金额
		1	2	3	4
1	一、收入类调整项目				
2	1. 视同销售收入				

(续表)

行次	项目	账载金额	税收金额	调增金额	调减金额
		1	2	3	4
3	2. 接受捐赠收入				
4	3. 不符合税收规定的销售折扣和折让				
5	4. 未按权责发生制原则确认的收入				
6	5. 按权益法核算长期股权投资对初始投资成本调整确认收益				
7	6. 按权益法核算的长期股权投资持有期间的投资损益				
8	7. 特殊重组				
9	8. 一般重组				
10	9. 公允价值变动净收益				
11	10. 确认为递延收益的政府补助				
12	11. 境外应税所得				
13	12. 不允许扣除的境外投资损失				
14	13. 不征税收入				
15	14. 免税收入				
16	15. 减计收入				
17	16. 减、免税项目所得				
18	17. 抵扣应纳税所得额				
19	18. 其他				
20	二、扣除类调整项目				
21	1. 视同销售成本				
22	2. 工资薪金支出				
23	3. 职工福利费支出				
24	4. 职工教育经费支出				

第九章　小企业财务报表准则　　·277·

(续表)

行次	项　　目	账载金额	税收金额	调增金额	调减金额
		1	2	3	4
25	5. 工会经费支出				
26	6. 业务招待费支出				
27	7. 广告费和业务宣传费支出				
28	8. 捐赠支出				
29	9. 利息支出				
30	10. 住房公积金				
31	11. 罚金、罚款和被没收财物的损失				
32	12. 税收滞纳金				
33	13. 赞助支出				
34	14. 各类基本社会保障性交款				
35	15. 补充养老保险、补充医疗保险				
36	16. 与未实现融资收益相关在当期确认的财务费用				
37	17. 与取得收入无关的支出				
38	18. 不征税收入用于支出所形成的费用				
39	19. 加计扣除				
40	20. 其他				
41	三、资产类调整项目				
42	1. 财产损失				
43	2. 固定资产折旧				
44	3. 生产性生物资产折旧				
45	4. 长期待摊费用的摊销				
46	5. 无形资产摊销				
47	6. 投资转让、处置所得				

(续表)

行次	项目	账载金额	税收金额	调增金额	调减金额
		1	2	3	4
48	7. 油气勘探投资				
49	8. 油气开发投资				
50	9. 其他				
51	四、准备金调整项目				
52	五、房地产企业预售收入计算的预计利润				
53	六、特别纳税调整应税所得				
54	七、其他				
55	合　计				

经办人(签章)：　　　　　　　　　法定代表人(签章)：

　　小企业在编制财务报表附注的基础上，还可以按照需要编制财务情况说明书，对一定会计期间内生产经营、资金周转、利润实现及分配等情况进行综合性分析。依据《企业财务会计报告条例》的规定，财务情况说明书也是年度财务会计报告的重要组成部分。小企业通过对本年度的经营成果、财务状况及决算工作等情况进行认真总结，以财务指标和相关统计指标为主要依据，运用趋势分析、比率分析和因素分析等方法进行横向、纵向的比较、评价和剖析，以反映企业在经营过程中的财务状况、变动趋势和存在的问题，促进小企业的经营管理和业务发展；同时便于财务报表使用者进一步了解有关生产经营和财务活动情况，考核评价其经营业绩，预测其经营发展趋势。

附录

小企业会计准则

第一章 总　　则

第一条 为了规范小企业会计确认、计量和报告行为,促进小企业可持续发展,发挥小企业在国民经济和社会发展中的重要作用,根据《中华人民共和国会计法》及其他有关法律和法规,制定本准则。

第二条 本准则适用于在中华人民共和国境内依法设立的、符合《中小企业划型标准规定》所规定的小型企业标准的企业。

下列三类小企业除外:

(一)股票或债券在市场上公开交易的小企业。

(二)金融机构或其他具有金融性质的小企业。

(三)企业集团内的母公司和子公司。

前款所称企业集团、母公司和子公司的定义与《企业会计准则》的规定相同。

第三条 符合本准则第二条规定的小企业,可以执行本准则,也可以执行《企业会计准则》。

(一)执行本准则的小企业,发生的交易或者事项本准则未作规范的,可以参照《企业会计准则》中的相关规定进行处理。

(二)执行《企业会计准则》的小企业,不得在执行《企业会计准则》的同时,选择执行本准则的相关规定。

(三)执行本准则的小企业公开发行股票或债券的,应当转为执行《企业会计准则》;因经营规模或企业性质变化导致不符合本准则。第二条规定而成为大中型企业或金融企业的,应当从次年1月1日起转为执行《企业会计准则》。

(四)已执行《企业会计准则》的上市公司、大中型企业和小企业,不得转为执行本准则。

第四条 执行本准则的小企业转为执行《企业会计准则》时,应当按照《企业会计准则第 38 号——首次执行企业会计准则》等相关规定进行会计处理。

第二章 资　　产

第五条 资产,是指小企业过去的交易或者事项形成的、由小企业拥有或者控制的、预期会给小企业带来经济利益的资源。

小企业的资产按照流动性,可分为流动资产和非流动资产。

第六条 小企业的资产应当按照成本计量,不计提资产减值准备。

第一节　流　动　资　产

第七条 小企业的流动资产,是指预计在 1 年内(含 1 年,下同)或超过 1 年的一个正常营业周期内变现、出售或耗用的资产。

小企业的流动资产包括:货币资金、短期投资、应收及预付款项、存货等。

第八条 短期投资,是指小企业购入的能随时变现并且持有时间不准备超过 1 年(含 1 年,下同)的投资,如小企业以赚取差价为目的从二级市场购入的股票、债券、基金等。

短期投资应当按照以下规定进行会计处理:

(一)以支付现金取得的短期投资,应当按照购买价款和相关税费作为成本进行计量。

实际支付价款中包含的已宣告但尚未发放的现金股利或已到付息期但尚未领取的债券利息,应当单独确认为应收股利或应收利息,不计入短期投资的成本。

(二)在短期投资持有期间,被投资单位宣告分派的现金股利或在债务人应付利息日按照分期付息、一次还本债券投资的票面利率计算的利息收入,应当计入投资收益。

(三)出售短期投资,出售价款扣除其账面余额、相关税费后的净额,应当计入投资收益。

第九条 应收及预付款项,是指小企业在日常生产经营活动中发生的各项债权。包括:应收票据、应收账款、应收股利、应收利息、其他应收款等应收款项和预付账款。

应收及预付款项应当按照发生额入账。

第十条 小企业应收及预付款项符合下列条件之一的,减除可收回的金额后确认的无法收回的应收及预付款项,作为坏账损失:

(一)债务人依法宣告破产、关闭、解散、被撤销,或者被依法注销、吊销营业执照,其清算财产不足清偿的。

(二)债务人死亡,或者依法被宣告失踪、死亡,其财产或者遗产不足清偿的。

(三)债务人逾期3年以上未清偿,且有确凿证据证明已无力清偿债务的。

(四)与债务人达成债务重组协议或法院批准破产重整计划后,无法追偿的。

(五)因自然灾害、战争等不可抗力导致无法收回的。

(六)国务院财政、税务主管部门规定的其他条件。

应收及预付款项的坏账损失应当于实际发生时计入营业外支出,同时冲减应收及预付款项。

第十一条 存货,是指小企业在日常生产经营过程中持有以备出售的产成品或商品、处在生产过程中的在产品、将在生产过程或提供劳务过程中耗用的材料和物料等,以及小企业(农、林、牧、渔业)为出售而持有的、或在将来收获为农产品的消耗性生物资产。

小企业的存货包括:原材料、在产品、半成品、产成品、商品、周转材料、委托加工物资、消耗性生物资产等。

(一)原材料,是指小企业在生产过程中经加工改变其形态或性质并构成产品主要实体的各种原料及主要材料、辅助材料、外购半成品(外购件)、修理用备件(备品备件)、包装材料、燃料等。

(二)在产品,是指小企业正在制造尚未完工的产品。包括:正在各个生产工序加工的产品,以及已加工完毕但尚未检验或已检验但尚未办理入库手续的产品。

（三）半成品，是指小企业经过一定生产过程并已检验合格交付半成品仓库保管，但尚未制造完工成为产成品，仍需进一步加工的中间产品。

（四）产成品，是指小企业已经完成全部生产过程并已验收入库，符合标准规格和技术条件，可以按照合同规定的条件送交订货单位，或者可以作为商品对外销售的产品。

（五）商品，是指小企业（批发业、零售业）外购或委托加工完成并已验收入库用于销售的各种商品。

（六）周转材料，是指小企业能够多次使用、逐渐转移其价值但仍保持原有形态且不确认为固定资产的材料。包括：包装物、低值易耗品、小企业（建筑业）的钢模板、木模板、脚手架等。

（七）委托加工物资，是指小企业委托外单位加工的各种材料、商品等物资。

（八）消耗性生物资产，是指小企业（农、林、牧、渔业）生长中的大田作物、蔬菜、用材林以及存栏待售的牲畜等。

第十二条 小企业取得的存货，应当按照成本进行计量。

（一）外购存货的成本包括：购买价款、相关税费、运输费、装卸费、保险费以及在外购存货过程发生的其他直接费用，但不含按照税法规定可以抵扣的增值税进项税额。

（二）通过进一步加工取得存货的成本包括：直接材料、直接人工以及按照一定方法分配的制造费用。

经过1年期以上的制造才能达到预定可销售状态的存货发生的借款费用，也计入存货的成本。

前款所称借款费用，是指小企业因借款而发生的利息及其他相关成本。包括：借款利息、辅助费用以及因外币借款而发生的汇兑差额等。

（三）投资者投入存货的成本，应当按照评估价值确定。

（四）提供劳务的成本包括：与劳务提供直接相关的人工费、材料费和应分摊的间接费用。

（五）自行栽培、营造、繁殖或养殖的消耗性生物资产的成本,应当按照下列规定确定:

1. 自行栽培的大田作物和蔬菜的成本包括:在收获前耗用的种子、肥料、农药等材料费、人工费和应分摊的间接费用。

2. 自行营造的林木类消耗性生物资产的成本包括:郁闭前发生的造林费、抚育费、营林设施费、良种试验费、调查设计费和应分摊的间接费用。

3. 自行繁殖的育肥畜的成本包括:出售前发生的饲料费、人工费和应分摊的间接费用。

4. 水产养殖的动物和植物的成本包括:在出售或入库前耗用的苗种、饲料、肥料等材料费、人工费和应分摊的间接费用。

（六）盘盈存货的成本,应当按照同类或类似存货的市场价格或评估价值确定。

第十三条 小企业应当采用先进先出法、加权平均法或者个别计价法确定发出存货的实际成本。计价方法一经选用,不得随意变更。

对于性质和用途相似的存货,应当采用相同的成本计算方法确定发出存货的成本。

对于不能替代使用的存货、为特定项目专门购入或制造的存货以及提供的劳务,采用个别计价法确定发出存货的成本。

对于周转材料,采用一次转销法进行会计处理,在领用时按其成本计入生产成本或当期损益;金额较大的周转材料,也可以采用分次摊销法进行会计处理。出租或出借周转材料,不需要结转其成本,但应当进行备查登记。

对于已售存货,应当将其成本结转为营业成本。

第十四条 小企业应当根据生产特点和成本管理的要求,选择适合于本企业的成本核算对象、成本项目和成本计算方法。

小企业发生的各项生产费用,应当按照成本核算对象和成本项目分别归集。

（一）属于材料费、人工费等直接费用，直接计入基本生产成本和辅助生产成本。

（二）属于辅助生产车间为生产产品提供的动力等直接费用，可以先作为辅助生产成本进行归集，然后按照合理的方法分配计入基本生产成本；也可以直接计入所生产产品发生的生产成本。

（三）其他间接费用应当作为制造费用进行归集，月度终了，再按一定的分配标准，分配计入有关产品的成本。

第十五条 存货发生毁损，处置收入、可收回的责任人赔偿和保险赔款，扣除其成本、相关税费后的净额，应当计入营业外支出或营业外收入。

盘盈存货实现的收益应当计入营业外收入。

盘亏存货发生的损失应当计入营业外支出。

第二节　长　期　投　资

第十六条 小企业的非流动资产，是指流动资产以外的资产。

小企业的非流动资产包括：长期债券投资、长期股权投资、固定资产、生产性生物资产、无形资产、长期待摊费用等。

第十七条 长期债券投资，是指小企业准备长期（在1年以上，下同）持有的债券投资。

第十八条 长期债券投资应当按照购买价款和相关税费作为成本进行计量。

实际支付价款中包含的已到付息期但尚未领取的债券利息，应当单独确认为应收利息，不计入长期债券投资的成本。

第十九条 长期债券投资在持有期间发生的应收利息应当确认为投资收益。

（一）分期付息、一次还本的长期债券投资，在债务人应付利息日按照票面利率计算的应收未收利息收入应当确认为应收利息，不增加长期债券投资的账面余额。

（二）一次还本付息的长期债券投资，在债务人应付利息日按照票面利率计算的应收未收利息收入应当增加长期债券投资的账面余额。

（三）债券的折价或者溢价在债券存续期间内于确认相关债券利息收入时采用直线法进行摊销。

第二十条　长期债券投资到期，小企业收回长期债券投资，应当冲减其账面余额。

处置长期债券投资，处置价款扣除其账面余额、相关税费后的净额，应当计入投资收益。

第二十一条　小企业长期债券投资符合本准则第十条所列条件之一的，减除可收回的金额后确认的无法收回的长期债券投资，作为长期债券投资损失。

长期债券投资损失应当于实际发生时计入营业外支出，同时冲减长期债券投资账面余额。

第二十二条　长期股权投资，是指小企业准备长期持有的权益性投资。

第二十三条　长期股权投资应当按照成本进行计量。

（一）以支付现金取得的长期股权投资，应当按照购买价款和相关税费作为成本进行计量。

实际支付价款中包含的已宣告但尚未发放的现金股利，应当单独确认为应收股利，不计入长期股权投资的成本。

（二）通过非货币性资产交换取得的长期股权投资，应当按照换出非货币性资产的评估价值和相关税费作为成本进行计量。

第二十四条　长期股权投资应当采用成本法进行会计处理。

在长期股权投资持有期间，被投资单位宣告分派的现金股利或利润，应当按照应分得的金额确认为投资收益。

第二十五条　处置长期股权投资，处置价款扣除其成本、相关税费后的净额，应当计入投资收益。

第二十六条　小企业长期股权投资符合下列条件之一的，减除可收回的金额后确认的无法收回的长期股权投资，作为长期股权投资损失：

（一）被投资单位依法宣告破产、关闭、解散、被撤销，或者被依法注销、吊销营业执照的。

（二）被投资单位财务状况严重恶化，累计发生巨额亏损，已连续停止经营3年以上，且无重新恢复经营改组计划的。

（三）对被投资单位不具有控制权，投资期限届满或者投资期限已超过10年，且被投资单位因连续3年经营亏损导致资不抵债的。

（四）被投资单位财务状况严重恶化，累计发生巨额亏损，已完成清算或清算期超过3年以上的。

（五）国务院财政、税务主管部门规定的其他条件。

长期股权投资损失应当于实际发生时计入营业外支出，同时冲减长期股权投资账面余额。

第三节 固定资产和生产性生物资产

第二十七条 固定资产，是指小企业为生产产品、提供劳务、出租或经营管理而持有的，使用寿命超过1年的有形资产。

小企业的固定资产包括：房屋、建筑物、机器、机械、运输工具、设备、器具、工具等。

第二十八条 固定资产应当按照成本进行计量。

（一）外购固定资产的成本包括：购买价款、相关税费、运输费、装卸费、保险费、安装费等，但不含按照税法规定可以抵扣的增值税进项税额。

以一笔款项购入多项没有单独标价的固定资产，应当按照各项固定资产或类似资产的市场价格或评估价值比例对总成本进行分配，分别确定各项固定资产的成本。

（二）自行建造固定资产的成本，由建造该项资产在竣工决算前发生的支出（含相关的借款费用）构成。

小企业在建工程在试运转过程中形成的产品、副产品或试车收入冲减在建工程成本。

（三）投资者投入固定资产的成本，应当按照评估价值和相关税费确定。

（四）融资租入的固定资产的成本，应当按照租赁合同约定的付款总额和在签订租赁合同过程中发生的相关税费等确定。

（五）盘盈固定资产的成本，应当按照同类或者类似固定资产的市场价格或评估价值，扣除按照该项固定资产新旧程度估计的折旧后的余额确定。

第二十九条 小企业应当对所有固定资产计提折旧，但已提足折旧仍继续使用的固定资产和单独计价入账的土地不得计提折旧。

固定资产的折旧费应当根据固定资产的受益对象计入相关资产成本或者当期损益。

前款所称折旧，是指在固定资产使用寿命内，按照确定的方法对应计折旧额进行系统分摊。应计折旧额，是指应当计提折旧的固定资产的原价（成本）扣除其预计净残值后的金额。预计净残值，是指固定资产预计使用寿命已满，小企业从该项固定资产处置中获得的扣除预计处置费用后的净额。已提足折旧，是指已经提足该项固定资产的应计折旧额。

第三十条 小企业应当按照年限平均法（即直线法，下同）计提折旧。小企业的固定资产由于技术进步等原因，确需加速折旧的，可以采用双倍余额递减法和年数总和法。

小企业应当根据固定资产的性质和使用情况，并考虑税法的规定，合理确定固定资产的使用寿命和预计净残值。

固定资产的折旧方法、使用寿命、预计净残值一经确定，不得随意变更。

第三十一条 小企业应当按月计提折旧，当月增加的固定资产，当月不计提折旧，从下月起计提折旧；当月减少的固定资产，当月仍计提折旧，从下月起不计提折旧。

第三十二条 固定资产的日常修理费，应当在发生时根据固定资产的受益对象计入相关资产成本或者当期损益。

第三十三条 固定资产的改建支出，应当计入固定资产的成本，但已提足折旧的固定资产和经营租入的固定资产发生的改建支出应当计入长期待摊费用。

前款所称固定资产的改建支出,是指改变房屋或者建筑物结构、延长使用年限等发生的支出。

第三十四条 处置固定资产,处置收入扣除其账面价值、相关税费和清理费用后的净额,应当计入营业外收入或营业外支出。

前款所称固定资产的账面价值,是指固定资产原价(成本)扣减累计折旧后的金额。

盘亏固定资产发生的损失应当计入营业外支出。

第三十五条 生产性生物资产,是指小企业(农、林、牧、渔业)为生产农产品、提供劳务或出租等目的而持有的生物资产。包括:经济林、薪炭林、产畜和役畜等。

第三十六条 生产性生物资产应当按照成本进行计量。

(一)外购的生产性生物资产的成本,应当按照购买价款和相关税费确定。

(二)自行营造或繁殖的生产性生物资产的成本,应当按照下列规定确定:

1. 自行营造的林木类生产性生物资产的成本包括:达到预定生产经营目的前发生的造林费、抚育费、营林设施费、良种试验费、调查设计费和应分摊的间接费用等必要支出。

2. 自行繁殖的产畜和役畜的成本包括:达到预定生产经营目的前发生的饲料费、人工费和应分摊的间接费用等必要支出。

前款所称达到预定生产经营目的,是指生产性生物资产进入正常生产期,可以多年连续稳定产出农产品、提供劳务或出租。

第三十七条 生产性生物资产应当按照年限平均法计提折旧。

小企业(农、林、牧、渔业)应当根据生产性生物资产的性质和使用情况,并考虑税法的规定,合理确定生产性生物资产的使用寿命和预计净残值。

生产性生物资产的折旧方法、使用寿命、预计净残值一经确定,不得随意变更。

小企业(农、林、牧、渔业)应当自生产性生物资产投入使用月份的下月起按月计提折旧；停止使用的生产性生物资产，应当自停止使用月份的下月起停止计提折旧。

第四节 无形资产

第三十八条 无形资产，是指小企业为生产产品、提供劳务、出租或经营管理而持有的、没有实物形态的可辨认非货币性资产。

小企业的无形资产包括：土地使用权、专利权、商标权、著作权、非专利技术等。

自行开发建造厂房等建筑物，相关的土地使用权与建筑物应当分别进行处理。外购土地及建筑物支付的价款应当在建筑物与土地使用权之间按照合理的方法进行分配；难以合理分配的，应当全部作为固定资产。

第三十九条 无形资产应当按照成本进行计量。

（一）外购无形资产的成本包括：购买价款、相关税费和相关的其他支出(含相关的借款费用)。

（二）投资者投入的无形资产的成本，应当按照评估价值和相关税费确定。

（三）自行开发的无形资产的成本，由符合资本化条件后至达到预定用途前发生的支出(含相关的借款费用)构成。

第四十条 小企业自行开发无形资产发生的支出，同时满足下列条件的，才能确认为无形资产：

（一）完成该无形资产以使其能够使用或出售在技术上具有可行性；

（二）具有完成该无形资产并使用或出售的意图；

（三）能够证明运用该无形资产生产的产品存在市场或无形资产自身存在市场，无形资产将在内部使用的，应当证明其有用性；

（四）有足够的技术、财务资源和其他资源支持，以完成该无形资

产的开发,并有能力使用或出售该无形资产;

(五)归属于该无形资产开发阶段的支出能够可靠地计量。

第四十一条 无形资产应当在其使用寿命内采用年限平均法进行摊销,根据其受益对象计入相关资产成本或者当期损益。

无形资产的摊销期自其可供使用时开始至停止使用或出售时止。有关法律规定或合同约定了使用年限的,可以按照规定或约定的使用年限分期摊销。

小企业不能可靠估计无形资产使用寿命的,摊销期不得低于10年。

第四十二条 处置无形资产,处置收入扣除其账面价值、相关税费等后的净额,应当计入营业外收入或营业外支出。

前款所称无形资产的账面价值,是指无形资产的成本扣减累计摊销后的金额。

第五节 长期待摊费用

第四十三条 小企业的长期待摊费用包括:已提足折旧的固定资产的改建支出、经营租入固定资产的改建支出、固定资产的大修理支出和其他长期待摊费用等。

前款所称固定资产的大修理支出,是指同时符合下列条件的支出:

(一)修理支出达到取得固定资产时的计税基础50%以上;

(二)修理后固定资产的使用寿命延长2年以上。

第四十四条 长期待摊费用应当在其摊销期限内采用年限平均法进行摊销,根据其受益对象计入相关资产的成本或者管理费用,并冲减长期待摊费用。

(一)已提足折旧的固定资产的改建支出,按照固定资产预计尚可使用年限分期摊销。

(二)经营租入固定资产的改建支出,按照合同约定的剩余租赁期限分期摊销。

(三)固定资产的大修理支出,按照固定资产尚可使用年限分期摊销。

（四）其他长期待摊费用，自支出发生月份的下月起分期摊销，摊销期不得低于3年。

第三章 负　　债

第四十五条 负债，是指小企业过去的交易或者事项形成的，预期会导致经济利益流出小企业的现时义务。

小企业的负债按照其流动性，可分为流动负债和非流动负债。

第一节　流　动　负　债

第四十六条 小企业的流动负债，是指预计在1年内或者超过1年的一个正常营业周期内清偿的债务。

小企业的流动负债包括：短期借款、应付及预收款项、应付职工薪酬、应交税费、应付利息等。

第四十七条 各项流动负债应当按照其实际发生额入账。

小企业确实无法偿付的应付款项，应当计入营业外收入。

第四十八条 短期借款应当按照借款本金和借款合同利率在应付利息日计提利息费用，计入财务费用。

第四十九条 应付职工薪酬，是指小企业为获得职工提供的服务而应付给职工的各种形式的报酬以及其他相关支出。

小企业的职工薪酬包括：

（一）职工工资、奖金、津贴和补贴。

（二）职工福利费。

（三）医疗保险费、养老保险费、失业保险费、工伤保险费和生育保险费等社会保险费。

（四）住房公积金。

（五）工会经费和职工教育经费。

（六）非货币性福利。

（七）因解除与职工的劳动关系给予的补偿。

（八）其他与获得职工提供的服务相关的支出等。

第五十条 小企业应当在职工为其提供服务的会计期间,将应付的职工薪酬确认为负债,并根据职工提供服务的受益对象,分别下列情况进行会计处理：

（一）应由生产产品、提供劳务负担的职工薪酬,计入产品成本或劳务成本。

（二）应由在建工程、无形资产开发项目负担的职工薪酬,计入固定资产成本或无形资产成本。

（三）其他职工薪酬(含因解除与职工的劳动关系给予的补偿),计入当期损益。

第二节 非流动负债

第五十一条 小企业的非流动负债,是指流动负债以外的负债。

小企业的非流动负债包括：长期借款、长期应付款等。

第五十二条 非流动负债应当按照其实际发生额入账。

长期借款应当按照借款本金和借款合同利率在应付利息日计提利息费用,计入相关资产成本或财务费用。

第四章 所有者权益

第五十三条 所有者权益,是指小企业资产扣除负债后由所有者享有的剩余权益。

小企业的所有者权益包括：实收资本(或股本,下同)、资本公积、盈余公积和未分配利润。

第五十四条 实收资本,是指投资者按照合同协议约定或相关规定投入到小企业、构成小企业注册资本的部分。

（一）小企业收到投资者以现金或非货币性资产投入的资本,应当按照其在本企业注册资本中所占的份额计入实收资本,超出的部分,应当计入资本公积。

（二）投资者根据有关规定对小企业进行增资或减资,小企业应当增加或减少实收资本。

第五十五条 资本公积,是指小企业收到的投资者出资额超过其在注册资本或股本中所占份额的部分。

小企业用资本公积转增资本,应当冲减资本公积。小企业的资本公积不得用于弥补亏损。

第五十六条 盈余公积,是指小企业按照法律规定在税后利润中提取的法定公积金和任意公积金。

小企业用盈余公积弥补亏损或者转增资本,应当冲减盈余公积。小企业的盈余公积还可以用于扩大生产经营。

第五十七条 未分配利润,是指小企业实现的净利润,经过弥补亏损、提取法定公积金和任意公积金、向投资者分配利润后,留存在本企业的、历年结存的利润。

第五章 收 入

第五十八条 收入,是指小企业在日常生产经营活动中形成的、会导致所有者权益增加、与所有者投入资本无关的经济利益的总流入。包括:销售商品收入和提供劳务收入。

第五十九条 销售商品收入,是指小企业销售商品(或产成品、材料,下同)取得的收入。

通常,小企业应当在发出商品且收到货款或取得收款权利时,确认销售商品收入。

(一)销售商品采用托收承付方式的,在办妥托收手续时确认收入。

(二)销售商品采取预收款方式的,在发出商品时确认收入。

(三)销售商品采用分期收款方式的,在合同约定的收款日期确认收入。

(四)销售商品需要安装和检验的,在购买方接受商品以及安装和检验完毕时确认收入。安装程序比较简单的,可在发出商品时确认收入。

（五）销售商品采用支付手续费方式委托代销的,在收到代销清单时确认收入。

（六）销售商品以旧换新的,销售的商品作为商品销售处理,回收的商品作为购进商品处理。

（七）采取产品分成方式取得的收入,在分得产品之日按照产品的市场价格或评估价值确定销售商品收入金额。

第六十条 小企业应当按照从购买方已收或应收的合同或协议价款,确定销售商品收入金额。

销售商品涉及现金折扣的,应当按照扣除现金折扣前的金额确定销售商品收入金额。现金折扣应当在实际发生时,计入当期损益。

销售商品涉及商业折扣的,应当按照扣除商业折扣后的金额确定销售商品收入金额。

前款所称现金折扣,是指债权人为鼓励债务人在规定的期限内付款而向债务人提供的债务扣除。商业折扣,是指小企业为促进商品销售而在商品标价上给予的价格扣除。

第六十一条 小企业已经确认销售商品收入的售出商品发生的销售退回(不论属于本年度还是属于以前年度的销售),应当在发生时冲减当期销售商品收入。

小企业已经确认销售商品收入的售出商品发生的销售折让,应当在发生时冲减当期销售商品收入。

前款所称销售退回,是指小企业售出的商品由于质量、品种不符合要求等原因发生的退货。销售折让,是指小企业因售出商品的质量不合格等原因而在售价上给予的减让。

第六十二条 小企业提供劳务的收入,是指小企业从事建筑安装、修理修配、交通运输、仓储租赁、邮电通信、咨询经纪、文化体育、科学研究、技术服务、教育培训、餐饮住宿、中介代理、卫生保健、社区服务、旅游、娱乐、加工以及其他劳务服务活动取得的收入。

第六十三条 同一会计年度内开始并完成的劳务,应当在提供劳务交易完成且收到款项或取得收款权利时,确认提供劳务收入。提供劳务收入的金额为从接受劳务方已收或应收的合同或协议价款。

劳务的开始和完成分属不同会计年度的,应当按照完工进度确认提供劳务收入。年度资产负债表日,按照提供劳务收入总额乘以完工进度扣除以前会计年度累计已确认提供劳务收入后的金额,确认本年度的提供劳务收入;同时,按照估计的提供劳务成本总额乘以完工进度扣除以前会计年度累计已确认营业成本后的金额,结转本年度营业成本。

第六十四条 小企业与其他企业签订的合同或协议包含销售商品和提供劳务时,销售商品部分和提供劳务部分能够区分且能够单独计量的,应当将销售商品的部分作为销售商品处理,将提供劳务的部分作为提供劳务处理。

销售商品部分和提供劳务部分不能够区分,或虽能区分但不能够单独计量的,应当作为销售商品处理。

第六章 费 用

第六十五条 费用,是指小企业在日常生产经营活动中发生的、会导致所有者权益减少、与向所有者分配利润无关的经济利益的总流出。

小企业的费用包括:营业成本、营业税金及附加、销售费用、管理费用、财务费用等。

(一)营业成本,是指小企业所销售商品的成本和所提供劳务的成本。

(二)营业税金及附加,是指小企业开展日常生产经营活动应负担的消费税、营业税、城市维护建设税、资源税、土地增值税、城镇土地使用税、房产税、车船税、印花税和教育费附加、矿产资源补偿费、排污费等。

(三)销售费用,是指小企业在销售商品或提供劳务过程中发生的各种费用。包括:销售人员的职工薪酬、商品维修费、运输费、装卸费、包装费、保险费、广告费、业务宣传费、展览费等费用。

小企业(批发业、零售业)在购买商品过程中发生的费用(包括:运输费、装卸费、包装费、保险费、运输途中的合理损耗和入库前的挑选整理费等)也构成销售费用。

(四)管理费用,是指小企业为组织和管理生产经营发生的其他费用。包括:小企业在筹建期间内发生的开办费、行政管理部门发生的费用(包括:固定资产折旧费、修理费、办公费、水电费、差旅费、管理人员的职工薪酬等)、业务招待费、研究费用、技术转让费、相关长期待摊费用摊销、财产保险费、聘请中介机构费、咨询费(含顾问费)、诉讼费等费用。

(五)财务费用,是指小企业为筹集生产经营所需资金发生的筹资费用。包括:利息费用(减利息收入)、汇兑损失、银行相关手续费、小企业给予的现金折扣(减享受的现金折扣)等费用。

第六十六条 通常,小企业的费用应当在发生时按照其发生额计入当期损益。

小企业销售商品收入和提供劳务收入已予确认的,应当将已销售商品和已提供劳务的成本作为营业成本结转至当期损益。

第七章 利润及利润分配

第六十七条 利润,是指小企业在一定会计期间的经营成果。包括:营业利润、利润总额和净利润。

(一)营业利润,是指营业收入减去营业成本、营业税金及附加、销售费用、管理费用、财务费用,加上投资收益(或减去投资损失)后的金额。

前款所称营业收入,是指小企业销售商品和提供劳务实现的收入总额。投资收益,由小企业股权投资取得的现金股利(或利润)、债券投资取得的利息收入和处置股权投资和债券投资取得的处置价款扣除成本或账面余额、相关税费后的净额三部分构成。

(二)利润总额,是指营业利润加上营业外收入,减去营业外支出后的金额。

(三)净利润,是指利润总额减去所得税费用后的净额。

第六十八条 营业外收入,是指小企业非日常生产经营活动形成的、应当计入当期损益、会导致所有者权益增加、与所有者投入资本无关的经济利益的净流入。

小企业的营业外收入包括：非流动资产处置净收益、政府补助、捐赠收益、盘盈收益、汇兑收益、出租包装物和商品的租金收入、逾期未退包装物押金收益、确实无法偿付的应付款项、已作坏账损失处理后又收回的应收款项、违约金收益等。

通常,小企业的营业外收入应当在实现时按照其实现金额计入当期损益。

第六十九条 政府补助,是指小企业从政府无偿取得货币性资产或非货币性资产,但不含政府作为小企业所有者投入的资本。

(一)小企业收到与资产相关的政府补助,应当确认为递延收益,并在相关资产的使用寿命内平均分配,计入营业外收入。

收到的其他政府补助,用于补偿本企业以后期间的相关费用或亏损的,确认为递延收益,并在确认相关费用或发生亏损的期间,计入营业外收入;用于补偿本企业已发生的相关费用或亏损的,直接计入营业外收入。

(二)政府补助为货币性资产的,应当按照收到的金额计量。

政府补助为非货币性资产的,政府提供了有关凭据的,应当按照凭据上标明的金额计量;政府没有提供有关凭据的,应当按照同类或类似资产的市场价格或评估价值计量。

(三)小企业按照规定实行企业所得税、增值税、消费税、营业税等先征后返的,应当在实际收到返还的企业所得税、增值税(不含出口退税)、消费税、营业税时,计入营业外收入。

第七十条 营业外支出,是指小企业非日常生产经营活动发生的、应当计入当期损益、会导致所有者权益减少、与向所有者分配利润无关的经济利益的净流出。

小企业的营业外支出包括：存货的盘亏、毁损、报废损失,非流动资产处置净损失,坏账损失,无法收回的长期债券投资损失,无法收回的长期股权投资损失,自然灾害等不可抗力因素造成的损失,税收滞纳金,罚金,罚款,被没收财物的损失,捐赠支出,赞助支出等。

通常,小企业的营业外支出应当在发生时按照其发生额计入当期损益。

第七十一条 小企业应当按照企业所得税法规定计算的当期应纳税额,确认所得税费用。

小企业应当在利润总额的基础上,按照企业所得税法规定进行纳税调整,计算出当期应纳税所得额,按照应纳税所得额与适用所得税税率为基础计算确定当期应纳税额。

第七十二条 小企业以当年净利润弥补以前年度亏损等剩余的税后利润,可用于向投资者进行分配。

小企业(公司制)在分配当年税后利润时,应当按照公司法的规定提取法定公积金和任意公积金。

第八章 外币业务

第七十三条 小企业的外币业务由外币交易和外币财务报表折算构成。

第七十四条 外币交易,是指小企业以外币计价或者结算的交易。

小企业的外币交易包括:买入或者卖出以外币计价的商品或者劳务、借入或者借出外币资金和其他以外币计价或者结算的交易。

前款所称外币,是指小企业记账本位币以外的货币。记账本位币,是指小企业经营所处的主要经济环境中的货币。

第七十五条 小企业应当选择人民币作为记账本位币。业务收支以人民币以外的货币为主的小企业,可以选定其中一种货币作为记账本位币,但编报的财务报表应当折算为人民币财务报表。

小企业记账本位币一经确定,不得随意变更,但小企业经营所处的主要经济环境发生重大变化除外。

小企业因经营所处的主要经济环境发生重大变化,确需变更记账本位币的,应当采用变更当日的即期汇率将所有项目折算为变更后的记账本位币。

前款所称即期汇率,是指中国人民银行公布的当日人民币外汇牌价的中间价。

第七十六条 小企业对于发生的外币交易,应当将外币金额折算为记账本位币金额。

外币交易在初始确认时,采用交易发生日的即期汇率将外币金额折算为记账本位币金额;也可以采用交易当期平均汇率折算。

小企业收到投资者以外币投入的资本,应当采用交易发生日即期汇率折算,不得采用合同约定汇率和交易当期平均汇率折算。

第七十七条 小企业在资产负债表日,应当按照下列规定对外币货币性项目和外币非货币性项目进行会计处理:

(一)外币货币性项目,采用资产负债表日的即期汇率折算。因资产负债表日即期汇率与初始确认时或者前一资产负债表日即期汇率不同而产生的汇兑差额,计入当期损益。

(二)以历史成本计量的外币非货币性项目,仍采用交易发生日的即期汇率折算,不改变其记账本位币金额。

前款所称货币性项目,是指小企业持有的货币资金和将以固定或可确定的金额收取的资产或者偿付的负债。货币性项目分为货币性资产和货币性负债。货币性资产包括:库存现金、银行存款、应收账款、其他应收款等;货币性负债包括:短期借款、应付账款、其他应付款、长期借款、长期应付款等。非货币性项目,是指货币性项目以外的项目。包括:存货、长期股权投资、固定资产、无形资产等。

第七十八条 小企业对外币财务报表进行折算时,应当采用资产负债表日的即期汇率对外币资产负债表、利润表和现金流量表的所有项目进行折算。

第九章 财务报表

第七十九条 财务报表,是指对小企业财务状况、经营成果和现金流量的结构性表述。小企业的财务报表至少应当包括下列组成部分:

（一）资产负债表；

（二）利润表；

（三）现金流量表；

（四）附注。

第八十条 资产负债表，是指反映小企业在某一特定日期的财务状况的报表。

（一）资产负债表中的资产类至少应当单独列示反映下列信息的项目：

1. 货币资金；

2. 应收及预付款项；

3. 存货；

4. 长期债券投资；

5. 长期股权投资；

6. 固定资产；

7. 生产性生物资产；

8. 无形资产；

9. 长期待摊费用。

（二）资产负债表中的负债类至少应当单独列示反映下列信息的项目：

1. 短期借款；

2. 应付及预收款项；

3. 应付职工薪酬；

4. 应交税费；

5. 应付利息；

6. 长期借款；

7. 长期应付款。

（三）资产负债表中的所有者权益类至少应当单独列示反映下列信息的项目：

1. 实收资本；

2. 资本公积;

3. 盈余公积;

4. 未分配利润。

(四)资产负债表中的资产类应当包括流动资产和非流动资产的合计项目;负债类应当包括流动负债、非流动负债和负债的合计项目;所有者权益类应当包括所有者权益的合计项目。

资产负债表应当列示资产总计项目,负债和所有者权益总计项目。

第八十一条 利润表,是指反映小企业在一定会计期间的经营成果的报表。

费用应当按照功能分类,分为营业成本、营业税金及附加、销售费用、管理费用和财务费用等。

利润表至少应当单独列示反映下列信息的项目:

(一)营业收入;

(二)营业成本;

(三)营业税金及附加;

(四)销售费用;

(五)管理费用;

(六)财务费用;

(七)所得税费用;

(八)净利润。

第八十二条 现金流量表,是指反映小企业在一定会计期间现金流入和流出情况的报表。

现金流量表应当分别经营活动、投资活动和筹资活动列报现金流量。现金流量应当分别按照现金流入和现金流出总额列报。

前款所称现金,是指小企业的库存现金以及可以随时用于支付的存款和其他货币资金。

第八十三条 经营活动,是指小企业投资活动和筹资活动以外的所有交易和事项。

小企业经营活动产生的现金流量应当单独列示反映下列信息的

项目：

（一）销售产成品、商品、提供劳务收到的现金；

（二）购买原材料、商品、接受劳务支付的现金；

（三）支付的职工薪酬；

（四）支付的税费。

第八十四条 投资活动，是指小企业固定资产、无形资产、其他非流动资产的购建和短期投资、长期债券投资、长期股权投资及其处置活动。

小企业投资活动产生的现金流量应当单独列示反映下列信息的项目：

（一）收回短期投资、长期债券投资和长期股权投资收到的现金；

（二）取得投资收益收到的现金；

（三）处置固定资产、无形资产和其他非流动资产收回的现金净额；

（四）短期投资、长期债券投资和长期股权投资支付的现金；

（五）购建固定资产、无形资产和其他非流动资产支付的现金。

第八十五条 筹资活动，是指导致小企业资本及债务规模和构成发生变化的活动。

小企业筹资活动产生的现金流量应当单独列示反映下列信息的项目：

（一）取得借款收到的现金；

（二）吸收投资者投资收到的现金；

（三）偿还借款本金支付的现金；

（四）偿还借款利息支付的现金；

（五）分配利润支付的现金。

第八十六条 附注，是指对在资产负债表、利润表和现金流量表等报表中列示项目的文字描述或明细资料，以及对未能在这些报表中列示项目的说明等。

附注应当按照下列顺序披露：

（一）遵循小企业会计准则的声明。

（二）短期投资、应收账款、存货、固定资产项目的说明。

（三）应付职工薪酬、应交税费项目的说明。

（四）利润分配的说明。

（五）用于对外担保的资产名称、账面余额及形成的原因；未决诉讼、未决仲裁以及对外提供担保所涉及的金额。

（六）发生严重亏损的，应当披露持续经营的计划、未来经营的方案。

（七）对已在资产负债表和利润表中列示项目与企业所得税法规定存在差异的纳税调整过程。

（八）其他需要在附注中说明的事项。

第八十七条 小企业应当根据实际发生的交易和事项，按照本准则的规定进行确认和计量，在此基础上按月或者按季编制财务报表。

第八十八条 小企业对会计政策变更、会计估计变更和会计差错更正应当采用未来适用法进行会计处理。

前款所称会计政策，是指小企业在会计确认、计量和报告中所采用的原则、基础和会计处理方法。会计估计变更，是指由于资产和负债的当前状况及预期经济利益和义务发生了变化，从而对资产或负债的账面价值或者资产的定期消耗金额进行调整。会计差错包括：计算错误、应用会计政策错误、应用会计估计错误等。未来适用法，是指将变更后的会计政策和会计估计应用于变更日及以后发生的交易或者事项，或者在会计差错发生或发现的当期更正差错的方法。

第十章 附 则

第八十九条 符合《中小企业划型标准规定》所规定的微型企业标准的企业参照执行本准则。

第九十条 本准则自 2013 年 1 月 1 日起施行。财政部 2004 年发布的《小企业会计制度》(财会〔2004〕2号)同时废止。